Karsten Rogas
Ostdeutsche Verwaltungskultur im Wandel

Schriftenreihe
Interdisziplinäre Organisations-
und Verwaltungsforschung 3

Herausgeber
Thomas Edeling
Werner Jann
Dieter Wagner

Herausgeberbeirat
Günther Ortmann
Wolfgang Seibel
Arndt Sorge
Jörg Sydow
Klaus Türk

Karsten Rogas

Ostdeutsche Verwaltungskultur im Wandel

Selbstbilder von Kommunalverwaltern 1992 und 1996 im Vergleich

Leske + Budrich, Opladen 2000

Gedruckt auf säurefreiem und alterungsbeständigem Papier.

Die Deutsche Bibliothek – CIP-Einheitsaufnahme

Zugl.: Potsdam, Univ., Diss., 1998

Rogas, Karsten:
Ostdeutsche Verwaltungskultur im Wandel : Selbstbilder von Kommunalverwaltern 1992 und 1996 im Vergleich. / Karsten Rogas - Opladen : Leske + Budrich, 2000
    (Reihe Interdisziplinäre Organisations- und Verwaltungsforschung ; Bd. 3)
ISBN 3-8100-2523-2

© 2000 Leske + Budrich, Opladen

Das Werk einschließlich aller seiner Teile ist urheberrechtlich geschützt. Jede Verwertung außerhalb der engen Grenzen des Urheberrechtsgesetzes ist ohne Zustimmung des Verlages unzulässig und strafbar. Das gilt insbesondere für Vervielfältigungen, Übersetzungen, Mikroverfilmungen und die Einspeicherung und Verarbeitung in elektronischen Systemen.

Druck: Druck Partner Rübelmann, Hemsbach
Printed in Germany

Inhaltsverzeichnis

Vorwort 9

Danksagung 13

Einleitung 15

1. Organisationskultur 17
1.1 Aus der Perspektive der Organisationsmitglieder:
    Unterscheidung als Baustein kollektiver Identität 20
1.2 Aus der Perspektive der Organisationsmitglieder:
    Unterscheidung als Deutung 22

2. Verwaltungskulturforschung im ostdeutschen
   Transformationsprozeß 27

3. Methoden 35
3.1 Datenerhebung 35
3.2 Datenanalyse und Interpretation 40

4. Vom „Rat der Stadt" zur
   „Stadtverwaltung Frankfurt (Oder)" 45
4.1 Die Stadtverwaltung Frankfurt (Oder) vor 1990 45
4.2 Die Übergangs- und Gründungsphase: 1990 und 1991 .. 49
4.3 Personalabbau- und Reformphase: 1992 bis 1996 53

5.	**Deutungen 1992**...	**57**
5.1	Bilder von sich im Umgang mit dem Bürger........................	57
	Für den Bürger..	57
	Wir sind anders als die im „Westen"	62
	Das haben wir schon immer so gemacht	64
5.2	Bilder vom Bürger...	66
	Hilflos, respektvoll und dankbar..	66
5.3	Vorgesetzte und ihr Selbstbild...	72
	Fachlich sich fit machen und auch menschlich ein Ansprechpartner sein..	72
	Anders als in den Altbundesländern, weil offener für die Unterstellten..	76
	Das haben wir uns erhalten..	77
5.4	Die Sicht der Unterstellten auf das Verhältnis zum Vorgesetzten..	79
	Wir sind gewohnt, daß der Chef sich um unsere Probleme kümmert...	80
	Man ist vorsichtig, weil man Angst hat, auf die Straße zu fliegen...	83
5.5	Unter Kollegen	87
	Diese Kollegialität, die man zu DDR-Zeiten hatte, die ist nicht mehr	88
	Anders als im „Westen": mehr Wärme, Zusammenhalt und Geborgenheit..........	92
	Ein bißchen Kollektivgeist besteht schon noch	93
6.	**Deutungen 1996**...	**97**
6.1	Bilder von sich im Umgang mit dem Bürger........................	97
	Wir sind mehr für den Bürger, nicht so distanziert und formalistisch wie im „Westen"	98
	Fürsorglich, wie schon zu DDR-Zeiten	101
	Gesetze und der Abstand zum Bürger werden eingehalten – dies war anfangs anders..	105
6.2	Bilder vom Bürger...	111
	Kompetenter im Umgang mit der Verwaltung – aber trotzdem hilflos, respektvoll und dankbar	111
6.3	Vorgesetzte und ihr Selbstbild...	119
	Abstand schafft Respekt	119
	Und trotzdem: nicht so distanziert wie im „Westen"	124
	Das ist nicht mein Ding, da kümmere ich mich nicht drum	125
	Anders als die „drüben": näher an den Tätigkeiten der Unterstellten.............................	128

6.4	Die Sicht der Unterstellten auf das Verhältnis zum Vorgesetzten	130
	Der Vorgesetzte soll Ansprechpartner und Ratgeber sein	130
	Ich bin froh, wenn ich meine Arbeit alleine machen kann	131
	Die Angst um den Arbeitsplatz läßt einen vorsichtig sein	134
	Fachliche Kritik muß sein	135
	Exkurs: Amtsleiter reden über Bürgermeister, Beigeordnete und Dezernenten	137
6.5	Unter Kollegen	139
	Das Verhältnis untereinander war schon zu DDR-Zeiten gut und ist es auch heute noch	139
7.	**Kontinuität und Diskontinuität**	147
	Literaturverzeichnis	159
	Anhang	171

Vorwort

Nach der Übertragung der Rechts- und Verwaltungsordnung der Bundesrepublik auf die neuen Bundesländer hatten jene Verwaltungsangestellten, die übernommen wurden, Regeln zu erlernen, die ihnen in den Details, und vielfach auch in den Grundprinzipien, bis dahin weitgehend unbekannt waren.

Es war zu erwarten, daß vielen ein mühsamer und verunsichernder Lernprozeß bevorstand, in welchem sich auch die horizontalen und die vertikalen Sozialbeziehungen am Arbeitsplatz veränderten – Veränderungen die ihrerseits in sozialer Kommunikation mit Kolleginnen und Kollegen kommentiert und bewertet wurden. Natürlich wurden die Beschäftigten im Laufe der Zeit sicherer im Umgang mit den neuen Regeln und ihren veränderten Handlungsspielräumen. Es entstanden neue Routinen, neue Selbstverständlichkeiten und neue Formen von Solidarität und Konflikt.

Die neue Verwaltungskultur konnte aber selbst dort keine einfache Übernahme westlicher Muster sein, wo es zu persönlicher Anleitung und vertrauensvollen Nachfragen gekommen war. Vielmehr wurden die im Westen gültigen Regeln auf dem Hintergrund anderer Gewohnheiten, anderer Erfahrungen, anderer genereller und spezifischer Erwartungen anders in die alltägliche Lebenswelt des Arbeitsplatzes eingepaßt, als im Westen. Um die identischen formellen Regelwerke entwickelte sich somit ein je unterschiedlicher Alltag. Natürlich spielte hier auch die Wahrnehmung des Ost-West-Verhältnisses eine wichtige Rolle. Denn in den neuen Bundesländern war dies Verhältnis eine Art Leitmotiv, das fast alle Veränderungen begleitete.

Die so entstehende neue Verwaltungskultur ist dabei, wie soziale Kultur immer, als ein Kommunikationszusammenhang zu denken. Ein solcher stellt den beteiligten Individuen Erwartungen, Unterscheidungen, Begriffe und Wertungen zur Verfügung, die sie aufgreifen, ohne durch sie determiniert zu werden. Innerhalb der gleichen Kultur kann individuelles Verhalten damit weit variieren.

Denn alle Beteiligten kommunizieren; sie haben zu kooperieren, sie bemühen sich, die Anerkennung von Kollegen und Vorgesetzten zu erringen, und sie müssen sich selbst einschätzen. In den entsprechenden Kommunikationsprozessen werden jene Unterscheidungen verwendet, die der spezifischen Kultur zuzurechnen sind. Indem die beteiligten Menschen diese Unterscheidungen benutzen, um einander Erwartungen, Beurteilungen, scheinbare Selbstverständlichkeiten oder Mißbilligung mitzuteilen, wird Veränderung auch einer Verwaltungskultur zu einem sozialen Prozeß, der sich nicht individualpsychologisch auflösen läßt – auch nicht durch die Unterstellung von „Kollektivpersönlichkeiten".

Eine so verstandene Verwaltungskultur ist nicht unveränderlich. Aber ihre Veränderungen werden sich langsamer und zäher vollziehen als eine Reorganisation erwarten ließe, in der nur die formell verbindlichen Regeln verändert werden.

Vor allem jedoch verschwindet die Geschichte nicht ohne weiteres. Sie kann ihre Spuren auch dort lassen, wo sie negiert wird. Das heißt nicht, daß eine Verwaltungskultur gleich bleibt, oder daß hinter den äußerlichen Veränderungen irgend ein „Wesen" konstant bliebe. Selbst Bruchstücke der Vergangenheit, bestimmte Angewohnheiten etwa, die beibehalten werden, bedeuten keine historische Konstanz. Denn diese Bruchstücke können ja in ganz unterschiedlichen Kontexten wieder auftauchen und damit ihre Bedeutung verändern.

Man kann also davon ausgehen, daß die Übertragung eines Verwaltungssystems keine bloße Kopie sein kann. Die neuen formellen Regeln wurden von miteinander kommunizierenden Personen erlernt und von ihnen in neu sich bildende Alltagspraktiken integriert, über die sie wiederum kommunizieren. Es sind diese Alltagspraktiken und die in sie eingelagerten Interpretationsschemata, die die Verwaltungswirklichkeit konstituieren.

Die Bedeutung der Alltagspraxis, die die formellen Regeln reinterpretiert, galt im übrigen auch für die DDR. Sie als „totalitäre Gesellschaft" zu kennzeichnen, läßt sich über die offiziellen Selbstbeschreibungen jener Zeit rechtfertigen. Staatlich sanktioniertes Ziel war tatsächlich eine möglichst lückenlose Kontrolle der gesellschaftlichen Prozesse und die Aufhebung der Differenz zwischen Staat und Gesellschaft. In dem bereits in den zwanziger Jahren positiv formulierten Begriff des „totalitären Staates" („lo stato totalitario") sollte der Einzelne nur noch Verkörperung des Ganzen sein, sollte die Gesellschaft verstaatlicht oder, was dasselbe wäre, der Staat vergesellschaftet sein.

Die offiziellen totalitären Ziele setzten sich in der organisatorischen Gestalt von Staat und Gesellschaft um. Deren Einheit wurde immer wieder beschwörend zelebriert. So wurde der vorgebliche Gleichklang von Führern und Geführten, die Begeisterung des Volkes über seine politische Ordnung, wenn auch nicht hergestellt, so doch aufgeführt. Jeder sollte sich den herrschenden Lehren und Verhaltensvorgaben öffentlich anpassen. Abweichende Auffassungen wurden soweit wie möglich eliminiert oder wenigstens daran gehindert, öffentlich sichtbar zu werden.

Die erzwungene Bekundung von Loyalität und Zustimmung sollte aber schon für die damalige Zeit nicht wörtlich genommen werden. Diese totalitären Vorgaben waren zwar folgenreich, aber sie setzten sich nicht so durch, wie offiziell behauptet. Staat und Gesellschaft waren eben doch keine Einheit. Die Mehrheit der Bevölkerung widersprach zwar nicht, aber sie überführte und unterlief die öffentlichen Vorgaben im Alltagsverhalten. Verordnete Feste, die sozialistisches Bewußtsein schaffen oder dokumentieren sollten, konnten zu Anlässen entspannter Geselligkeit umfunktioniert werden. Die durchgreifenden gesellschaftspolitischen Ansprüche verliefen sich in der Banalität des alltäglichen Lebens.

Das sollte keineswegs als bewußte Opposition mißverstanden werden. Jeder ausdrückliche Widerspruch wurde marginalisiert und verfolgt; die Mehrheit paßte sich an und scheute den Nonkonformismus. Aber sie kolonisierte die offiziellen Vorgaben, ohne ihnen ausdrücklich zu widersprechen.

Es ist diese Lebenswelt, auf die sich die seit den Nachwendezeiten wachsende Nostalgie bezieht. Die Verunsicherung, die Furcht oder der soziale Abstieg werden zu einer erinnerten Wirklichkeit, die selektiv und dichotomisierend beschrieben wird. In diesem Sinne konstituiert die Erinnerung die Beschreibung der wahrgenommenen Gegenwart. Damit ist die Übergangsphase, in der sich die neuen Routinen und informellen Strukturen herausbilden, systematisch wichtig, denn in ihr entwickelt sich, was sich dann in Routinen stabilisieren sollte. Karsten Rogas ist es in dieser Arbeit gelungen, die einzelnen Momente dieses Prozesses zu erforschen und in ihrer Vielschichtigkeit darzustellen.

Sinnvollerweise entsprechen Methoden und Gegenstand dieser Forschung einander. Die Interviews mit Verwaltungsbeschäftigten werden nicht als typisierbare und addierbare persönliche Meinungen verstanden, die sich je nach Wetterlage auch ändern können. Gegenstand dieser Arbeit sind also nicht „weiche" Daten, eine peripher interessante Füllmasse, die gegenüber „harten Daten" einen minderen Realitätsgehalt hätte. Die Arbeit greift aber auch nicht auf Satzungen zurück oder auf scheinbar quantitativ gehärtete Daten. Es geht in ihr vielmehr um jene Unterscheidungen und Bewertungskriterien, die in den Kommunikationsprozessen zirkulieren und ihnen Strukturen vorgeben, ohne sie zu determinieren.

In der Tat sollte sich die Forschung nicht auf die Rekonstruktion von Strukturen beschränken, die in Satzungen vorgegeben sind und auch nicht einfach Meinungen statistisch bearbeiten. Die eine Vorgehensweise würde die offizielle Selbstdarstellung für bare Münze nehmen, die andere würde sich von der jeweiligen Konjunktur abhängig machen. In dieser Arbeit geht es deshalb um die Rekonstruktion von Strukturen, die jenseits der addierten individuellen Launen stehen und dabei die offizielle Selbstdarstellung in den umfassenden sozialen Prozeß einordnen.

Erhard Stölting

Danksagung

Ohne meine Interviewpartner aus der Stadtverwaltung Frankfurt (Oder), die die Geduld aufgebracht haben, mir in ausführlichen Gesprächen Ihre Sichtweisen und Selbstbilder zu vermitteln, hätte ich dieses Buch nicht schreiben können. Bei ihnen möchte ich mich deshalb herzlich bedanken.

Gefördert wurde diese Arbeit durch ein Stipendium des Graduiertenförderprogrammes des Landes Brandenburg. Es ermöglichte mir drei spannende Forschungsjahre an der Universität Potsdam.

Mein ganz besonderer Dank gilt meinem Doktorvater Erhard Stölting. Er wirkte nicht nur bei der Entwicklung und Eingrenzung der Fragestellung mit, sondern nahm sich auch die Zeit für ausführliche Diskussionen. Dabei hat Erhard Stölting die Sensibilität aufgebracht, mich auch in schwierigen Phasen, die sich bei solch langen Vorhaben unweigerlich ergeben, weiter zu motivieren.

Thomas Edeling sei für seine Anregungen und für die Bestärkung gedankt, die Argumentation der Arbeit konsequent zu verfolgen. Für ihre kritischen Kommentare danke ich insbesondere Erika Hoerning. Sie hat dazu beigetragen, die Thesen dieser Arbeit zu schärfen, ebenso wie Sonja Sackmann und Helmar Schöne.

Den sprachlichen Feinschliff der Arbeit habe ich dem unermüdlichen Einsatz von Annabelle Lutz zu verdanken. Ihr verdanke ich auch die liebevolle Aufnahme an der Universität Potsdam. Für das Korrekturlesen möchte ich mich bei Mona Hahne und Doris Hampel ganz herzlich bedanken. Die Gestaltung der Übersichten und Tabellen verdanke ich Jan Kubasch, Kai-Uwe Krotoschak und Karsten Isenthal.

Ursula und Herbert Rogas danke ich für ihren Rückhalt und möchte Ihnen deshalb das Buch widmen.

Einleitung

Mit dem Ende der DDR wurden, angelehnt an Vorbilder der alten Bundesländer, die Kommunalverwaltungen der nun „neuen" Bundesländer umstrukturiert. Gleichsam über Nacht sollten die Verwaltungsbeschäftigten sich in einem für sie neuen Verwaltungssystem, mit anderen Strukturen und veränderten Verfahrensweisen, zurechtfinden. Sie mußten neue Rechtsnormen anwenden und veränderte Verwaltungsaufgaben wahrnehmen. Die kulturelle Dimension dieser Verwaltungstransformation steht im Zentrum dieser Arbeit. Die Untersuchungsfrage lautet: Welches kollektive Selbstverständnis haben die Kommunalverwalter in dieser Situation entwickelt und wie zeitlich stabil ist es?

Die Arbeit geht von einem Kulturbegriff aus, der in den spezifischen Unterscheidungen gründet, die eine Gruppe zur Beschreibung ihrer kollektiven Identität benutzt. Im Zentrum stehen deshalb nicht „Werte" oder „Einstellungen", sondern die von den Verwaltungsbeschäftigten in den neuen Bundesländern selbst für die Deutung ihrer Wirklichkeit benutzten begrifflichen Muster der Abgrenzung und Unterscheidung. Vor dem Bild der „anderen" hebt sich das kollektive Selbstbild positiv oder negativ ab. Selbstzuschreibungen treten um so deutlicher hervor.

Leitende Hypothese dieser Arbeit ist, daß die Beschäftigten der Kommunalverwaltungen der neuen Bundesländer bei der Darstellung ihres kollektiven Selbstbildes auf die gemeinsame Erfahrung aus DDR-Zeiten Bezug nehmen. Ob dies so ist, und wenn ja, in welcher Form, soll untersucht werden. Welche Deutung ihrer Wirklichkeit haben die Kommunalverwalter und welches Selbstbild vermitteln sie? Zur Beantwortung dieser Frage werden die von den Kommunalverwaltern für ihre Selbstdarstellungen verwendeten begrifflichen Muster der Anknüpfung und Abgrenzung rekonstruiert. Die Arbeit verfolgt dabei eine doppelte Perspektive: Sie rekonstruiert einerseits die kollektiven Selbstbilder und untersucht zum anderen auch deren Stabilität und Veränderung. An dieser Stelle betritt die Arbeit „Neuland". Es gibt noch keine Forschungsarbeiten, die die Deutungs- und Orientierungsmuster der Kommunalverwalter in den neuen Bundesländern im Zeitverlauf untersucht haben.

Für die Untersuchung ist eine Fallstudie angemessen. Sie ermöglicht es, vor dem Hintergrund der spezifischen Entwicklung einer konkreten Stadtverwaltung die Deutungsmuster der Beschäftigten auf ihre Stabilität und Veränderung exemplarisch zu untersuchen. Beschäftigte der Stadtverwaltung Frankfurt (Oder) wurden in zwei Befragungszeiträumen interviewt: Zunächst wurden die Kommunalverwalter 1992, also zu einer Zeit, die noch relativ nah an den Ereignissen der Wende lag, befragt. Vier Jahre später wurden dieselben Befragten noch einmal interviewt. Ziel war es, die kollektiven Selbstbilder von 1992 mit den vier Jahre später beschriebenen zu vergleichen. Es wurden durch einen Leitfaden gestützte Interviews durchgeführt. Diese ermöglichten einen vergleichsweise offenen Zugang zu dem kollektiven Selbstverständnis der Befragten, ohne ihn durch allzu restriktive Vorgaben bereits im Vorfeld einzuschränken. Im Zentrum der Interviews stand der Umgang mit dem Bürger, das Verhältnis zu den Arbeitskollegen und das zwischen Vorgesetzten und Unterstellten.

Anknüpfend an Ansätze der Organisationskulturforschung von John Van Maanen und Linda Smircich und ihre ethnologischen Bezüge (Goodenough, Geertz), ergänzt durch den Deutungsmusteransatz (Lüders), wird zunächst der theoretische und begriffliche Rahmen der Arbeit abgesteckt und die Fragestellung präzisiert (Kapitel 1). Daran schließt sich die Darstellung des Forschungsstandes der Verwaltungskulturforschung in den neuen Bundesländern an (Kapitel 2). Den Hauptteil der Arbeit bildet die Darstellung der Fallstudie zum Selbstverständnis von Kommunalverwaltern der untersuchten Stadtverwaltung: Zunächst werden die Methode, das Sample und die spezifischen Bedingungen der Verwaltungstransformation der untersuchten Stadtverwaltung beschrieben (Kapitel 3 und 4). Anschließend werden die Deutungsperspektiven aus dem ersten Befragungszeitraum dargestellt (Kapitel 5). Die Analyse des empirischen Materials ist in folgende Teilbereiche gegliedert: Zunächst wird das Verhältnis der Kommunalverwalter zum Bürger und ihr Bild vom Bürger beschrieben. Das Verhältnis zwischen Vorgesetzten und Unterstellten wird aus zwei Perspektiven beleuchtet: einmal aus der der Führungskraft und einmal aus der der Unterstellten. Das Verhältnis der Kollegen untereinander bildet den Abschluß der Auswertung des ersten Interviewzeitraums. Es folgt analog die Darstellung der Deutungen für den Befragungszeitraum von 1996. Sie werden mit den vier Jahre zuvor verwendeten begrifflichen Mustern kollektiver Selbstbeschreibung verglichen (Kapitel 6). Den Abschluß der Arbeit bildet die Diskussion um Kontinuität und Diskontinuität von Deutungsmustern der Kommunalverwalter aus den neuen Bundesländern (Kapitel 7).

1. Organisationskultur

Welches kollektive Selbstverständnis haben die Beschäftigten in kommunalen Verwaltungen der neuen Bundesländer? Wie deuten sie ihre Verwaltungswirklichkeit? Bei der Untersuchung dieser Fragen lasse ich mich von der Annahme leiten, daß die gemeinsamen Erfahrungen in der DDR Einfluß auf die heutige Wahrnehmung der Rolle als Verwaltungsbeschäftige haben.[1] Ob es einen solchen Einfluß gibt und wenn ja, ob er zu spezifischen Unterscheidungen führt und wie stabil oder instabil die so konstruierten Sinnwelten über die Zeit sind, ist Gegenstand der folgenden Untersuchung. Im Zentrum dieser Arbeit steht dabei nicht die gewählte politische Führungsspitze. Das Interesse richtet sich auf die Ebenen darunter, auf das Selbstverständnis der in einer Stadtverwaltung beschäftigten Sachbearbeiter, Gruppenleiter und Amtsleiter, die im folgenden auch als „Verwalter" bezeichnet werden. Für Funktionsbezeichnungen, wie zum Beispiel Mitarbeiter, Sachbearbeiter, Gruppenleiter oder Amtsleiter, wird dabei nur die männliche Form verwendet. Dies mag nicht fortschrittlich sein, diskriminierend ist es in keinem Fall gemeint.

Ansätze der Organisationskulturforschung gehen davon aus, daß Organisationen eigene Kulturen ausprägen (vgl. Burrell/Morgan 1979, Schuh 1989: 29). Gemeinsam mit den von ihnen rezipierten ethnologischen Kulturbegriffen erweisen sie sich als ein vielversprechender Rahmen.

Ende der siebziger Jahre begann die Organisationsforschung verstärkt, sich von den bis dahin dominierenden, auf formale und strukturelle Aspekte ausgerichteten Forschungs- und Erklärungsansätzen zu lösen. Eine Hinwendung zu informellen Prozessen und zur „Kultur" von Organisationen sowie eine stärkere Berücksichtigung interpretativer Ansätze versprach mehr Erklärungskraft und praktische Relevanz (vgl. Ebers 1985, Heinrich 1988).[2]

---

[1] Der dabei verwendete Rollenbegriff geht davon aus, daß Rollen normative Erwartungen an Positionsinhaber stellen, welche, auch in bürokratischen Organisationen, der Auslegung und Interpretation durch diese bedürfen (vgl. Joas 1991).

[2] In der Betriebswirtschaft genießt die Organisationskulturforschung eine weit größere Popularität als in der Soziologie, es sei hier nur an die frühen und inzwischen zu „Klassikern" avancierten Arbeiten von Peters und Waterman (1982), Deal und Ken-

Sorge aber auch andere sprechen geradezu von einer „Modewelle" der Kulturforschung, die die Organisationsforschung erfaßt habe (Sorge 1989). Inzwischen ist diese Welle allerdings wieder abgeflacht und andere Themen, wie zum Beispiel das „Organisationslernen", stehen im „Rampenlicht" des Interesses der Organisationsforschung (vgl. Antal/Dierkes/ Helmers 1993).

Die auf die Erforschung von Organisations- beziehungsweise Unternehmenskultur ausgerichteten soziologischen und betriebswirtschaftlichen Ansätze der Organisationsforschung schließen an Kulturbegriffe an, die der Ethnologie beziehungsweise Sozialanthropologie entliehen sind. Eine umfangreiche Auflistung ethnologischer Kulturbegriffe leisten Kroeber und Kluckhohn. Sie definieren Kultur als „(...) patterns, explicit and implicit of and for behaviour, acquired and transmitted by symbols constituting the distinctive achievement of human groups including their embodiments in artefacts" (Kroeber/Kluckhohn 1952: 181).[3] Dies verdeutlicht die Breite und Unterschiedlichkeit des Kulturbegriffs. Sie reicht von verschiedenen Formen kollektiv geteilter gedanklicher Muster bis zu deren Vergegenständlichung in Symbolen oder beobachtbarem Verhalten, eine Bandbreite, die auch in der Organisationskulturforschung widergespiegelt wird (vgl. z.B. Sorge 1989).

Die ethnologischen Konzeptionen des Kulturbegriffs und die auf sie Bezug nehmenden Organisationstheorien bilden ein ganzes Spektrum unterschiedlicher Ansätze. Eine schon als „klassisch" zu bezeichnende Einteilung stammt von Allaire und Firsirotu (1984) und von Smircich (1983a):[4] Die aufgezeigte Spanne reicht von funktionalistischen und strukturfunktionalistischen bis zu strukturalistischen und sozialkonstruktivistischen Perspektiven.[5] Funktionalistisch ausgerichtete Ansätze betrachten Kultur in erster Linie als externen Faktor, der auf eine Organisation einwirkt. Eine stärker strukturfunktionalistisch orientierte Organisationskulturforschung tendiert hingegen dazu, Kultur aus der Perspektive der ihr für die Stabilität und Legitimität der Organisation zukommenden Bedeutung zu analysieren. Dies birgt die Gefahr, Kultur bereits im Ansatz auf diese Funktion zu verkürzen

---

    nedy (1982) und von Pascale und Athos (1982), aber auch die weiteren Forschungen von Schein (1985) erinnert.

3   Kroeber und Kluckhohn schließen damit ihrerseits auch an Edward Tylor an, einen zentralen Vertreter der Kulturanthropologie des letzten Jahrhunderts. Dieser faßt Kultur als „(...) that complex whole which includes knowledge, belief, art, morals, law, custom, and any other capabilities and habits acquired by man as a member of a society." (1958: 1)

4   Vergleiche aber auch andere, häufig auf sie bezugnehmende Überblicksdarstellungen, zum Beispiel bei Gregory (1983), Helmers (1990), Sorge (1989), Sackmann (1992) und Tiebler/Prätorius (1993).

5   Dabei ist das von Allaire und Firsirotu aufgezeigte Spektrum noch breiter und umfaßt auch von ihnen als „ecological-adaptationalist" und die „historical-diffusionist" bezeichnete Schulen: Erstere hebt die Umgebung, letztere historische Umstände und Prozesse als kulturprägende Faktoren hervor.

und so Spannungszustände, wie sie gerade für Wandlungsprozesse charakteristisch sein können, nicht mehr zu erfassen.[6] Aus dem Strukturalismus und dem sozialen Konstruktivismus entwickelte Ansätze der Organisationskulturfoschung fassen Kultur nicht als etwas auf, was einer Organisation gleichsam beigegeben ist. Sie betrachten Organisationen aus dem Blickwinkel der Kultur.[7] Während strukturalistisch geprägte Ansätze nach „Grammatiken" suchen, stehen für andere Ansätze die geteilten Sichtweisen, Deutungen und Symbole der Organisationsmitglieder im Zentrum ihres Interesses. Auch aus dieser Perspektive kann Kultur zur Stabilität der Organisation beitragen, sie kann diese aber auch destabilisieren.

Eine Diskussion der unterschiedlichen Paradigmen dieser Ansätze und der mit ihnen verbundenen Annahmen über Organisationen sowie deren Bewertung ist nicht Ziel dieser Arbeit (vgl. hierzu z.B. Ebers 1985). Ziel ist es auch nicht, einen detaillierten Überblick über die Vielfalt der sich entwickelnden organisationskulturellen Ansätze zu geben (vgl. hierzu z.B. Alvesson/Berg 1992). Vielmehr gilt es, Ansätze und Theorien aufzuzeigen, die der Fragestellung nach dem Selbstverständnis und den Deutungen der Organisationsmitglieder angemessen sind und der Untersuchung deshalb ein begriffliches und analytisches Instrumentarium bieten. Die Arbeit stützt sich auf den zuletzt beschriebenen Strang der Organisationskulturforschung, da dieser die Perspektiven und Deutungen der Organisationsmitglieder ins Zentrum stellt. Näher beschrieben werden soll deshalb der auf Typisierung und Unterscheidung zielende Ansatz der Organisationskulturforschung von John Van Maanen und das auf Symbole und geteilte Bedeutung gründende Verständnis von Organisationskultur, dessen prominente Vertreterin Linda Smircich ist. Eingeleitet werden beide durch ihre ethnologischen Bezüge: die kulturanthropologischen Begriffe von Kultur, wie sie von Ward Goodenough und von Clifford Geertz vertreten werden. Beide organisationskulturellen Pfade werden ergänzt mit Ansätzen zur Konstruktion von sozialer Identität und mit dem Deutungsmusteransatz.

Das hier zugrunde gelegte Verständnis von Organisationskultur baut nicht auf dem von Werner Jann vertretenen Ansatz der Verwaltungskultur auf. Jann unterscheidet „Verwaltungskultur 1" als die gesamtgesellschaft-

---

6   Daß sich diese Verengung des Begriffs von Kultur nicht zwangsläufig aus einer strukturfunktionalistischen Perspektive ergeben muß, zeigt sehr eindrucksvoll eine Arbeit von Talcott Parsons über die Jugend in der amerikanischen Gesellschaft (1968): Dem allgemeinen Wertmuster des Strebens nach Selbständigkeit stehen in Folge einer tieferen Spezialisierung der Berufswelt immer längere Ausbildungszeiten und damit verbundene Verzögerungen der Selbständigkeit bei den Jugendlichen gegenüber. Parsons konstatiert für die Jugend in Folge eines noch versagten Einflusses eine zunehmende Ungeduld, den diese auf die gesamte Gesellschaft überträgt.
7   Smircich spricht von Kultur als einer „root-metaphor", die diesen Ansätzen eine breitere Sicht auf die Organisation ermöglichen als Ansätze, die ihre Sichtweise von Organisation aus der Maschinenmetapher oder der des Organismus ableiten (1983a: 347).

lich herrschenden Meinungen, Einstellungen, Werte und Orientierungsmuster gegenüber der staatlichen Verwaltung; „Verwaltungskultur 2" als diese Orientierungsmuster bezogen nur auf die Verwaltung und „Verwaltungskultur 3" als institutionalisiertes Verhalten innerhalb und gegenüber der Verwaltung (1983: 18ff., 28ff.). Janns Ansatz von Verwaltungskultur hat seine Wurzeln in der politischen Kulturforschung. Mit seiner ausdrücklichen Einbeziehung der Außenperspektive ist er breiter angelegt als die meisten Organisationskulturkonzepte. Zugleich ist sein Fokus spezifischer, richtet er sich doch vor allem auf die Auswirkung von Verwaltungskultur bei der Umsetzung von staatlichen Programmen (vgl. dazu auch Thole 1993). Einen Anschluß an das Konzept von Organisations- beziehungsweise Verwaltungskultur, auf das diese Arbeit sich bezieht, gibt es allerdings insoweit, als auch ein Teil von Janns Konzept sich auf die Innenperspektive der Verwaltungsbeschäftigten richtet.[8]

1.1 Aus der Perspektive der Organisationsmitglieder: Unterscheidung als Baustein kollektiver Identität

Als Ethnologe untersucht Ward Goodenough fremde Kulturen auf Neuguinea und auf Mikronesien. Sein Verständnis von Kultur stellt die Perspektiven der Mitglieder einer Kulturgemeinschaft in den Mittelpunkt (vgl. Goodenough 1957, 1981). Goodenoughs Ansatz geht davon aus, daß die Mitglieder einer Kulturgemeinschaft für ihre Gruppe spezifische Unterscheidungen, zum Beispiel der Wahrnehmung, benutzen. Diese bilden den Ausgangspunkt für weitere komplexere kognitive Gebilde, wie soziale Regeln und Werte.[9] Sowohl die Unterscheidungen als auch die komplexeren Muster werden im wechselseitigen Austausch mit anderen Mitgliedern einer Kulturgemeinschaft erworben und verändert. Sie dienen der Verarbeitung von Erfahrung und helfen, ein von allen Mitgliedern einer Kulturgemeinschaft akzeptiertes Verhalten zu generieren. Um den Unterschied von Regelwissen und Regelpraxis zu verdeutlichen, verweist Goodenough auf die Analogie mit dem Kultursystem der menschlichen Sprache (vgl. 1981: 61ff.). So müssen die Regeln eines Ordnungssystem den Mitgliedern einer Kulturgruppe nicht in jedem Falle bewußt sein. Es reicht aus, sie zu praktizieren, um akzeptierte Sätze oder Verhalten zu generieren.

Dieser aus der Sozialanthropologie stammende Ansatz läßt sich auf Organisationen übertragen. Auch die Mitglieder einer Organisation benutzen

---

8 Die Begriffe „Verwaltungskultur" und „Organisationskultur" werden in dieser Arbeit synonym verwendet.

9 Neben Unterscheidungen und Formen führt Goodenough verschiedene, auf sie aufbauende, komplexere Gebilde an wie Aussagen, Glauben, Werte, Rezepte, Routinen und Gewohnheiten (1981: 61f.).

spezifische Unterscheidungen, die ihnen als Orientierung dienen. Auf diesen Unterscheidungen können komplexere Ordnungssysteme aufbauen, die ihrerseits mit Normen und Werten verbunden sein können. Die unterschiedlichen Arten des Wissens von Organisationsmitgliedern werden Gegenstand der Organisationsforschung. Sackmann unterscheidet lexikalisches, handlungsbezogenes, axiomatisches und Rezeptwissen (1992). Argyris und Schön richten ihre Aufmerksamkeit auf die von den Organisationsmitgliedern geteilten Beschreibungen organisationaler Wirklichkeit (1978).

Im Zentrum der Arbeit steht die Frage nach dem kollektiven Selbstverständnis von kommunalen Verwaltern in den neuen Bundesländern. Der Sozialpsychologe Henri Tajfel weist in seiner „Theorie der sozialen Identität" darauf hin, daß Individuen ihre soziale Identität aus der Zugehörigkeit zu einer sozialen Gruppe ableiten. Die Identität der Gruppe beruht wiederum auf einem Vergleich mit anderen Gruppen: „(...) the definition of a group (national, racial or any other) makes no sense unless there are other groups around" (Tajfel 1978: 66, vgl. aber auch Tajfel/Turner 1986).[10] Dabei geht die Theorie sozialer Identität davon aus, daß soziale Gruppen um positive Unterscheidung von anderen Gruppen bemüht sind. Eine Gruppe ist positiv distinkt, wenn sie auf wichtigen Vergleichsdimensionen überlegene Positionen einnimmt. Kollektive Identität wird erst, so Pierre Bourdieu, über Abgrenzung zu anderen Gruppen möglich (1992). Im Kontext des Emigrationsdiskurses hebt Erhard Stölting nicht nur die spezifische Bedeutung der Unterscheidung für die Konstruktion von kultureller Identität hervor, sondern er verweist auch auf die den Diskurs konstituierenden begrifflichen Muster: „(...) der typisierende Zuschreibungsmechanismus ist dichotomisch aufgebaut. Die fremde Gruppe erscheint in ihren Kategorien als Gegensatz der eigenen" (1986: 9, vgl. aber auch Hettlage: 1997). Für die Untersuchung der Konstruktion von kollektiver Identität der Beschäftigten in den Verwaltungen der neuen Bundesländer lenkt dies die Aufmerksamkeit auf die von diesen verwendeten Anknüpfungen und Abgrenzungen von anderen Gruppen und die dabei benutzten Stereotypisierungen, auf kollektive Selbstbilder und die ihnen als Kontrast dienenden Bilder der anderen.[11]

Nur wenige organisationskulturelle Studien rücken die von den Organisationsmitgliedern selbst für ihre Identitätskonstruktionen benutzten Unterscheidungen in das Zentrum ihres Forschungsinteresses. Eine Ausnahme ist die Studie von Kathleen Gregory. Gregory analysiert das Berufsverständnis

---

10 Zur Anwendung dieser Theorie auf die Konstruktion ostdeutscher und westdeutscher Identität vergleiche auch die empirischen Studien zu sozialen Vergleichsprozessen von Kanning und Mummendey (1993) und von Doll, Mielke und Mentz (1994). Zur Diskussion der Identitätsfrage im ostdeutschen Kontext vergleiche auch Ritter (1997) und Woderich (1997) und Stojanov (1996).
11 Anknüpfung läßt sich als eine besondere Form der Abgrenzung interpretieren: Sie weist auf eine Differenz hin, betont allerdings, im Unterschied zur Abgrenzung, nicht die Entfernung sondern die Nähe.

von Technikern, Ingenieuren und Softwarespezialisten von Computerfirmen im Silicon Valley anhand der von diesen selbst benutzten Unterscheidungen und den mit diesen verbundenen Konnotationen. "Coming to understand a native view entails learning to distinguish between the conceptual categories natives use" (Gregory 1983: 368). Diese Perspektive auf Unterscheidungen und Typisierungen von Organisationsmitgliedern hat auch Van Maanen, der das Selbstverständnis von Polizeischülern untersucht (1973, 1977, 1988). Diese Stereotypisierungen sind Ergebnisse eines Interaktionsprozesses. Beschreibungen und Typisierungen anderer Gruppen können dem kollektiven Selbstbild als Kontrast dienen. Beide Ansätze warnen davor, von außen, das heißt vom Forscher an das Material herangetragene Unterscheidungen, in das Zentrum der Untersuchung zu rücken.

Die Selbstbeschreibungen und Rollendarstellungen der Organisationsmitglieder kann man als Diskurse auffassen. Diese bilden Aussagesysteme, die in regelgesteuerter Praxis entstanden sind. Anknüpfend an Foucaults „Ordnung des Diskurses" läßt sich vermuten, daß bei der Selbstdarstellung benutzte Formen von Anknüpfung und Abgrenzung zwar nicht das, was gesagt werden kann, determinieren, aber doch, als wiederkehrende begriffliche Muster, das Feld der kombinatorischen Möglichkeiten des Diskurses einschränken (1997). Für kollektive Selbstbilder sind die gemeinsam benutzten Abgrenzungen gegenüber anderen sozialen Gruppen bedeutsam. Der Kontrast zu einer anderen Gruppe und das dadurch erst deutlich werdende kollektive Selbstbild bilden ein begriffliches Muster. Vermutet wird, daß sich solche begrifflichen Muster auch in den Selbstdarstellungen der Organisationsmitglieder aufzeigen lassen.

1.2 Aus der Perspektive der Organisationsmitglieder: Unterscheidung als Deutung

Wie Ward Goodenough betont auch der Ethnologe Clifford Geertz, daß eine Kultur vom Forscher nur aus der Perspektive der Kulturmitglieder verstanden und beschrieben werden kann. Die Sichtweisen der Kulturmitglieder gelte es im Rahmen ihrer eigenen Vorstellungen und nicht durch von außen beziehungsweise durch vom Forscher herangetragene Kategorien zu ergründen (vgl. Geertz 1995a: 294). Stärker noch als Goodenough stellt Geertz die Deutungen der Kulturmitglieder ins Zentrum seines Kulturverständnisses. Die kulturell spezifischen, die Wahrnehmung – auch der eigenen Gruppenidentität – prägenden Unterscheidungen seien immer schon mit Bedeutung und Sinn verbunden. Statt nach allgemein gültigen Regeln zu suchen, gelte es deshalb, die in einer Kultur geteilten Symbole und die ihnen zugeschriebenen Bedeutungen zu erfassen.[12] Zwar betont auch Geertz die Funktion der Kultur, ihren Mitgliedern einen Rahmen der Orientierung zu bieten, doch handelt es sich dabei nach Geertz nicht um konkrete Programme, die das Verhalten des Einzelnen vollständig steuern. Symbole und Sinnsysteme sind auf die Deutung und Interpretation durch die Mitglieder ihrer Kulturgruppe angewiesen. Kultur ist ein von den Menschen selbstgesponnenes „Netz von Bedeutung" (Geertz 1995b: 9). Geertz bezieht sich dabei ausdrücklich auf Max Weber, der als Aufgabe der Soziologie postuliert, das sinnhaft orientierte Handeln der Menschen deutend zu verstehen (vgl. Weber 1985: 3). Geertz schließt damit implizit auch an Alfred Schütz' „Universum von Bedeutungen" an; menschliches Handeln entspringt einem Sinnzusammenhang, der nur interpretierend zu erforschen ist (vgl. Schütz: 1971: 11). Geertz selbst untersucht unter anderem die balinesische, die javanische und die marokkanische Gesellschaft. Er richtet sein Interessse dabei auf die in diesen Kulturgruppen verbreiteten Selbstkonzepte, auf die von ihren Mitgliedern bei ihrer Selbstdarstellung benutzten Symbole und deren Bedeutungen.

Auch ein Teil der Organisationskulturforschung bezieht sich auf dieses Verständnis von Kultur: So betrachtet Linda Smircich Organisationen aus der Perspektive der von ihren Mitgliedern geteilten Bedeutungen (Smircich 1983a, 1983b). Sinnsysteme werden über Symbole, das können Wörter, Bilder oder Rituale sein, vermittelt und bilden einen Orientierungsrahmen. Auch der neoinstitutionalistische Ansatz von Friedland und Alford weist auf diese Funktion von Symbolen in Organisationen hin (1991: 243).

Im Zentrum des Interesses an Organisationskultur steht für Smircich und Morgan die Erforschung kollektiv geteilter Deutungen. So untersuchen sie unter anderem die Deutung eines Programmes zur Reduzierung von Arbeitsrückständen bei Beschäftigten eines Versicherungsunternehmens (Smircich/Morgan 1982). Bei unterschiedlichen Beschäftigtengruppen stellen sie dabei variierende Interpretationen dieses Programmes fest: Während die Managementebene es als Instrument und Anreiz zur effektiveren Arbeit bewertet, weisen andere Beschäftigtengruppen diesem Programm keine sich direkt auf den Arbeitsvollzug auswirkende Bedeutung zu.

Auch für Boyce (1995) und für Pettigrew (1979) stehen die Sinn- und Wirklichkeitskonstruktionen von Organisationsmitgliedern im Zentrum ihres Forschungsinteresses. Ihr Forschungsansatz ist auf zentrale Geschichten, sogenannte „touchstone stories" ausgerichtet, welche die Wirklichkeitsdeutung der Organisationsmitglieder vermitteln. Pettigrew definiert Kultur als „(...) ein System öffentlich und allgemein innerhalb einer Gruppe akzep-

---

12 Trotz des Bemühens von Geertz, Goodenoughs Verständnis von Kultur auf das eines Systems von Regeln, die in einem Kulturkreis akzeptierten werden und der Steuerung von Verhalten dienen, zu reduzieren (Geertz 1995b: 17), zeigt Goodenough sich in seinem Verständnis von Kultur, wie gezeigt wurde, deutlich breiter. So weist Goodenough auf die Bedeutungen, die die Kulturmitglieder ihren Regelungen und Handlungen beimessen, hin (vgl. Goodenough 1981: 61ff.).

tierter Bedeutungen (...), ein System von Begriffen, Kategorien und Bildern, durch welche die Mitglieder einer Kulturgruppe ihre eigene Situation deuten beziehungsweise interpretieren" (1979: 574).[13] Diese Definition lenkt den Blick zurück auf die Begriffe und Unterscheidungen, die die Organisationsmitglieder zur Verarbeitung ihrer Wirklichkeit benutzten. Auch die in den kollektiven Selbstbeschreibungen von Organisationsmitgliedern enthaltenen Stereotypisierungen sind, wie es Van Maanen bei Polizeirekruten oder auch Gregory bei Beschäftigten der Computerindustrie im Silicon Valley zeigen, schon immer mit spezifischen Bedeutungen konnotiert. Eine Verbindung beider Perspektiven erscheint mir deshalb sinnvoll.

Als nützlich erweist sich hier der Ansatz der Orientierungs- und Deutungsmuster (vgl. Lüders 1991a, Neuendorff/Sabel 1978, Arnold 1983, Becker u.a. 1987). Auch hier stehen die Äußerungen der Befragten im Zentrum, auch hier sollen Vorabkategorisierungen durch den Forscher vermieden werden. Statt dessen gelte es, die Äußerungen der Befragten mit Blick auf die zugrundeliegenden „Strukturen der ‚Welt-‘ und ‚Selbstdarstellung'" zu interpretieren (Becker u.a. 1987: 10). Distanz wird dabei aufgebaut zum Konzept der modalen Persönlichkeit beziehungsweise der in der Tradition von Talcott Parsons noch implizit enthaltenen Vorstellung eines vom System her rekonstruierbaren Konditionierungszusammenhanges, welcher Werte oder Werthaltungen gleichsam in einer Person verankert (vgl. Schmid 1992). Statt einer Suche nach Werten oder gar modalen Persönlichkeiten verschiebt sich der Akzent auf die Rekonstruktion kultureller Sinnstrukturen. Diese liegen den Wirklichkeitsbeschreibungen der Organisationsmitglieder zugrunde und helfen ihnen zugleich, sich in ihrer Organisationswelt zurechtzufinden. Sie zeigen sich als gemeinsam benutzte begriffliche Unterscheidungen. Natürlich können die Unterscheidungen auch normativ konnotiert sein. Aber diese Konnotationen wirken nicht durch das Individuum hindurch determinierend. Sie müssen erst von den Mitgliedern einer kulturellen Gruppe interpretiert werden. Wie am Beispiel der menschlichen Sprache bereits erläutert wurde, werden diese spezifischen Unterscheidungen häufig eher beiläufig benutzt und müssen den Mitgliedern nicht in jedem Falle bewußt sein, Matthiesen spricht deshalb auch von „implizit gewußten Angemessenheits- und Konsistenzregeln" (1993: 30).

Die bei der Beschreibung kollektiver Identität benutzten Selbstbilder und ihre Kontraste, die Bilder von den „anderen", formen spezifische, begriffliche Muster der Unterscheidung (vgl. Kapitel 1.1). Sie strukturieren die Selbstbeschreibungen und Realitätswahrnehmungen von sozialen Gruppen und lassen sich ihrerseits als Deutungsmuster auffassen. Im Unterschied zu häufig wechselnden Meinungen handelt es sich bei Deutungsmustern um dauerhaftere Strukturen der Wahrnehmung. Arnold spricht von „(...) zeitstabilen und in gewisser Weise stereotypen Sichtweisen und Interpretationen von Mitgliedern einer sozialen Gruppe" (1983: 894). Auf die Fragestellung

---

13 Eigene Übersetzung.

der Dissertation bezogen heißt das: Welche Deutungsmuster benutzen die kommunalen Verwalter aus den neuen Bundesländern für die Beschreibung ihrer kollektiven Identität und wie zeitlich stabil sind sie? Werden die begrifflichen Muster der Anknüpfung und Abgrenzung und die über sie transportierten Deutungen, die die Verwalter kurz nach der Wende benutzen, von ihnen auch noch in einigem zeitlichen Abstand verwendet? Sind neue Deutungen der eigenen Rolle hinzugekommen, hat sich die kollektive Selbstdefinition verändert? Wenn ja, durch welche Strukturen zeichnet sie sich aus? Sind alte Selbstbilder und die sie konstituierenden Kontraste verdrängt oder modifiziert worden?

2. Verwaltungskulturforschung im ostdeutschen Transformationsprozeß

Einstellungen und Orientierungen der Verwaltungsbeschäftigten in Landes- und Kommunalverwaltungen der neuen Bundesländer wurden in zahlreichen empirischen Studien erforscht.[14] In der Mehrzahl sind diese Studien allerdings auf die Befragung von Führungskräften beschränkt. Offene Zugänge zu den Sicht- und Deutungsweisen der Verwalter, worunter im folgenden die in öffentlichen Verwaltungen Beschäftigten verstanden werden, sind selten anzutreffen. Im Sinne ihres offenen Zugangs als Ausnahme zu werten ist die bereits Ende 1989 begonnene Gemeindestudie von Berking und Neckel (1991, 1992) sowie die bereits Anfang 1990 und 1991 durchgeführten Befragungen von Führungskräften in Kommunalverwaltungen von Bernet und Lecheler (1990, 1991), von Osterland und Wahsner (1991) und die 1992 mit Sachbearbeitern und Amtsleitern von Sozial- und Wohnungsämtern durchgeführte Befragung von Brand, Maggioni und Stein (1994). Im Unterschied zu diesen vergleichsweise offen durchgeführten Studien basiert das Gros der empirischen Forschung jedoch auf standardisierten Befragungen. So die recht früh als Ost-West-Vergleichsstudie angelegte Befragung von Verwaltungsführungskräften des Berliner Senats und Magistrats von Schröter und Reichard (Schröter: 1992, 1995, Reichard/Schröter: 1993a, 1993b) und die 1994 bis 1995 durchgeführte empirische Untersuchung zu Einstellungen und Werten von leitenden Ministerialbeamten in den Landesregierungen von Brandenburg und Sachsen (Möller 1996, Damskis 1996, 1997 und Damskis/Möller 1997). Auch die kommunale Verwaltung stand im Fokus der Verwaltungsforschung. Eine frühe Studie zu den Demokratieauffassungen von Amtsleitern in einem Berliner Bezirksamt stammt von Berg, Harre und Möller (1992). Umfangreich untersucht wurden die Kommunalverwaltungen auch von Studien, die unter der Ägide

---

14 Neben diesen im folgenden zitierten auf Einstellungen und Orientierungen von Verwaltungsbeschäftigten zielenden Studien gibt es noch eine Reihe anderer Forschungsarbeiten, wie zum Beispiel die Studie zum Aufbau der Umweltverwaltung in Sachsen und Brandenburg von Eisen (1996) oder zur Kreisreform in den neuen Bundesländern von Seibel (1996), die sich vor allem mit strukturellen Aspekten des Verwaltungsaufbaus befassen und deshalb hier nicht weiter berücksichtigt werden.

der Kommission für die Erforschung des sozialen und politischen Wandels in den neuen Bundesländern (KSPW) erstellt wurden. Auch diese Studien basieren überwiegend auf standardisierten Befragungen von Führungskräften unterschiedlicher kommunaler Verwaltungen in den neuen Bundesländern (Reinhold/Schubert 1992, Chitralla 1992, Wollmann/Berg 1994, Berg/Nagelschmidt/Wollmann 1996). Richteten die bisherigen Studien (ausgenommen die von Brand u.a.) ihr Augenmerk lediglich auf Einstellungen und Orientierungen von Führungskräften, so beziehen zwei Studien auch die untere Ebene der Hierarchie in ihre Untersuchung mit ein: So die Fallstudie zur Verwaltungskultur in einer brandenburgischen Kommunalverwaltung von Höhner (1992) und die als Ost-West-Vergleichsstudie angelegte Befragung von Verwaltern in Berliner Bezirksämtern von Beckers und Jonas (Beckers/Jonas 1993, 1994a, 1994b). Neuere Studien richten sich stärker auf die Akzeptanz von Reformprojekten zur Verwaltungsmodernisierung (vgl. z.B. Lutz/Wegrich 1996), womit sich ein (vorläufiges?) Ende der auf eine ostdeutsche Verwaltungskultur ausgerichteten Forschung abzeichnet.[15] Keine der bisher genannten Studien untersucht, wie zum Beispiel Schröter ausdrücklich fordert, die Entwicklung des Selbstverständnisses der Verwaltungsbeschäftigten im Zeitvergleich (1995: 289). Diese Arbeit will einen Beitrag dazu leisten, diese Lücke zu schließen.

Orientierungen und Einstellungen der „Staatsfunktionäre" beziehungsweise der „Mitarbeiter im Staatsapparat der DDR" waren vor 1990 kein Gegenstand empirischer Forschung.[16] Erste Stellungnahmen hierzu sind denn auch einer Übertragung von strukturell-institutionellen Aspekten auf Orientierungsmuster der Verwaltungsbeschäftigten verhaftet. Es soll deshalb kurz auf den Rahmen kommunaler Verwaltung in der DDR eingegangen werden (vgl. hierzu: Berking/Neckel 1992, Bernet 1991, Bernet/Lecheler 1990, Einenkel/Thierbach 1990, Glaeßner 1993, Hauschild 1991, König 1991, 1992b, 1992c, Neckel 1992, Pitschas 1991, Rottleuthner 1995, Schroeder/Alisch 1998, Schubel/Schwanegel 1991, Wallerath 1992, Wollmann 1991, 1997, Wollmann/Jaedicke 1993): Die kommunale Selbst-

---

15 In diesem Sinne eine Ausnahme ist das zur Zeit noch nicht abgeschlossene Dissertationsprojekt von Magali Gravier (1998). Die Studie untersucht die Identitäts- und Loyalitätsgestaltung am Beispiel der Ministerialeliten in Brandenburg und Sachsen und bedient sich dabei einer vergeichsweisen offenen Interviewführung, um auf dieser Basis die für die Diskurse der sozialen Identität relevanten Dimensionen zu rekonstruieren.

16 In der DDR waren Einstellungen und Orientierungen von Mitarbeitern im Staatsapparat kein Gegenstand empirischer sozialwissenschaftlicher Forschung. Eine in erster Linie auf einer Analyse von Dokumenten beruhende Arbeit zum Partei- und Staatsapparat in der DDR verfaßte Gero Neugebauer in den siebziger Jahren am Zentralinstitut für sozialwissenschaftliche Forschung der Freien Universität Berlin (1978). Zwar nicht mehr ganz zu DDR-Zeiten sondern bereits in der Phase ihres Unterganges, aber noch vor den Kommunalwahlen vom Mai 1990, führten Bernet und Lecheler ihre Expertenbefragung mit Führungskräften der Stadtverwaltung Plauen durch (Bernet/Lecheler 1990).

verwaltung in den Städten und Gemeinden der DDR war zu großen Teilen nur „legale Fassade", hinter der sich die politische Subordination unter das zentralstaatliche Regime verbarg (Neckel 1992: 254). Diese fand ihren Ausdruck in dem Prinzip der „doppelten Unterstellung": So waren auf kommunaler Ebene die Räte und die ihnen zugeteilten Fachabteilungen einerseits den örtlichen Volksvertretungen unterstellt, von denen die Räte selbst zumindest formell auch gewählt wurden. Andererseits waren die Räte an die Weisungen der übergeordneten Exekutivorgane (von der Fachabteilung der Bezirksverwaltung bis zur Ministerialebene) gebunden. Dabei hat sich der Strang, der der Umsetzung zentralstaatlicher Politik auf kommunaler Ebene diente, als der in der Praxis bedeutsamere erwiesen. Ökonomisch waren die Städte und Kommunen in das planwirtschaftliche System eingebunden. Sie waren in hohem Maße auf staatliche Zuweisungen angewiesen. Darüber hinaus waren die Städte und Gemeinden von einer parallel zu den staatlichen Institutionen bestehenden Parteiadministration abhängig. Alle Planungs-, Organisations- und Kontrollbefugnisse der Städte und Gemeinden waren letztlich auf die Bestätigung durch die Parteileitung der Sozialistischen Einheitpartei Deutschlands (SED) angewiesen. Der Staat wurde der „(...) Steuerung von der Parteispitze her unterworfen" (König 1992a: 552). Dabei hatten die „(...) Beschlüsse der Parteiführung, wie auch die Anweisungen der Parteigliederungen (...) für die Staatsorgane verbindlichen Charakter" (Schröder/Alisch 1998: 421). Ein weiterer Aspekt der Herrschaftssicherung der SED war die „Kaderpolitik", die die politisch-ideologische Eignung der in staatlichen Verwaltungen beschäftigten Leitungskräfte sicherstellen sollte. Ein für die Ebene der Regionalpolitik wichtiges Machtzentrum stellte zudem die lokale Parteileitung, der Erste Sekretär der Kreis- beziehungsweise der Bezirksleitung der SED dar, wie von Landolf Scherzer in literarischer Form bereits vor der Wende eindrucksvoll beschrieben wurde (1990). Die Bürger selbst hatten bei Verwaltungsentscheidungen in der Regel keine Möglichkeit des rechtlichen Einspruchs. Statt dessen gab es die Möglichkeit, Beschwerden oder Anliegen in sogenannten „Eingaben" an staatliche Organe oder an die SED zu richten. Erst kurz vor der Wende wurde in der DDR ein Verfahren zur gerichtlichen Nachprüfung von Verwaltungsentscheidungen eingeführt.[17]

Ein Teil der Verwaltungsforschung bezieht sich auf diese Strukturmerkmale kommunaler und staatlicher Verwaltung in der DDR als eines zentralistisch von der SED mittels Kommandosystem geleiteten Apparates, um daraus Schlußfolgerungen auf Orientierungsmuster der Verwalter zu ziehen. Dabei wird die Loyalität der Verwaltungsmitarbeiter gegenüber ihrer fachlichen Qualifikation in den Vordergrund gerückt, wobei die „Nomenklaturisten" und „Kader" des alten Regimes mit dem Stigma der „‚po-

---

17 Am 14.12.1988 beschloß die Volkskammer der DDR das „Gesetz über die Zuständigkeit und das Verfahren der Gerichte zur Nachprüfung von Verwaltungsentscheidungen". Es trat am 1.7.1989 in Kraft (vgl. Neckel 1992).

litisierten Inkompetenz'" (König 1992a: 552) sowie einer mangelnden Bereitschaft zur Verantwortungsübernahme (vgl. Glaeßner 1993: 72) belegt werden. Auch die empirisch ausgerichtete Verwaltungsforschung der „ersten Stunde" ist noch stark diesen Interpretationsmustern verhaftet. Beckers und Jonas sprechen geradezu von einer „Fixierung" der Forschung auf die autoritären Traditionen der DDR-Verwaltung und einer „fast paranoiden Sicht der DDR", „(...) in dem der Staatsapparat nahezu perfekt als Instrument der SED-Herrschaft benutzt werden konnte" (1994b: 52). Ein Beispiel hierfür ist die Studie von Schröter (1992, 1995). Schröter befragte bereits 1990 und 1991 Führungskräfte der Berliner Magistratsverwaltung und des Senats zu ihren berufsspezifischen Werthaltungen und Orientierungen. Das Ergebnis seiner Befragung pointiert Schröter in dem Bild des Ostberliner Verwalters als eines „technokratisch" und in seinem Führungsstil autoritär ausgerichteten, „vollzugsorientierten Fachbeamten" und „Bürokraten", der der Politik mit Distanz gegenübersteht. Diesem stellt er den „gemäßigt ‚engagierten' oder ‚politischen' Bürokraten" beziehungsweise „Verwaltungsmanager" aus den alten Bundesländern gegenüber (1995: 389, 392). Technokratisch-autoritäres Rollenverständnis und tendenziell autoritäts- und vorgabenfixierte Führungsstile interpretiert Schröter als DDR-spezifische Prägungen. Bedenkt man jedoch, daß Zeiten großer Veränderungen und Umbrüche, als welche die Umstrukturierungen der früheren staatlichen Verwaltungen der DDR im Anschluß an die Wende zweifelsohne zu werten sind, bei den betroffenen Beschäftigten große Unsicherheiten bewirken, und diese sich zudem einem impliziten und häufig auch expliziten Vorwurf früherer Systemloyalität und Parteihörigkeit sowie mangelnder Regelorientierung gegenübersehen, lassen sich die Hervorhebungen der Ausrichtung auf die Umsetzung von Vorschriften und die Politikaversion auch als Reaktionen auf diese Vorwürfe interpretieren.

Die im Umfeld der KSPW entstandenen Studien weisen in eine andere Richtung als die Arbeit von Schröter. Auf Grundlage der Ergebnisse einer 1992 durchgeführten Befragung von Leitungspersonen in brandenburgischen und sächsischen Kommunalverwaltungen heben Wollmann und Berg die große Bedeutung hervor, die in der DDR den informellen Handlungs- und Beziehungssystemen für die kommunale Politik und Verwaltung zukam (Wollmann/Berg 1994). Auch die Ergebnisse einer ein Jahr später durchgeführten Befragung von Leitungspersonen aus Schlüsselbereichen kommunaler Politik und Verwaltung weisen in dieselbe Richtung (vgl. Berg/Nagelschmidt/Wollmann 1996): So betonen Berg, Nagelschmidt und Wollmann die stärker an informellen Mustern ausgerichteten Handlungsorientierungen der befragten Verwalter. Diese würden einer an formalen Verfahren orientierten Ausrichtung ihrer Tätigkeiten noch mit Skepsis gegenüberstehen. Dabei konstatieren Berg, Nagelschmidt und Wollmann eine mangelnde demokratische und rechtsstaatliche Rückbindung des Verwaltungshandelns besonders bei dem Leitungspersonal, das bereits vor 1990 in den staatlichen Verwaltungen beschäftigt war, was sie auch veranlaßt, von

„altinstitutionellen Prägungen" zu sprechen (Berg/Nagelschmidt/Wollmann 1996: 212). Trotz der von Berg, Nagelschmidt und Wollmann immer wieder betonten Unterschiede zu dem „institutionellen Selbstverständnis" der neuen Leitungskräfte sind die Unterschiede eher marginal: So betonen auch die neuen Leitungskräfte stärker informelle Verfahren der Problemlösung – und sind lediglich gegenüber dem neuen Institutionenmodell und seiner politischen Rückbindung etwas aufgeschlossener. Zugleich betonen beide Gruppen auch die Notwendigkeit, ihr Handeln strikt an den gesetzlichen Vorschriften auszurichten (vgl. Berg/Nagelschmidt/Wollmann 1996: 207ff.). Es ist deshalb meiner Meinung nach Engler zuzustimmen, wenn er es als an der Sache vorbeigehend bezeichnet, „(...) die ostdeutsche Vorliebe für informalisierte Verwaltungsstile aus dem Fortleben altgedienter ‚Seilschaften' (...)" erklären zu wollen (Engler 1996: 329).

Die als Ost-West-Vergleichsstudie angelegte Befragung in Berliner Bezirksämtern von Beckers und Jonas gehört zu den wenigen Studien, die sich nicht auf Führungskräfte beschränken, sondern auch Mitarbeiter ohne Leitungsverantwortung in ihre Befragung mit einbeziehen (1994a, 1994b). In der Interpretation ihrer Ergebnisse grenzen Beckers und Jonas sich, ähnlich wie die im Umfeld der KSPW entstandenen Studien, von der These einer „kognitiven Hinterlassenschaft" in Form von technokratischen und autoritären Orientierungen der Verwalter in den neuen Bundesländern ab. Statt dessen betonen Beckers und Jonas eher Gemeinsamkeiten zu den Orientierungsmustern der ebenfalls befragten Westberliner Verwalter. Als dennoch bestehenden Unterschied zu den Kollegen aus Westberlin stellen sie bei den Ostberliner Verwaltern eine ausgeprägtere Orientierung auf den Bürger und eine stärkere Teamorientierung fest.

Nicht nur die Studie von Wollmann und Berg und die von Berg, Nagelschmidt und Wollmann, sondern auch die von Beckers und Jonas interpretiert die Besonderheiten in den Orientierungsmustern der ostdeutschen Verwalter als Relikte aus der DDR-Vergangenheit. Die Studien beziehen sich dabei auf Strukturen der DDR-Verwaltungswirklichkeit, die die zunächst bestimmend gewesene eindimensionale Sichtweise eines zentralistischen und auf die SED ausgerichteten lokalen Staatsapparates relativieren, indem sie diese um eine „zweite Wirklichkeit" ergänzen (vgl. hierzu auch Wollmann 1991, Berking/Neckel 1992, Melzer 1991[18], Neugebauer 1978[19]). So hatten nicht nur in den Betrieben und Kombinaten, sondern auch auf der Ebene der kommunalen staatlichen Verwaltungen, informelle Interaktionsformen das starre zentralistische Kommandosystem unterlaufen. Sie schufen eine „(...) Organisationsrealität, ein feinmaschiges persönliches

---

18 Zur Kooperation von Betrieben und lokalen Verwaltungen vergleiche auch Melzer 1991.
19 Auf „Keime" der relativen Verselbständigung untergeordneter Teile des Staatsapparates gegenüber den SED-Leitungsebenen macht bereits in den 70er Jahren Neugebauer aufmerksam (1978).

Beziehungsgeflecht, das auf dem Prinzip der Gegenseitigkeit basierte und wo nicht Plan, Recht und Gesetz, sondern Treu und Glauben und ‚give and take' den sozialen Austausch regulierten." (Berking/Neckel 1992: 156). Informelle Netze und Verbindlichkeiten trugen so zum Überleben eines überzentralisierten und „verknöcherten" Systems bei.

War die Verwaltungsforschung der ersten Stunde noch von der Suche nach autoritären Hinterlassenschaften des SED-Regimes bestimmt, so knüpft die weitere empirische Verwaltungsforschung nun an „ererbte" Tugenden aus dieser „zweiten Wirklichkeit" an: Die größere Orientierung an informellen Verfahren der Verwalter in den neuen Bundesländern wird als eine solche identifiziert. Geblieben ist der naive Umgang mit den Aussagen der Befragten. Dabei wird versucht, über die Aussagen und Orientierungen der ostdeutschen Verwalter die DDR-Vergangenheit zu rekonstruieren, um vor diesem Hintergrund heutige Orientierungen als „Prägungen" abzuleiten. Eine Ausnahme ist hier die Gemeindestudie von Berking und Neckel, geht diese doch auf den Prozeß der Konstruktion von kollektiver Identität ein. So analysieren Berking und Neckel zwar ebenfalls Anknüpfungen des neuen und des alten kommunalen „Establishments" an zu DDR-Zeiten praktizierten Personalisierungen; allerdings handelt es sich dabei um „propagierte Selbstbild(er)" und „Stilisierung(en)", deren gemeinsamer „informeller" Nenner die konkreten Unterschiede alter und neuer Eliten, sowohl in dem Grad der erlebten Isolation beziehungsweise Integration im kommunalpolitischen Geschehen zu DDR-Zeiten als auch im heutigen politischen Selbstverständnis nur unzureichend verdeckt (Berking/Neckel 1992: 163ff.). Berking und Neckel leiten hieraus einen Mangel an Gemeinschaftssymbolik ab, wobei sie der gemeinsamen Abgrenzung des alten und neuen kommunalen Establishments gegenüber dem „Westler" eine identitätsstiftende Bedeutung beimessen: „An die Stelle der alten Gegnerschaft zwischen den ostdeutschen Funktionseliten tritt nun das gemeinsame Ressentiment gegen ‚die Westler' (...)" (Berking/Neckel 1992: 166). Dem „Westler" wird zwar funktionale Kompetenz zugebilligt, zugleich aber auch ein Mangel an informeller und sozialer Kompetenz zugeschrieben.

Die Bezugnahme der Verwalter – sei sie nun auf die DDR-Zeiten oder auf den Verwalter aus den alten Bundesländern gerichtet – ist immer vor dem Hintergrund der heutigen Darstellung eigener Identität zu „lesen" (vgl. Engler 1996: 331). Und hier, so ist zu vermuten, hat die DDR-Erfahrung, bei aller Heterogenität aufgrund individueller Verschiedenheit erlebter Geschichte, ebenso wie die Abgrenzung gegenüber dem Verwaltungsbeschäftigten aus den alten Bundesländern, eine identitätsstiftende Qualität. Bezweifelt werden soll also nicht die Glaubwürdigkeit der Äußerungen der Befragten. Die Rückgriffe auf Erlebtes sind Teil heutiger Wirklichkeit. Allerdings ist es kein Ziel dieser Arbeit, die Verwaltungswirklichkeit der DDR zu rekonstruieren, um etwa im Stil der von Pollack kritisierten „Sozialisationshypothese"[20] heutige Orientierungen der Verwalter in den neuen Bundesländern daraus ableiten zu können (vgl. Pollack 1996, und auf die politische Kultur bezogen Flam 1996). Vielmehr stehen die bei der Konstruktion heutiger kollektiver Identität von den Verwaltungsbeschäftigten benutzten Anknüpfungen und Abgrenzungen im Zentrum dieser Analyse. Daß die Verwalter in den neuen Bundesländern sich bei der Darstellung ihres Rollenverständnisses auf die DDR-Zeiten beziehen, ist zu erwarten. Dabei ist es Gegenstand dieser Arbeit, den Deutungsraum und die kollektiv benutzten Horizonte und Gegenhorizonte aus der Perspektive der Verwalter zu rekonstruieren. Wie dieser Prozeß der Konstruktion von kollektiver Identität verläuft, welcher begrifflichen Muster die Verwalter sich hierbei bedienen und wie zeitlich stabil diese sind, sind Fragen, die die Dissertation beantworten will.

---

20 Die Sozialisationshypothese besagt, „(...) daß die DDR-Bürger in der DDR derart sozialisiert worden sind, daß sie die dort empfangenen Prägungen schlechterdings nicht oder nur schwer abstreifen können" (Pollack 1996: 16).

3. Methoden

3.1 Datenerhebung

Wie deuten die Beschäftigten in Kommunalverwaltungen der neuen Bundesländer ihre berufliche und organisationale Wirklichkeit, welches kollektive Selbstverständnis entwickeln sie dabei und wie stabil sind ihre Deutungen über die Zeit? Zur Beantwortung dieser Frage habe ich einen zeitlichen Vergleich anhand einer Fallstudie gewählt. Eine Fallstudie ermöglicht es, exemplarisch die Perspektiven der Organisationsmitglieder auf ihre Organisation zu analysieren.[21] Als Fallstudie ausgewählt wurde die Stadtverwaltung Frankfurt (Oder). Frankfurt (Oder) ist eine im Land Brandenburg gelegene kreisfreie Stadt mit rund 86.000 Einwohnern.[22] Zu DDR-Zeiten war Frankfurt (Oder) Bezirkshauptstadt und besonders durch sein Halbleiterwerk bekannt. Jetzt ist Frankfurt (Oder) eines der vier Oberzentren im Land Brandenburg, eine sich entwickelnde Messe- und Universitätsstadt an der Grenze zu Polen. Doch auch Frankfurt (Oder) ist, wie fast alle Regionen in den neuen Bundesländern, stark von Arbeitslosigkeit betroffen. Das Halbleiterwerk hat inzwischen als Arbeitgeber keine Bedeutung mehr für die Region.

Eine Befragung zu zwei auseinanderliegenden Zeitpunkten bietet die Möglichkeit, Perspektiven und Deutungen der Befragten mit Blick auf ihre möglichen Veränderungen zu vergleichen. Zu zwei auseinanderliegenden Zeiträumen habe ich deshalb Verwalter zu ihrem arbeitsbezogenen Selbstverständnis befragt. Im ersten Erhebungszeitraum greife ich auf Interviews zurück, die ich im Rahmen eines Forschungsprojektes zur Verwaltungskultur

---

21 Zwar schränkt der Bezug auf eine Fallstudie die Repräsentativität ein. So beruht diese nur auf der Plausibilitätsannahme, daß das Selbstverständnis von Verwaltern in anderen kommunalen Verwaltungen der neuen Bundesländer ähnlich sei. Andererseits ermöglicht es gerade eine Fallstudie im Unterschied zu anderen Methoden, wie etwa dem Survey, die Perspektiven der Befragten und ihre Deutungen organisationaler Wirklichkeit in einer vergleichsweise offenen Form beispielhaft an einem Fall zu fokussieren (vgl. Yin 1987).

22 Da Frankfurt (Oder) nicht zu nahe an Berlin liegt, ist davon auszugehen, daß es weniger von Berliner Besonderheiten beeinflußt ist. Zur Charakteristik des Untersuchungsraums Frankfurt (Oder) vergleiche auch Möller (1993).

1992 durchgeführt habe (vgl. Schöne/Rößler 1994, Schöne/Rogas 1996, Rogas/Schöne/Rößler/Stölting 1997).[23] Zwölf der damals befragten Verwalter habe ich vier Jahre später noch einmal interviewt.

Bis jetzt gibt es keine Forschung zur Verwaltungskultur in den neuen Bundesländern, die das Selbstverständnis der Beschäftigten in seiner zeitlichen Entwicklung untersucht. Auch im Umfeld der Organisationskulturforschung gibt es, obwohl Arnold dies ausdrücklich fordert, kaum Studien, die die Veränderungen oder die Stabilität von Deutungsmustern über einen längeren Zeitraum untersuchen (1983: 896).[24] Der zeitliche Vergleich von Wahrnehmungs- und Deutungsmustern von Organisationsmitgliedern stellt somit auch methodisches „Neuland" dar.

Ausgewählt habe ich zwei Erhebungszeiträume: Der erste Erhebungszeitraum liegt zwischen Frühling und Herbst 1992. Der zweite rund vier Jahre später, im Herbst und Winter des Jahres 1996. Die erste Befragung befindet sich damit noch in zeitlicher Nähe zum Ende der DDR. Es ist zu erwarten, daß die Verwalter sowohl bei der Wahrnehmung und Beschreibung ihrer Berufsrealität als auch bei der Konstruktion ihres Selbstverständnisses auf die DDR Bezug nehmen (vgl. Kapitel 2). Ob sie das tun und wenn ja, wie, soll untersucht werden. Über einen Vergleich mit den vier Jahre später durchgeführten Beschreibungen soll untersucht werden, ob die von den Interviewten 1992 benutzten Deutungen auch noch vier Jahre später zur Identitätskonstruktion beitragen oder ob diese inzwischen durch neue begriffliche Muster ersetzt worden sind.

Ziel der Arbeit ist es, die Sichtweisen und Deutungen der Verwalter zu rekonstruieren. Dabei werden von den Interviewten keine eindeutigen und umgrenzten Stellungnahmen erwartet, sondern vielmehr wiederkehrende, in unterschiedlichen Zusammenhängen für die Selbstbeschreibung als kommunale Verwalter benutzte begriffliche Muster. Um den Interviewten Raum für die Entwicklung eigener Sichtweisen und Deutungen zu bieten, ist eine offene Form der Interviewführung erforderlich (vgl. Fontana/Frey 1994). Gleichwohl soll das Gespräch auf arbeitsbezogene Themen fokussiert und nicht durch bloßes Erzählgenerieren in ein breites Spektrum anderer Themenfelder führen. Aus diesem Grund wurde das Instrument des leitfadengestützten Interviews gewählt (vgl. dazu u.a. Lammek 1993, Meuser/Nagel 1991, Flick 1995, Hopf 1995).[25] Der Leitfaden besteht aus Leitfragen, durch

---

23 Als wissenschaftlicher Mitarbeiter dieses Forschungsprojektes war ich auch an den meisten der damals geführten Interviews beteiligt.
24 Eine Ausnahme ist Pettigrew (1979), der die Deutungen von Internatsbeschäftigten und -insassen über einen Zeitraum von zwei Jahren untersuchte. Allerdings ist diese Studie stärker auf die Rekonstruktion „bedeutender" Ereignisse der Vergangenheit als auf den unmittelbaren Vergleich von Deutungen innerhalb eines Zeitraums ausgerichtet.
25 Unter dem Begriff „Leitfaden-Interview" wird in der Literatur ein ganzes Spektrum von unterschiedlichen Methoden der Interviewführung zusammengefaßt und von noch weniger restriktiven Formen der Interviewführung, wie dem des narrativen In-

welche die Themen des Gesprächs vom Interviewer vorgegeben werden. Das leitfadengestützte Interview läßt dem Interviewten Raum für eigene Deutungen und Sichtweisen. Das Gespräch kann auf Themenfelder gelenkt werden, ohne zugleich die Darstellung und Entwicklung der Selbstbeschreibung zu sehr einzuschränken. Nachfragen der Interviewer an den Interviewten sind zwar möglich, sie sollen aber keine Deutungssequenzen abblocken. Sinnvoll sind sie hingegen, wenn sie weitere Erläuterungen der Argumentationen und Deutungen der Befragten hervorrufen (vgl. Witzel 1985). Wenn im Verlauf des Gesprächs vom Interviewten Themen des Leitfadens berührt werden, werden diese als Übergänge genutzt. Entsprechend folgen auch die Nachfragen nur selten dem genauen Wortlaut des Leitfadens. So verstanden dient der Frageleitfaden nicht zur exakten Vorstrukturierung des Interviewverlaufs, sondern als Orientierungshilfe für den Interviewer (vgl. Meuser/Nagel 1991). In dieser Untersuchung erstreckt er sich auf folgende Themenfelder:

- Tätigkeitsbereich, Aufgabenstellung, Verantwortungsspielraum und Qualifikation
- Verhältnis zum Bürger
- Verhältnis Vorgesetzter – Unterstellter
- Verhältnis unter Kollegen
- Verwaltungshilfe

Die meisten Interviews wurden mit der Frage nach dem Tätigkeitsbereich des Interviewten eingeleitet. Die Amtsleiter wurden zusätzlich noch nach dem Aufbau und der Struktur des Amtes gefragt. Das Verhältnis zum Bürger, das zwischen Vorgesetzten und Unterstellten, das zu Kollegen und die Beurteilung der Verwaltungshilfe aus den alten Bundesländern waren weitere Themen. Dabei war der reale Verlauf der Interviews keineswegs so geordnet, wie die Themenblöcke suggerieren. Zum Teil sprachen die Interviewten mehrere Themen gleichzeitig an und wechselten zwischen den Themenblöcken. Doch dazu mehr im Zusammenhang mit der Beschreibung der Auswertung.

Im Anschluß an das offene Interview folgte eine standardisierte Erhebung personenbezogener biographischer Daten in Form eines Kurzfragebogens (siehe Anhang). Sie sollte einen Überblick über den Kreis der Befragten geben.

---

terviews, unterschieden (vgl. Flick 1995, Hopf 1995, Spöhring 1989, Lammek 1993). Flick unterscheidet das „fokussierende Interview" (nach Merton/Kandall 1993), das mit Stimulusvorgaben arbeitet, das „halbstandardisierte Interview" (Scheele/Groeben 1988), das auf die Rekonstruktion subjektiver Theorien ausgerichtet ist, das „problemzentrierte Interview" (Witzel 1985), bei dem die Fragen dem Abbruch unergiebiger Darstellungen dienen, das „Experteninterview" (Meuser/Nagel 1991), das auf das Wissen der Interviewten ausgerichtet ist und das „ethnographische Interview" (Spradley 1979), das besonders auf dem Evozieren von Beschreibungen basiert.

Der Publikumskontakt in kommunalen Verwaltungsbereichen kann unterschiedlich strukturiert sein. Das Spektrum reicht von Verwaltungsbereichen, in deren Aufgabenbereich hauptsächlich die Gewährung von Leistungen fällt, wie dem Sozialamt, bis zu Bereichen, wie dem für Verwarngeld und Bußgeld zuständigen Teil des Amtes für Straßenverkehr, wo dem Bürger eine „Last" auferlegt wird.[26] Die Auswahl der Befragten war denn auch von dem Kriterium geleitet, Verwalter aus einer breiten Spanne von Ämtern mit unterschiedlichem Bürgerkontakt zu befragen. Interviewt wurden Verwalter aus folgenden Ämtern: dem Einwohnermeldeamt, dem Straßenverkehrsamt, dem Jugendamt, dem Sozialamt, dem Amt für Wirtschaftsförderung und dem Wohnungsamt. Für die zweite Befragung vier Jahre später wurde das Sample reduziert und Mitarbeiter aus den beiden zuletzt genannten Ämtern nicht mehr interviewt.

Die Auswahl der Interviewten war zudem von der Idee bestimmt, daß nicht nur die Führungspersonen „Kulturträger" sind. Auch Organisationsmitglieder mittlerer und unterer Hierarchieebenen können spezifische, zum Teil sogar abweichende Muster der Deutung organisationaler Wirklichkeiten haben (vgl. z.B. Smircich/Morgan 1982). Interviewt wurden deshalb Verwalter unterschiedlicher hierarchischer Stufen: Sachbearbeiter, Gruppenleiter, Abteilungsleiter und Amtsleiter. Abgesehen von diesen Kriterien erfolgte die Auswahl der Befragten zufällig.

Befragt wurden 1992 insgesamt 35 Verwalter, das heißt im Durchschnitt sechs Mitarbeiter pro Amt. Vier Jahre später wurden dieselben Mitarbeiter noch einmal befragt. Allerdings wurde das Sample aus Gründen des mit der Auswertung qualitativer Interviews verbundenen Zeitaufwandes erheblich verkleinert. Befragt wurden insgesamt zwölf Mitarbeiter. Sie stammten aus vier Ämtern, wobei pro Amt jeweils Mitarbeiter unterschiedlicher hierarchischer Ebenen interviewt wurden.

Tabelle 1: Geschlecht, Alter und Position der Befragten[27]

		Befragung 1992		Befragung 1996	
		Amtsleiter	Mitarbeiter	Amtsleiter	Mitarbeiter
Geschlecht	weiblich	1	23	1	8
	männlich	5	6	3	-
Alter	20-30 Jahre	1	4	-	-
	31-40 Jahre	1	13	1	6
	41-50 Jahre	2	8	1	-
	51-60 Jahre	2	3	2	2
	ohne Angabe	-	1	-	-

---

26 Zur Typologie von „Leistungsverwaltung" und „Eingriffsverwaltung" und ihren in der kommunalen Verwaltung häufig vorkommenden Mischformen vergleiche auch Gröttrup (1976: 80ff.)

27 Unter die Kategorie Mitarbeiter fallen hier Sachbearbeiter, Gruppenleiter und Abteilungsleiter, nicht jedoch Amtsleiter.

Alle Befragten haben ihre berufliche Sozialisation in der DDR erfahren. Die Mehrzahl der befragten Abteilungsleiter, Gruppenleiter und Sachbearbeiter waren Frauen. Viele der Befragten hatten schon vor 1990 in der öffentlichen Verwaltung gearbeitet. Allerdings waren nicht alle zuvor bei der Stadtverwaltung, dem Rat der Stadt Frankfurt (Oder), beschäftigt gewesen. Einige hatten in Verwaltungsbereichen gearbeitet, die zu DDR-Zeiten nicht der Kommune unterstellt waren, andere hatten in sogenannten „nachgeordneten Einrichtungen" gearbeitet. Diese waren zwar der kommunalen Verwaltung unterstellt, gehörten aber nicht zur Kernverwaltung. Rund ein Drittel der Mitarbeiter hatte einen Hochschulabschluß, die anderen einen Fachschul- oder Facharbeiterabschluß. Verwaltungsspezifische Ausbildungen waren Ausnahmen, in der Regel kamen die Interviewten aus anderen Berufen, so zum Beispiel aus dem technischen, kaufmännischen, sozialen oder pflegerischen Bereich.

Die interviewten Amtsleiter waren in der Mehrzahl Männer. Fast alle Interviewten hatten einen Hochschulabschluß, häufig im technischen Bereich. Eine verwaltungsspezifische Berufsausbildung hatte niemand. Einige der befragten Amtsleiter waren bereits vor 1990 beim Rat der Stadt Frankfurt (Oder) oder seinen nachgeordneten Einrichtungen, dann allerdings nicht in leitender Funktion, beschäftigt. Ein anderer Teil kam als Quereinsteiger neu in die Verwaltung.

Zwar wurde bei der Auswahl der Befragten keine Repräsentativität hinsichtlich Herkunft, beruflicher Qualifikation oder Geschlecht angestrebt. Gleichwohl weist das Spektrum der Befragten große Ähnlichkeiten mit der Struktur des Personalbestandes der Stadtverwaltung Frankfurt (Oder) auf (vgl. Kapitel 4).

Die Gespräche wurden mit dem Einverständnis der Interviewten geführt. Im ersten Befragungszeitraum wurden die Interviews von zwei Interviewern durchgeführt, vier Jahre später ausschließlich von mir alleine. Sie fanden in der Regel am Arbeitsplatz oder in dessen unmittelbarer Nähe statt. Anwesend waren jeweils nur Interviewer und Interviewte. Häufig dauerten die Interviews zwei Stunden, allerdings konnte die Gesprächsdauer im Einzelfall auch erheblich darüber hinausgehen.

Die Interviews wurden mit einem Tonbandgerät aufgezeichnet und anschließend wörtlich transkribiert. Die Art der für die Transkription benutzten Regeln ist abhängig von ihrer Angemessenheit für die Beantwortung der Fragestellung und der mit ihr verbundenen Analysetechnik (vgl. Flick 1995). In dieser Arbeit sollen die Selbstbeschreibungen der Interviewten sowie die darin eingelagerten, kollektiv benutzten begrifflichen Unterscheidungen der Verwaltungsbeschäftigten untersucht werden (vgl. Kapitel 1). Auf eine detaillierte, auch Sprachbesonderheiten berücksichtigende Transkription wurde deshalb verzichtet. Auch Überschneidungen von Sprechakten, Lautstärke und Betonung blieben, von Ausnahmen abgesehen, undokumentiert. Statt dessen wurde eine gröbere Transkriptionstechnik, die lediglich die Äußerungen soweit wie möglich wörtlich wiedergab, verwendet. Insgesamt entstanden so rund 1.500 Seiten Transkriptionstexte.

Wenngleich der Schwerpunkt dieser Arbeit eindeutig auf der Analyse dieser offenen Interviews liegt, wurden ergänzend dazu auch insgesamt acht Gespräche mit Experten, wie zum Beispiel mit dem Personaldezernenten, mit der Personalleiterin und mit Mitgliedern des Personalrats der untersuchten Stadtverwaltung, geführt. Im Unterschied zu den leitfadengestützten Interviews zielten die Expertengespräche nicht auf die Form der Selbstdarstellung der Interviewten, sondern auf deren spezifisches Wissen, zum Beispiel zum Aufbau der Stadtverwaltung, zur Rekrutierungspolitik und zum Personalbestand.[28] Einen vergleichbar ergänzenden Charakter hatte auch die Analyse von Dokumenten aus dem Stadtarchiv Frankfurt (Oder) oder aus dem Brandenburgischen Landeshauptarchiv, wie zum Beispiel von Betriebskollektivverträgen, Stellenplänen und Brigadetagebüchern des Rates der Stadt Frankfurt (Oder) oder auch von Materialien zur Organisationsentwicklung und zum Personalbestand der Stadtverwaltung Frankfurt (Oder).

Die hieraus gewonnenen Informationen sind in das noch folgende Kapitel zur Geschichte und Entwicklung der Stadtverwaltung Frankfurt (Oder) eingeflossen. Sinn dieses Kapitels ist es, noch vor der Analyse der Deutungen dem Leser einen kurzen Überblick über die Veränderung in der Struktur der Stadtverwaltung der Beispielkommune, den Wandel des rechtlichen Rahmens und der Aufgaben- und Tätigkeitsfelder sowie einen Einblick in die Rekrutierungs- und Qualifikationsentwicklung zu geben. Bevor dies geschieht, soll allerdings noch auf den Umgang mit den leitfadengestützten Interviews eingegangen werden.

3.2 Datenanalyse und Interpretation

Spezifische Abgrenzungen dienen den Mitgliedern einer Kulturgruppe zur Konstruktion kollektiver Identität. Sie bilden kulturspezifische Muster. Den Mitgliedern einer Organisation dienen diese Unterscheidungen zur Orientierung und Deutung ihrer Organisationswelt. Dabei verwenden die Organisationsmitglieder diese Unterscheidungen, ohne daß sie sich ihrer „Regelhaftigkeit" bewußt sein müssen. Die hier praktizierte Analyse der in den Interviews verwendeten Darstellungspraktiken schließt an eine Suche nach kollektiv benutzten „Mustern kultureller Sinnstrukturen" an, wie sie die Deutungsmusteranalyse fordert (vgl. Becker u.a. 1987, Lüders 1991a, Lüders/Meuser 1997): Äußerungen der Befragten gelten als „Rohmaterial", welches im Hinblick auf die in ihm liegenden Formen der Selbstdarstellungen zu interpretieren ist.

---

28 Zur Methode des Expertengesprächs vergleiche Meuser/Nagel (1991).

Im Vordergrund der Analyse steht die Rekonstruktion von kulturellen Sinnstrukturen der interviewten Verwalter. Dabei müssen die Sinnwelten der Interviewten ihrerseits vom Forscher interpretiert werden (vgl. Soeffner/Hitzler 1994, Hitzler/Honer 1997). Im Unterschied zur „objektiven Hermeneutik" (vgl. Oevermann u.a. 1979) oder dem der „dokumentarischen Interpretation" (vgl. Bohnsack 1993) wurde jedoch kein Verfahren der systematischen Analyse des Interviewmaterials benutzt.[29] Diese Verfahren sind vor dem Hintergrund des wissenschaftlichen Ziels dieser Arbeit, kollektive Selbstbilder über die mit ihnen verbundenen begrifflichen Unterscheidungen zu rekonstruieren, wenig praktikabel. Die statt dessen verwendete Form des Umgangs mit den Interviewtranskripten hat Ähnlichkeiten mit dem aus der Diskursanalyse bekannten Blick auf unterschiedliche Strategien und Formen der Selbstdarstellung im Text (vgl. Jäger 1993).[30] So wurde nach sprachlich vermittelten Formen der Kontrastierung gesucht, die Rückschlüsse auf die Selbstbilder der Befragten erlauben. Im Unterschied zur Diskursanalyse geschieht dies jedoch nicht streng sequentiell. Die Auswertung gründet vielmehr in einem Vergleich der von den Interviewten in jeweiligen Themenzusammenhängen benutzten begrifflichen Muster. Dabei sind diese Rekonstruktionen inspiriert von der Suche nach Gegenhorizonten, wie sie auch von Bohnsack beschrieben wird (vgl. Bohnsack 1993: 134ff.). Die in den Diskursen der Interviewten entfalteten Orientierungsmuster gewinnen ihre Konturen erst durch die Kontrastierung, mit denen sie verbunden werden und die den Erfahrungsraum der Befragten bilden.

Die Äußerungen der Befragten werden nicht wörtlich genommen, wie es bei Meinungsumfragen der Fall ist. Auch wird der Akzent von einer Suche nach Werten oder Einstellungen verschoben auf die von den Interviewten für ihre kollektive Selbstdarstellung benutzten Formen der Anknüpfung und Abgrenzung.[31] Die in den Selbstbeschreibungen der Verwalter verwendeten begrifflichen Muster determinieren nicht das, was gesagt werden kann. Gleichwohl können auch diese normativ konnotiert sein: So kann beispielsweise die eigene Arbeitssituation als eine stark von Regeln bestimmte beschrieben und kritisiert werden. Trotzdem kann an anderer

---

29 Zu den Methoden der Auswertung von Interviews vergleiche Flick (1995) und Lammek (1993). Flick unterscheidet Verfahren der sequentiellen Analysen, wie dem der „Objektive Hermeneutik", der „Narrativen Analyse", der „Diskurs-" und der „Konversationsanalyse", die das Interview jeweils in seinem natürlichen Verlauf analysieren, von solchen Verfahren, die mittels Kodierung oder Kategorisierung den Text in einzelne Fragmente aufbrechen, was zum Beispiel für das „Theoretische Kodieren" oder die „Qualitative Inhaltsanalyse" kennzeichnend ist.
30 Allerdings ist dies nur ein schmaler Bereich der weit umfangreicheren Perspektiven der Diskursanalyse, vergleiche hierzu auch Jäger (1993).
31 Auf die Bedeutung der Einstellungsforschung für Entscheidungsprozesse, die vom einzelnen Individuum getroffen werden, wie politische Wahl- oder Kaufentscheidungen, weist Meinefeld hin (1992). Zugleich weist er auf die Grenzen dieses Konzepts bei der Erschließung von kollektiv konstruierten Sinn- und Deutungswelten hin, wobei er sich hier auf die aus dem Interaktionismus stammende Kritik bezieht.

Stelle gerade eine geringere Orientierung der eigenen Gruppe an starren Strukturen und Regelwerken als – jetzt identitätsstiftende – Abgrenzung gegenüber anderen Gruppen, eingeführt werden. Dies lenkt den Blick auf die von den Verwaltern für sich selbst und für andere Gruppen benutzten Zuschreibungen.

Daß diese Konnotationen nicht beliebig sind, sondern sich zu einer gewissen historischen Zeit jeweils verfestigen, ist ein Umstand, der erforscht werden soll. In einem ersten Schritt soll deshalb die für die Konstruktion kollektiver Identität zentrale Form, die Abgrenzung gegenüber anderen Gruppen, aufgespürt werden. In einem zweiten Schritt sollen die von den Verwaltern geteilten Deutungen auf ihre zeitliche Stabilität hin untersucht werden. Die Selbstbilder aus den Interviews von 1992 werden deshalb mit den vier Jahre später benutzten verglichen.

Zur besseren Orientierung in dem mit insgesamt 1.500 Textseiten umfangreichen Interviewmaterial wurde, in Anlehnung an den Interviewleitfaden, eine Zuordnung nach Themengruppen vorgenommen.[32] Sinn dieses Vorgehens ist es, die Sichtweisen der Befragten zu Themenblöcken zu bündeln, um so eine Auswertung des Textmaterials zu erleichtern.[33] Dabei soll das System der Schlagwörter nicht zu differenziert sein, da sonst die Sinnzusammenhänge und die Interviewsequenzen zerstört werden könnten. Folgende Liste der Schlagwörter wurde entwickelt:

– Persönlicher und beruflicher Werdegang
– Arbeitsklima und Führungsstile
– Selbstverständnis und Dienstleistungsorientierung
– Soziale Umwelt
– Arbeitsinhalt, Kompetenzen, Entscheidungsbefugnisse
– Arbeitsbelastung und -anforderung
– Bürgerakzeptanz
– Struktur- und Personalentwicklung
– Verwaltungshilfe
– Mitarbeitervertretung

Die Textpassagen der Interviews wurden den jeweiligen Schlagwörtern zugeordnet. Der Umfang der Textsegmente variierte dabei erheblich. Da sich die Sinnsequenzen auch auf mehrere Schlagwörter gleichzeitig beziehen können, war auch eine Mehrfachkodierung möglich. Zur Unterstützung dieses „Textmanagements" wurde „MAX", ein auf diese speziellen Bedürfnisse ausgerichtetes Datenbankprogramm, verwendet (vgl. Kuckartz 1992,

---

32 Dies ist ein Unterschied zu dem, was Flick unter „thematischem Kodieren" versteht (1995: 206ff.): Bei Flick bilden Einzelfallanalysen den Ausgangspunkt für die Entwicklung der thematischen Kategorien.

33 Sogar die stark auf sequentielle Verfahren ausgerichtete Deutungsmusteranalyse bringt hier ein gewisses Verständnis für die Codierung von Textsegmenten innerhalb größerer Textmengen auf (vgl. Lüders/Meuser 1997: 73ff.).

1995). Gezielte Retrievals zu einzelnen Themen wurden so auch über große Textmengen hinweg möglich.

Die die Wahrnehmung kollektiver Identität prägenden Unterscheidungen müssen sich am Textmaterial bewähren. Dies wird auch an der Form der Darstellung der Ergebnisse sichtbar: Anhand der Interpretationen von charakteristischen Interviewpassagen sollen die in den jeweiligen Themenfeldern benutzten, der Selbstdarstellung dienenden Kontraste verdeutlicht werden. Die sich über sie formierenden Diskurse werden aufgezeigt und schließlich auf ihre zeitliche Stabilität untersucht.

4. Vom „Rat der Stadt" zur „Stadtverwaltung Frankfurt (Oder)"

Bevor anhand der Auswertung der leitfadengestützten Interviews das kollektive Selbstverständnis der Mitarbeiter rekonstruiert wird, soll zunächst die Entwicklung der Stadtverwaltung in Frankfurt (Oder) skizziert werden. Den Ausgangspunkt bildet ein Rückblick auf kommunale Aufgaben und auf die Struktur der Stadtverwaltung in der DDR, des sogenannten „Rates der Stadt Frankfurt (Oder)", sowie auf die Qualifikation der Mitarbeiter.[34] Es schließt sich eine Beschreibung des Umbruchs, des gewandelten rechtlichen Rahmens und der veränderten Aufgaben und Anforderungen an die Organisation und ihre Mitarbeiter an. Den Abschluß bilden die bis ins Jahr 1996 reichenden organisatorischen und personellen Veränderungsprozesse der Stadtverwaltung Frankfurt (Oder).[35]

4.1 Die Stadtverwaltung Frankfurt (Oder) vor 1990

In der DDR war die öffentliche Verwaltung dreistufig gegliedert: Die Spitze bildeten die Ministerien, die mittlere Ebene die 15 Bezirksverwaltungen, die untere Ebene setzte sich aus den Verwaltungen der Land- und Stadtkreise und der kreisangehörigen Städte und Gemeinden zusammen (vgl. auch Einenkel/Thierbach 1990). Mit dem „demokratischen Zentralismus" wurde die Eingliederung der Städte und Gemeinden in den Staatsaufbau der DDR mit seinem dirigistischen Leitungs- und Planungssystem begründet.[36] Ge-

---

34 „Rat der Stadt" bezeichnet hier nicht nur das Gremium der von der Stadtverordnetenversammlung gewählten Ratsmitglieder, sondern zugleich auch die den „Stadträten" unterstellten Fachabteilungen, das heißt die eigentliche kommunale Verwaltung.
35 Wenn nicht explizit andere Quellen angegeben werden, beruhen die auf die Stadtverwaltung Frankfurt (Oder) bezogenen Informationen auf Expertengesprächen mit Mitarbeitern der Stadtverwaltung.
36 „Demokratischer Zentralismus" ist ein von Lenin geprägter Begriff für ein Gestaltungsprinzip der Partei: In seinem Anspruch verbindet der demokratische Zentralis-

mäß des Prinzips der „doppelten Unterstellung" wurde die kommunale Verwaltung einerseits der örtlichen Volksvertretung und andererseits der Bezirksverwaltung unterstellt, wobei die Stadtverordnetenversammlung praktisch kaum einen Einfluß auf die Verwaltung ausübte (vgl. Kapitel 2, aber auch: Schubel/Schwanegel 1991: 250, Wollmann 1997: 261).

Frankfurt (Oder) war zu DDR-Zeiten kreisfreie Stadt und zugleich Bezirkshauptstadt. Die kommunale Verwaltung wurde vom „Rat der Stadt" wahrgenommen.[37] An seiner Spitze standen die „Stadträte" und der Oberbürgermeister. In Frankfurt (Oder) war der Oberbürgermeister zugleich Mitglied des Sekretariats der Kreisleitung der SED. Die Ratsmitglieder wurden von den Stadtverordneten gewählt, allerdings war ihre Wahl an einen speziellen Parteienschlüssel angelehnt (vgl. auch Höhner 1992). In Frankfurt (Oder) waren die maßgeblichen Ratspositionen mit SED-Mitgliedern besetzt. Die 12 Stadträte, der Oberbürgermeister als Vorsitzender des Rates und seine Stellvertreter bildeten die Führungsspitze der kommunalen Verwaltung. Den Stadträten unterstanden jeweils einzelne Fachabteilungen. Fachabteilungen und Stadträte bildeten den Kern der kommunalen Verwaltung, den sogenannten „Rat der Stadt". Anzahl und Aufteilung der „Ratsbereiche" waren in der DDR einheitlich geregelt, die konkrete Umsetzung in Abteilungs- und Arbeitsbereiche differierte jedoch (vgl. dazu auch Schubel/Schwanegel 1991). Die kommunale Verwaltung in Frankfurt (Oder) gliederte sich vor der Wende in 16 Fachabteilungen (vgl. Übersicht 1, Anhang). Einzelnen Fachabteilungen unterstanden eine Reihe von sogenannten „nachgeordneten Einrichtungen". Dabei handelte es sich um Einrichtungen, die zum Teil für ihre Finanzen und ihr Personal selbst verantwortlich waren.[38] Dazu zählten in Frankfurt (Oder) zum Beispiel die zentrale Krippenverwaltung, die zentrale Schulverwaltung, die Kreisstelle für Unterrichtsmittel, die Heimverwaltungen, das Stadtkabinett für Kulturarbeit, das ärztliche Begutachtungswesen und die Stadtdirektion Straßenwesen (vgl. auch Höhner 1992: XIVff.). Während die größeren Betriebe und Kombinate bezirks- oder zentralgeleitet waren, gab es daneben auch kleinere Betriebe, die dem Rat der Stadt unterstanden.

---

mus eine breite demokratische Willensbildung mit einer straffen Leitung bzw. Unterwerfung unter den Willen der Mehrheit (vgl. Stölting 1971: 126). Wollmann hebt hervor, daß der „Demokratische Zentralismus" im Zusammenspiel von Kommunen und Staat in der DDR seinen Ausdruck in einer zentral vorgeschriebenen Aufbaustruktur der örtlichen Verwaltungen fand, die den „Durchgriff von Oben" erleichterte (Wollmann 1997: 261).

37 Wenn nicht explizit erwähnt, bezieht sich der Terminus „Rat der Stadt" nicht nur auf das Gremium der gewählten „Stadträte", sondern immer auch auf die diesen unterstellten Fachabteilungen als die eigentliche kommunale Verwaltung.

38 Zur Variantenfülle in der personellen Besetzung und dem Zusammenspiel von Fachorganen und nachgeordneten Einrichtungen am Beispiel der Fachorgane für Gesundheits- und Sozialwesen der Räte der Kreise vergleiche auch Martius und Schneider (1984).

Viele Aufgaben, die in der Bundesrepublik von der kommunalen Selbstverwaltung wahrgenommen werden, wurden in der DDR nicht von der örtlichen Verwaltung sondern von volkseigenen Betrieben wahrgenommen. Dies betrifft insbesondere die zur Daseinsvorsorge gehörenden Bereiche (vgl. Scheytt 1992a, 1992b, Lüders 1991b). Lüders spricht denn auch von einer „Reduzierung der sozialen Funktion der Kommunen", der eine „Aufblähung der sozialen Funktion der Betriebe" gegenüberstand (1991b: 337). Auch in Frankfurt (Oder) betrieben größere volkseigene Betriebe eigene Sozial-, Gesundheits- und Kultureinrichtungen, wie zum Beispiel Kindergärten, -ferienlager, Kulturhäuser und Sporteinrichtungen. Auf der anderen Seite nahm die örtliche Verwaltung auch Aufgaben wahr, die ihr in den alten Bundesländern nicht zukommen. So übten die Städte und Kommunen örtliche Kontrollaufgaben der Staatswirtschaft aus, wie etwa die Preis- und Sortimentskontrolle im Einzelhandel und waren für die örtliche Versorgungswirtschaft verantwortlich. Im Arbeitsplan des Rates der Stadt Frankfurt (Oder) findet man beispielsweise die Verantwortlichkeiten für die Kraftfahrzeuginstandhaltungsleistungen und für die Frisch- und Backwarenversorgung.[39] Steuerungen wurden teils über Auflagen, teils durch direkte Unterstellungen umgesetzt (vgl. Wollmann 1997).

Die spezifischen Aufgaben der Lenkung und Steuerung auf kommunaler Ebene spiegeln sich auch in der Organisation der Stadtverwaltung: So war die Abteilung „Handel und Versorgung" für die Planung und Koordinierung des Handelsnetzes und eine andere Abteilung für die Kontrolle der Preise zuständig. Andere kommunale Aufgabenfelder wie das der Wirtschaftsförderung fehlten ganz oder fielen nicht in die Zuständigkeit der Kommunen. So wurde das Paß- und Meldewesen und die Kraftfahrzeugzulassung von dem „Volkspolizeikreisamt" wahrgenommen.

Im Rat der Stadt Frankfurt (Oder) waren vor 1990 rund 300 Personen beschäftigt (vgl. Tabelle 2).[40] Während die Leitungspositionen überwiegend mit Männern besetzt waren, waren auf den unteren Ebenen Frauen stärker vertreten. Die Anzahl der insgesamt Beschäftigten war in etwa vergleichbar mit anderen Verwaltungen kreisfreier Städte (vgl. Berg/Nagelschmidt/Wollmann 1996: 34). Berg, Nagelschmidt und Wollmann schlußfolgern aus diesen Beschäftigtenzahlen, daß „(...) von einer personellen Überbesetzung (...) auf der Ebene der Kommunen im Gegensatz zu anderen Verwaltungsebenen der DDR keine Rede sein (konnte)" (ebenda). Etwas relativiert werden die niedrigen Beschäftigtenzahlen der Kernverwaltung allerdings dadurch,

---

39 Quelle: Stadtarchiv Frankfurt (Oder), Signatur II.1.6905, Arbeitsplan des Rates der Stadt für das 2. Halbjahr 1986, S.8.
40 Der Stellenplan von 1987 weist 303 Personen inklusive der Ratsmitglieder aus. Höhner geht von 301 Personen aus, die im Rat der Stadt Frankfurt (Oder) im März 1990 beschäftigt waren (1992: 51). Für den Rat der Stadt Frankfurt (Oder) liegen für den Bereich der nachgeordneten Einrichtungen leider keine Beschäftigtenzahlen vor. Quelle: Stadtarchiv Frankfurt (Oder), Signatur BA II.1.6943, Stellenplan des Rates der Stadt Frankfurt (Oder) 1987 vom Dezember 1986, S.29.

daß die Mitarbeiter der sogenannten „nachgeordneten Einrichtungen" nicht in den Stellenplan eingerechnet wurden.

Eine eigene Berufsausbildung zum Verwaltungsangestellten gab es in der DDR nicht. Auch die Mitarbeiter beim Rat der Stadt Frankfurt (Oder) hatten zunächst andere Berufe erlernt und kamen dann als Quereinsteiger in die Verwaltung. Dort mußten sie sich im Zuge ihrer praktischen Tätigkeit in die Verwaltungsarbeit einarbeiten. Mitarbeiter, die keine leitende Funktion ausübten, wurden über einen einjährigen berufsbegleitenden Qualifizierungslehrgang an der Betriebsschule des Rates des Bezirkes Frankfurt (Oder) nachgeschult. In sogenannten „Parteischulen" gab es darüber hinaus Weiterbildungen in Marxismus-Leninismus.[41] Leitende Mitarbeiter hatten einen Fachschul- oder sogar Hochschulabschluß. Auch sie kamen ursprünglich aus verwaltungsfremden Bereichen.[42] Für eine Reihe von Leitungspositionen wurde der Abschluß eines Fernstudiums oder eines postgradualen Studiums an der Akademie für Staats- und Rechtswissenschaften der DDR in Potsdam-Babelsberg verlangt. Daneben gab es auch die Möglichkeit, einen Abschluß der Fachschule für Staatswissenschaften in Weimar zu erlangen. Das fünfjährige Fernstudium an der Akademie gliederte sich etwa zu gleichen Anteilen in die drei Schwerpunkte Marxismus-Leninismus, Rechtsdisziplinen und den Bereich Öffentlichkeitsarbeit, Planung und Leitung (vgl. Bernet 1991, Bernet/Lechler 1991). Bernet macht dieses insgesamt wenig auf die Entwicklung verwaltungsspezifischer Kenntnisse ausgerichtete Qualifikationssystem für ein – im Vergleich zur alten Bundesrepublik – geringeres systematisches Verwaltungswissen der „Staatsfunktionäre" in den Bezirks-, Kreis-, und Stadtverwaltungen der DDR verantwortlich (vgl. Bernet 1991: 189).

Für die Rekrutierung der Abteilungsleiter in den Fachorganen war neben fachlichen Aspekten auch die politische Zuverlässigkeit ein wichtiges Kriterium (vgl. auch Bernet 1991). Dies galt auch für die untere Ebene der Hierarchie. Insgesamt waren rund zwei Drittel der Mitarbeiter beim Rat der Stadt Frankfurt (Oder) Mitglied der SED.[43] Deren Aktivität sollte sich nicht

---

41 Es gab Kreisschulen für Marxismus-Leninismus, Bezirksparteischulen und eine Parteihochschule.

42 Für spezielle Bereiche waren Fach- und Hochschulabschlüsse, zum Beispiel als Arzt, Finanzökonom oder Ingenieur, erforderlich. Juristen waren eher selten in der kommunalen Verwaltung anzutreffen, eine Spezialisierung zum Verwaltungsjuristen gab es in der DDR nicht (vgl. Bernet 1991: 188).

43 Der Anteil der SED-Mitgliedschaft im Rat der Stadt Frankfurt (Oder) beruht auf einer eigenen Berechnung aufgrund von Daten aus dem Bericht über die Partei- und massenpolitische Arbeit der Grundorgansiation beim Rat der Stadt Frankfurt (Oder) und Angaben aus dem Betriebskollektivvertrag der Stadt Frankfurt (Oder). Quellen: Brandenburgisches Landeshauptarchiv, Signatur: Rep. 732 IV E7 / 145 / 348, 1986, Sozialistische Einheitspartei Deutschlands, Bezirksleitung Frankfurt (Oder), Bericht über die Partei- und massenpolitische Arbeit der Grundorganisation beim Rat der Stadt Frankfurt (Oder), Januar 1986, S.156; Stadtarchiv Frankfurt (Oder), Signatur

nur auf die passive Mitgliedschaft erstrecken: Von den Mitgliedern der Parteiorganisation beim Rat der Stadt Frankfurt (Oder) wurde Engagement erwartet, sie sollten „Motor der Partei" sein.

Tabelle 2: Beschäftigte der Stadtverwaltung Frankfurt (Oder)[44]

	Frauen	Männer	Gesamt
1989	o.A.	o.A.	ca. 300
1990	221	109	330
1991	2435	748	3183
1992	2623	752	3375
1993	2029	683	2712
1994	1757	643	2400
1995	891	571	1462
1996	880	571	1451
1997	858	578	1436

Quellen: Der Oberbürgermeister, Personalverwaltung, Angaben zur Stadtverwaltung Frankfurt (Oder), Stichtag jeweils am 30. Juni des Jahres. Die Angabe für 1989 bezieht sich auf den Rat der Stadt Frankfurt (Oder). Die Angabe ist geschätzt und beruht auf dem Stellenplan des Rates der Stadt Frankfurt (Oder) von 1987 und auf den Auskünften von Experten.

4.2 Die Übergangs- und Gründungsphase: 1990 und 1991

Der politische Umbruch des Herbstes 1989 wirkte sich früh auf die Verwaltung des Rates der Stadt Frankfurt (Oder) aus. Personen, die überwiegend in leitender Funktionen beim Rat der Stadt oder in dessen nachgeordneten Einrichtungen tätig waren, bildeten bereits Ende 1989 eine Arbeitsgruppe „Verwaltungsreform". Im Vorgriff auf zu erwartende Änderungen sollte diese Gruppe die kommunale Selbstverwaltung vorbereiten. Recht frühzeitig bestand auch eine Zusammenarbeit mit der Partnerstadt Heilbronn und mit der „Kommunalen Gemeinschaftsstelle für Verwaltungsvereinfachung" (KGSt) in Köln (vgl. auch Höhner 1992).

Dem auch in Frankfurt (Oder) unter Beteiligung der örtlichen Bürgerbewegungen gebildeten „Runden Tisch" wurden im April 1990 die neuen Verwaltungskonzeptionen vorgestellt. Mit der Kommunalwahl vom Mai

---

II.1.6908, Betriebskollektivvertrag, vereinbart zwischen dem Rat der Stadt Frankfurt (Oder) und der Betriebsgewerkschaftsleitung, 1985, S.31.

44 Ohne Kleisttheater, Orchester und Eigenbetriebe, jedoch inklusive der eingegliederten nachgeordneten Einrichtungen.

1990 wurde die Arbeit der bisherigen Gruppe „Verwaltungsreform" beendet. Ein Grund war die Beendigung der Arbeitsverhältnisse der Mitarbeiter der obersten Verwaltungsspitze. Trotzdem trug das später eingeführte Organisationsstrukturmodell deutliche Züge des von dieser Projektgruppe mit Unterstützung einer Heilbronner Beratungsfirma ausgearbeiteten Konzeptes.

Die neue DDR-Kommunalverfassung vom 17. Mai 1990 löste das Gesetz über die örtlichen Volksvertretungen der DDR vom 4. Juli 1985 ab (Wollmann 1997: 255).[45] Das neue Gesetz und weitere noch folgende Regelungen bereiteten den Boden für veränderte Aufgabenstellungen der Kommunen, die sich weitgehend an den aus den alten Bundesländern bekannten Kommunalmodellen anlehnten (vgl. dazu ausführlich: Wollmann 1997: 265ff., Wollmann 1996: 106ff.). Einige der Zuständigkeiten, die die Kreise und kreisfreien Städte zu DDR-Zeiten innehatten, fielen weg. So wurden zum Beispiel die Ämter für Arbeit und der Bereich Steuern aus den kommunalen Verwaltungsstrukturen herausgelöst. Andererseits mußten die kreisfreien Städte völlig neue Aufgabenfelder wie die Bauaufsicht, das Paß- und Meldewesen, die Kraftfahrzeugzulassung und den Bereich der Sozialhilfe bewältigen. Auch die Stadtverwaltung Frankfurt (Oder) mußte sich mit neuen Organisationsstrukturen diesen veränderten Bedingungen anpassen. Dabei orientierte sie sich, wie viele andere Kommunen in den neuen Bundesländern auch, an dem erprobten KGSt-Modell mit seiner hierarchisch-vertikalen Gliederung in Dezernate und Ämter und dem Nebeneinander von Querschnittsressorts und Facheinheiten.[46] Die Ergebnisse der Strukturfindung zeigten sich in der veränderten Aufbauorganisationstruktur der Stadtverwaltung: Die früheren Ratsbereiche und Fachabteilungen des Rates der Stadt wurden aufgelöst. Statt dessen entstand in Anlehnung an Vorbilder aus den Kommunalverwaltungen der alten Bundesländer und unter Berücksichtigung örtlicher Spezifika eine Organisationsstruktur aus 37 Ämtern, die jeweils einem von insgesamt acht Dezernaten zugeordnet waren (vgl. Übersicht 2, Anhang).[47]

Auch weiterhin waren Veränderungen der Organisationsstruktur nötig, um diese an die sich wandelnden Anforderungen und Bedingungen anzu-

---

45 Die Kommunalverfassung der DDR war ein Interimslösung. Sie wurde jeweils durch Gesetzeswerke der neuen Bundesländer abgelöst. In Brandenburg trat die neue Kommunalverfassung Ende 1993 in Kraft (vgl. Wollmann 1997, FN. 16)

46 Reichard hebt hervor, daß durch die Übertragung dieses bereits veralteten und zentralistischen Kommunalmodells Innovationschancen in den Kommunalverwaltungen der neuen Bundesländer zumeist verspielt wurden (vgl. Wollmann 1997: 280). Wollmann weist in diesem Zusammenhang auf die Politik der KGSt hin, die zunächst auf Übertragung erprobter Lösungen aus alten Bundesländern setzte, „(...) anstatt sich auf Organisationskonzepte einzulassen, über die die Diskussion in der Bundesrepublik 1989/1990 eben erst begonnen hatte und dessen Praxistest noch ausstand" (Wollmann: 1997: 280ff., vgl. aber auch Jann 1995).

47 Eine dieser Besonderheiten ist die Gründung des Dezernats „Internationale Zusammenarbeit".

passen. So wurden auch in der darauffolgenden Zeit Ämter zusammengefaßt oder neu zugeordnet. Einen kleinen Eindruck hiervon vermittelt der Wandel der Aufbauorganisation von 1990 bis 1994 (vgl. Übersicht 2 bis 6, Anhang). Ein ähnlich permanenter Anpassungsbedarf wurde in dieser Phase auch aus anderen Stadtverwaltungen der neuen Bundesländer gemeldet (vgl. Hammernick 1993, Boock 1995, Dudek 1991).

Im Anschluß an die Kommunalwahl vom 6. Mai 1990 trat die neu gewählte Stadtverordnetenversammlung zusammen. SPD, CDU und Neues Forum bildeten eine Koalition und schafften damit ein Gegengewicht zur PDS (vgl. auch Möller 1993). Die Stadtverordneten wählten den Oberbürgermeister und setzten die Dezernenten ein. Die früheren Ratsmitglieder schieden überwiegend aus der Stadtverwaltung aus. In der folgenden Zeit wurden die Amtsleiterstellen öffentlich ausgeschrieben und besetzt. Dabei gelangten auch Mitarbeiter, die zu DDR-Zeiten noch keine höheren Leitungspositionen im Rat der Stadt oder seinen nachgeordneten Einrichtungen innehatten, auf die neuen Amtsleiterpositionen. Die Mehrzahl der eingesetzten Amtsleiter waren Männer. Mitarbeiter aus den alten Bundesländern wurden für diese wie auch für andere Positionen der Stadtverwaltung, von ganz wenigen Ausnahmen abgesehen, nicht rekrutiert.[48] Für die Amtsleiterstellen wurden auch Bewerber aus verwaltungsfernen Bereichen rekrutiert, bei einigen von ihnen war die Zugehörigkeit zur Bürgerbewegung ausschlaggebendes Kriterium ihrer Einstellung. Insgesamt waren rund 30% der Amtsleiter bereits vor 1990 beim Rat der Stadt oder in seinen nachgeordneten Einrichtungen, überwiegend als Abteilungs- oder Gruppenleiter, beschäftigt. Die Mehrzahl der Amtsleiter hatte einen Hochschulabschluß und es überwogen technische Ausbildungen (vgl. auch Höhner 1992: 55).[49]

Die Mitarbeiter der früheren Fachabteilungen des Rates der Stadt wurden in die neue Verwaltungsstruktur der Stadtverwaltung Frankfurt (Oder) integriert. Nur wenige Mitarbeiter verließen die Stadtverwaltung oder mußten ihr Arbeitsverhältnis aufgrund politischer Belastungen lösen.

Die – zumindest zeitweise – Eingliederung von zu DDR-Zeiten nachgeordneten Einrichtungen sowie die aufgrund des DDR-Kommunalvermögensgesetzes vom 6. Juli 1990 möglich gewordene Rückübertragung einer Vielzahl von bislang betrieblichen Gesundheits- und Sozialeinrichtungen führte in Frankfurt (Oder) zunächst zu einer Verzehnfachung des Per-

---

48 Eine dieser Ausnahmen ist die Leitung des Baurechtsamtes, eine weitere die Position des Wirtschaftsdezernenten. Diese relativ geringe Rekrutierung von westdeutschem Personal ist auch für andere Kommunalverwaltungen der neuen Bundesländer nicht untypisch (vgl. z.B. Wollmann 1996: 129). Kommunalverwaltungen sind hier von Landesverwaltungen zu unterscheiden, wo Verwalter aus den alten Bundesländern häufiger für Führungspositionen rekrutiert wurden (vgl. z.B. Damskis 1996). Auch in anderen Bereichen, wie zum Beispiel den Sparkassen, wurden vor allem Führungskräfte aus den alten Bundesländern rekrutiert (vgl. Rogas/Philipp/Maier 1995).
49 Dies weist große Ähnlichkeiten zu dem bei Wollmann geschilderten Profil der Amtsleiter auf (Wollmann 1996: 125).

sonalbestandes.[50] Zur Jahresmitte 1991 waren fast 3.400 Mitarbeiter in der Stadtverwaltung beschäftigt (vgl. Tabelle 2). Anders als bei den Führungspositionen, gab es in den unteren Hierarchieebenen mehr Frauen unter den Beschäftigten. Bei dem aus den eingegliederten Einrichtungen übernommenen Personal handelte es sich in der Mehrzahl um Personen aus betreuenden und technischen Berufen.[51] In der ersten Zeit wurden zudem Mitarbeiter aus anderen Bereichen, wie zum Beispiel aus dem Halbleiterwerk, zur Besetzung von Positionen in der Kernverwaltung neu eingestellt. Alle Mitarbeiter und Leitungskräfte mußten sich in die neuen Regelungen und veränderten Verwaltungsvorschriften einarbeiten. Da auch die Mitarbeiter mit Verwaltungsvorerfahrung kaum eine im altbundesrepublikanischen Verständnis „solide" Verwaltungsausbildung aufwiesen, hatten auch diese Mitarbeiter gegenüber den neu in die Verwaltung gelangten praktisch keinen Wissensvorsprung. Nahezu alle Beschäftigten waren bei der Einarbeitung in ihre neuen Tätigkeitsfelder auf sich selbst gestellt, da es zunächst kaum anwendungsorientierte Qualifizierungsmaßnahmen gab. Der Austausch mit den unmittelbaren Arbeitskollegen war deshalb besonders wichtig. Daneben war in dieser ersten Phase auch der Kontakt zu Kollegen aus den alten Bundesländern hilfreich, um Unsicherheiten in der Anwendung der neuen Rechts- und Verwaltungsvorschriften zu bewältigen. Erst langsam gewannen Qualifikationsmaßnahmen an Bedeutung.[52] Die Stadtverwaltung kooperierte dabei mit verschiedenen Bildungsträgern. Doch erst 1994 wurde einem größeren Kreis von Mitarbeitern die Teilnahme an Angestelltenlehrgängen oder Anpassungsqualifizierungen für den mittleren und gehobenen Dienst ermöglicht.[53] Ebenfalls erst in dieser späteren Phase wurden spezielle Workshops zum Führungstraining für leitende Mitarbeiter der Stadtverwaltung durchgeführt (zu den bis einschließlich erstes Halbjahr 1997 durchgeführten Bildungsmaßnahmen vgl. Übersicht 7, Anhang).

Vor allem in der ersten Zeit halfen Kontakte zu westdeutschen Behörden und insbesondere zu den Partnerstädten Mühlheim und Heilbronn, Informationsdefizite zu verringern. Dabei variierten die Kontakte von Amt zu Amt. Einige wenige Mitarbeiter fuhren für kurze Zeit in die Verwaltung der Partnerstädte und wurden dort mit den neuen Verwaltungsvorschriften ver-

---

50 Zum Kommunalvermögensgesetz und seinen Auswirkungen auf die Kommunen vergleiche zum Beispiel Wollmann (1997). Eine genaue Auflistung der Einrichtungen und Betriebe sowie ihre Auswirkungen auf den Personalbestand der Stadt Frankfurt (Oder) enthält die Dokumentation zur Verwaltungsreform des Oberbürgermeisters und des Dezernates I.
51 Im Verlauf der nächsten Jahre wurden diese Einrichtungen teils geschlossen, teils gingen sie in andere Trägerschaft über oder es wurden Eigenbetriebe gegründet. Einige Einrichtungen verblieben in der Stadtverwaltung.
52 Zu den Qualifikationsprogrammen vergleiche auch Vollmuth (1992), zu deren Trägern vergleiche auch Ehrhardt (1993) und Chowdhuri (1993).
53 Vergleiche dazu detaillierter: Der Oberbürgermeister, Dezernat I, Dokumentation zur Verwaltungsreform, Anlage 5 oder auch für die erste Phase Höhner (1992).

traut gemacht. Dort fanden sie Ansprechpartner und sammelten wichtige Erfahrungen. Aber auch Verwalter aus den alten Bundesländern kamen für kurze Zeit in unterschiedliche Bereiche der Stadtverwaltung, übernahmen hier Tätigkeiten oder machten die Kollegen vor Ort mit den neuen Verwaltungsabläufen bekannt.[54] In Frankfurt (Oder) half zunächst ein zuvor pensionierter Beamter aus einer der Partnerstädte bei grundlegenden Fragen des Verwaltungsumbaus. Später kamen dann Verwaltungshelfer aus den alten Bundesländern, sogenannte „Leihbeamte", hinzu, um die Verwalter auch in ihren Tätigkeitsfeldern zu unterstützen. Ihre Mitarbeit war in der Regel auf ein Jahr befristet. Sie wurden auf unterschiedliche Ämter verteilt und wurden dort mit spezifischen Aufgaben betraut. Einige von ihnen wurden zu zeitweilig wichtigen Anlaufstellen ihrer Kollegen bei der Lösung fachlicher Probleme. Von ihrer Anzahl her fielen die Verwaltungshelfer nicht ins Gewicht: Es waren zeitweilig kaum mehr als ein Dutzend Verwalter aus den alten Bundesländern in der Stadtverwaltung Frankfurt (Oder) beschäftigt.

4.3 Personalabbau- und Reformphase: 1992 bis 1996

Im Dezember 1993 trat die brandenburgische Kommunalverfassung in Kraft. Sie trug zu einer weiteren Veränderung der Dezernats- und Ämterstruktur bei (vgl. Wollmann 1997, FN. 80). So wurden auch in Frankfurt (Oder) die bestehenden acht Dezernate auf fünf verringert und die Ämter neu zugeteilt (vgl. Übersicht 6, Anhang). Die Funktionalreform sorgte für die Übertragung von bisherigen Landesaufgaben (vgl. Wollmann 1997): In Frankfurt (Oder) hatte sie die Eingliederung des Kataster- und Vermessungsamtes und der unteren Wasserbehörde zum 1.1.1995 zur Folge.

1992 und 1993 begann die Phase des Personalabbaus: Vor allem der Personalbestand aus den übernommenen Einrichtungen wurde erheblich reduziert. Dies geschah verstärkt durch Auflösungsverträge. 1992 und 1993 wurden aber darüber hinaus auch Kündigungen in erheblichem Umfang durch die Stadtverwaltung ausgesprochen. Verantwortlich für die Reduzierung des Personalbestandes war für den Zeitraum 1993 bis 1994 hauptsächlich die Privatisierung von Einrichtungen und 1995 ihre Überleitung in kommunale Trägerschaft sowie die Gründung von Eigenbetrieben.[55] Insge-

---

54 Zur Verwaltungshilfe in kommunalen Verwaltungen vergleiche unter anderem auch Bosetzky (1992), Grunow (1996) und auf Frankfurt (Oder) bezogen Höhner (1993).
55 Zur Jahresmitte 1994 waren in kommunalen Eigenbetrieben 121, ein Jahr später bereits 689 Mitarbeiter beschäftigt (Der Oberbürgermeister, Personalverwaltung, Angaben zur Stadtverwaltung Frankfurt (Oder)). Ein Großteil dieser „Einrichtungen", wie zum Beispiel Kinderkrippen, Kindertagesstätten und Kinderheime nimmt soziale Aufgaben wahr. Besonders in diesen Bereichen gab es neben der Gründung von Eigenbetrieben auch Übertragungen von Einrichtungen an gemeinnützige Träger wie dem Deutschen Roten Kreuz, der Arbeiterwohlfahrt oder der Volkssolidarität.

samt verringerte sich der Personalbestand der Stadtverwaltung von 1991 bis 1995 um mehr als die Hälfte (vgl. Tabelle 2).[56] Faßt man die Entwicklung zusammen, so läßt sich nach einer anfänglichen Vervielfachung des Personalbestandes eine anschließende erhebliche Verringerung konstatieren, wofür neben Kündigungen auch Ausgründungen und Privatisierungen von Einrichtungen maßgeblich verantwortlich waren. Eine ähnliche Entwicklung wird auch aus anderen Stadtverwaltungen der neuen Bundesländer gemeldet (vgl. z.B. Berg/Nagelschmidt/Wollmann 1996).

Der nicht zuletzt aufgrund der Übernahme von Einrichtungen entstandene hohe Personalbestand hat die Stadt Frankfurt (Oder) zu weiteren Personalreduzierungen veranlaßt: Dabei setzte man verstärkt auf den „goldenen Handschlag". So wurde zwischen der Stadt Frankfurt (Oder) und dem Personalrat der Stadtverwaltung 1994 eine Dienstvereinbarung zur sozialverträglichen Personalreduzierung getroffen. Sie sieht gestaffelte Abfindungen für Mitarbeiter vor, die sich zu einer einvernehmlichen Vertragsauflösung bereit finden. Bis zum 30.06.1994 machten von dieser Regelung über 430 Beschäftigte Gebrauch (Der Oberbürgermeister, Dezernat der Hauptverwaltung, Dokumentation zur Verwaltungsreform: S.4).

Das „katastrophale Haushaltsdefizit" der Stadt Frankfurt (Oder) gab nicht nur für den Personalabbau sondern auch für Überlegungen zur Reorganisation der Stadtverwaltung den Ausschlag (Der Oberbürgermeister, Dezernat I, Grobkonzeption: S.4). Vor diesem Hintergrund wurde die Konzeption „Frankfurt (Oder) 2000" entwickelt: Als Ziel wurde bekundet, ein schlankes, effizientes und kundenorientiertes Dienstleistungsunternehmen werden zu wollen (vgl. Der Oberbürgermeister, Dezernat I, Grobkonzeption: S.5). Die Mittel, mit denen dies verwirklicht werden sollte, wie eine ziel- und ergebnisorientierte Steuerung, dezentrale Ressourcenverwaltung, Controlling, Berichtswesen, Unternehmenskultur und Qualifizierung, sind aus der Diskussion um das „Neue Steuerungsmodell" bekannt (vgl. z.B. Reichard 1994, als Übersicht über die bis einschließlich Jahresmitte 1997 durchgeführten Fortbildungen, vgl. Übersicht 7, Anhang).

Bei der Umsetzungsstrategie setzte man auf eine „evolutionäre Entwicklung". Statt einer radikalen Umstrukturierung sollten zunächst in Pilotämtern Lösungen entwickelt werden, um die hier gewonnenen Erfahrungen später für andere Ämter zu nutzen.[57] Von der eigens gegründeten Arbeitsgruppe „Verwaltungsreform" wurden deshalb drei ganz unterschiedliche Pilotbereiche benannt: Das Grünflächen- und Friedhofsamt, die Stadt- und Regionalbibliothek und das Bürgeramt. Ab 1995 wurde in diesen Bereichen mit der Vorbereitung der Einführung neuer Steuerungsinstrumente

---

56 Vergleiche dazu ausführlich: Der Oberbürgermeister, Dezernat I, Dokumentation zur Verwaltungsreform.
57 Der Antrag der Stadt Frankfurt (Oder) auf Förderung ihres Modernisierungsprojektes durch das Land Brandenburg war nicht erfolgreich. Zur Konzeption vergleiche: Der Oberbürgermeister, Dezernat I, Konzept zum Antrag auf Förderung von kommunalen Modernisierungsprojekten vom 23.03.1995 und Höfer (1998a).

begonnen. Unter Beteiligung des Personalrates, des Organisationsamtes und der Fachämter wurden deshalb spezielle Arbeitsgruppen gebildet. Im Grünflächen- und Friedhofsamt und in der Stadt- und Regionalbibliothek stand dabei die Definition von Leistungen und Produkten im Vordergrund, um die Einführung der Kostenrechnung vorzubereiten. Die bisherige Bürgerberatung sollte in ein Bürgeramt umgewandelt werden. Dazu sollten die im kommunalen Aufgabenspektrum am häufigsten nachgefragten Dienstleistungen (u.a. aus dem Paß-, Ausweis- und Meldebereich, aus der Kraftfahrzeugzulassung und dem Führerscheinbereich) in einer Struktureinheit gebündelt werden (vgl. auch Höfer 1998b). Auch hier wurden zunächst die Leistungen erfaßt und ein Produktplan erstellt. „Ausgeprägte Ängste um den Bestand der Arbeitsplätze" erschwerten allerdings die Arbeit der zuletzt genannten Arbeitsgruppe erheblich (vgl. Der Oberbürgermeister, Dezernat der Hauptverwaltung, Verwaltungsreform Frankfurt (Oder) 2000, Zwischenbericht 1994 bis 1996, S.6). Mit der Budgetierung in den Pilotämtern wurde 1997 begonnen. Parallel zur Umstrukturierung in den Fachämtern wurden auch für die Hauptverwaltung erste Schritte zur Umstrukturierung eingeleitet. Aus einer zentral anordnenden Instanz sollte ein Dienstleister für die Fachdezernate und Fachämter entwickelt werden. Die Phase der Umstrukturierung in den Pilotämtern und in der Hauptverwaltung war Ende 1996 noch nicht abgeschlossen.

5. Deutungen 1992

Nach diesem kurzen Überblick über die Veränderungen in den Aufgaben und die personelle und organisatorische Entwicklung der Stadtverwaltung Frankfurt (Oder) wird im folgenden das Selbstverständnis der interviewten Kommunalverwalter dargestellt. Zunächst werden dabei die Deutungen der Befragten aus dem Interviewzeitraum 1992 präsentiert. Sie sind nach Themen gegliedert: das Selbstbild im Umgang mit dem Bürger (Kapitel 5.1), das Bild vom Bürger (Kapitel 5.2), das Selbstbild als Vorgesetzter (Kapitel 5.3), die Sicht der Unterstellten auf das Verhältnis zum Vorgesetzten (Kapitel 5.4) und das Bild von sich im Umgang mit den eigenen Kollegen (Kapitel 5.5). Anschließend werden die Deutungen mit den vier Jahre später verwendeten Selbstbildern verglichen (Kapitel 6).

5.1 Bilder von sich im Umgang mit dem Bürger

Bei der Beschreibung ihres Verhältnisses im Umgang mit dem Bürger betonen die 1992 interviewten Kommunalverwalter ihre Orientierung auf den Bürger. Für die Rekonstruktion ihres Selbstbildes sind die kollektiv benutzten Unterscheidungen relevant (vgl. Kapitel 1 und 3). Wie im folgenden Kapitel gezeigt wird, benutzen die interviewten Verwalter zwei Vergleichshorizonte: Die DDR-Zeiten und das Bild der Kollegen aus den Kommunalverwaltungen der alten Bundesländer. Dabei unterscheiden sich die interviewten Mitarbeiter der Kommunalverwaltung in Frankfurt (Oder) nicht: Mitarbeiter unterschiedlicher hierarchischer Ebenen und Tätigkeitsbereiche benutzen dieselben begrifflichen Muster der Selbstdarstellung.

Für den Bürger

Die Mitarbeiter betonen ihre Arbeitsleistungen. Sie beziehen sich dabei auf die außerordentlich schwierigen Bedingungen, unter denen sie ihre Verwaltungsarbeit leisten müssen. Dazu gehöre auch der starke Publikumsandrang, dem die unterschiedlichen Verwaltungsbereiche ausgesetzt seien:

> „... innerhalb von vier Wochen haben wir 8217 Bürgerberatungen durchgeführt, ... Dann weiß man auch, wie stark die Mitarbeiter gerade in Publikumsverkehrsbereichen belastet sind." (2/1/846/962)[58]

> „... die Mitarbeiter sind in vielen Bereichen arbeitsmäßig überfordert." (37/1/567/608)

Die Interviewten heben ihren Arbeitseinsatz hervor, wobei sie auch auf die von ihnen aufgewendete Arbeitszeit verweisen:

> „Und mit den Überstunden, die zur Zeit anliegen, weil wir das halt in der Arbeitszeit nicht schaffen." (14/1/16/42)

Auch den Vergleich mit Kommunen aus den alten Bundesländern nutzen die Interviewten als Möglichkeit, die eigene Leistung zu verdeutlichen:

> „Und da brauchen wir überhaupt keinen Vergleich zu scheuen, jetzt mit irgendwelchen anderen Städten da drüben (in den alten Bundesländern)." (37/1/247/257)

Zusätzlich zur Arbeitsbelastung durch den Umfang der Aufgaben beschreiben die Verwalter 1992 ihre Schwierigkeiten in der Aneignung der neuen Gesetze und Verwaltungsvorschriften. Sie beziehen sich dabei insbesondere auf die unmittelbare Zeit nach der Wende:

> „... und dann wurde im Selbststudium das erarbeitet. Also zentrale Anleitungen für unsere Bereiche gab es eigentlich bis heute in ganz wenigen Ausnahmen nicht." (37/1/124/157)

> „In erster Linie ist man selbst gefragt, wie man das selber anpackt, ... sich das selber anzueignen, ... was man braucht. Man war sich selber überlassen." (3/1/210/225)

Selbst wenn die Einarbeitung in die neuen Regeln und veränderten Arbeitsgebiete durch Schulungsmaßnahmen ergänzt wurde, so waren die Mitarbeiter gerade in dieser ersten Zeit hauptsächlich auf ihr eigenes Engagement und den Austausch mit Kollegen angewiesen (vgl. auch Kapitel 4.2). In den 1992 geführten Interviews beschreiben die Interviewten diesen Prozeß noch als keinesfalls abgeschlossen, was sich vier Jahre später ändern wird:

> „... jetzt hängt es daran, daß ich den Stoff eben nicht völlig beherrsche und wenn ich heute 1992 mit vor einem Jahr (vergleiche), (um) Gottes Willen, möchte ich die Zeit nicht mehr erleben ..." (3/1/646/713)

---

58 Die Zahlen im Anschluß an die Interviewzitate ergeben sich aus der datentechnischen Aufbereitung der Interviews. Sie bezeichnen jeweils die Fundstelle der zitierten Passage.

„Wir machen es jetzt seit zweieinhalb Jahren fast, also über zwei Jahre schon und man merkt ja die Fortschritte, die da sind und es fängt an, daß die Rechtssicherheit selber größer geworden ist, daß man also jetzt sich besser artikulieren kann mit (den) Gesetzen jetzt, man braucht also nicht ständig in den Büchern nachgucken und kann also schon aus dem Hut heraus irgendwelche Antworten geben oder Sachen bearbeiten oder nachprüfen ..." (37/1/259/311)

Die Mitarbeiter betonen, daß sie sich inzwischen in den Bestimmungen und Verwaltungsabläufen besser auskennen und in ihrem Verwaltungshandeln gegenüber dem Bürger sicherer geworden seien. Trotz dieser Fortschritte weisen sie aber erstaunlich offen darauf hin, daß sie noch immer Wissenslücken haben:

„... aber er (der Amtsleiter) denkt wahrscheinlich, wir sind sattelfester (als wir eigentlich sind) ..." (3/1/958/976)

„... es gibt (Defizite)... vor allen Dingen im Rechtswissen. ... Und das betrifft Menschen, die in der Verwaltung tätig sind, nun insbesondere, denn sie müssen das den Bürgern ja vermitteln ..." (39/1/400/546)

„Also ich würde sagen, daß es sicherlich Lücken gibt ... im Großen und Ganzen möchte ich mal sagen, keiner wird so richtig zufrieden sein mit dem, was er weiß ..." (5/2/26/72)

Der Kompetenzerwerb wird als Prozeß geschildert, der noch nicht abgeschlossen sei. Zwar sei man inzwischen informierter als noch zur Zeit der Gründung der Ämter im Frühjahr 1990. Doch gebe es nach wie vor Wissenslücken und Unsicherheiten im Verwaltungshandeln, was besonders im Umgang mit dem Publikum belastend sei. Schließlich wolle man sich nicht vor dem Bürger bloßstellen. Diese für die Mitarbeiter ungewohnte Situation kontrastieren die Interviewten mit ihren Erfahrungen aus DDR-Zeiten:

„Aber trotzdem merkt man, daß einem noch vieles fehlt, ... früher habe ich gut Bescheid gewußt." (3/1/646/713)

Zu DDR-Zeiten habe man sich in den Bestimmungen und Vorschriften ausgekannt. Heute hingegen sei man bei Verwaltungsentscheidungen häufig unsicher. Zudem seien früher die Vorschriften einfacher gewesen:

„... die Gesetze haben sich verändert, die Arbeitsweisen. Es ist insgesamt ein bißchen komplizierter geworden ..." (3/1/25/41)

„Ja weil ... die DDR-Gesetze waren kurz, prägnanter, hat man erstens, zweitens, drittens aufgeführt, war erledigt. Jetzt muß man den Paragraphen ... aufführen, Absatz ... in der Beschlußfassung vom so und so vielten ... und es wird wesentlich komplizierter und damit braucht man auch wieder bestimmte Erfahrung(en), um dort reinzukommen." (2/1/653/680)

Zu DDR-Zeiten sei das Verwalten einfacher, die Regeln einfacher und eindeutiger gewesen. Heute hingegen sei die Komplexität der Regeln größer.

Die Verwalter weisen auf eine Differenz zwischen sozialistischen und kapitalistischen Bürokratien hin, wie sie auch im wissenschaftlichen Diskurs beschrieben wird (vgl. z.B. Wollmann 1991). Im Vergleich zu DDR-Zeiten konstatieren die Interviewten eine Zunahme an Bürokratie:

> „Und viele Dinge sind heute auch nicht so im Interesse der Bürger. Allein dieser ganze Papierkram ... ist noch schlimmer als zu DDR-Zeiten." (5/1/458/480)

Die Verwaltung sei heute umständlicher als zu DDR-Zeiten. Auch sei vom Bürger mehr Engagement gefordert. Viele Bürger überfordere dies, wofür man Verständnis habe (vgl. auch Kapitel 5.2):

> „... wir sind doch alle in einer Situation, wo wir bestimmte Dinge am eigenen Leib erfahren haben, das war ja früher auch so, das ist ja nicht so, daß man sich in diese Dinge nicht reindenken kann. Das kann ich doch dem Bürger gegenüber zum Ausdruck bringen, dieses Gefühl für bestimmte Dinge." (5/3/93/128)

> „Wir haben selber Probleme, überhaupt mit dem Neuen klar zu kommen, und können uns darum in unsere Bürger (hinein)versetzen." (12/1/197/253)

Die Interviewten betonen ihr Verständnis für die Probleme ihrer Klientel im Umgang mit der Verwaltung. Man könne sich in die Schwierigkeiten der Bürger hineindenken. Schließlich habe man selbst auch erst lernen müssen, sich in den neuen Verwaltungsstrukturen zurechtzufinden.

Wie in Kapitel vier beschrieben, mußten die Verwalter sich nach der Wende in eine komplexer gewordene Verwaltungs- und Rechtsmaterie einarbeiten. Sie verfügten in der Regel über keine adäquate Ausbildung und entsprechend fehlte es ihnen an verwaltungsspezifischem Wissen. Selbst bei den Mitarbeitern, die bereits in der DDR in staatlichen Verwaltungen gearbeitet hatten, war die Qualifikation weder in der Breite noch in der Tiefe mit dem in den kommunalen Verwaltungen der alten Bundesländer üblichen Standard vergleichbar. Die Verwalter betonen denn auch, daß ihr Wissen nicht ausreiche, die neuen Anforderungen problemlos zu bewältigen:

> „... so daß es unheimlich schwer ist, sich jetzt dieses Verwaltungshandeln anzueignen aus eigener Kraft. Uns fehlen ganz einfach bestimmte Begriffe ..." (5/1/801/888)

Mitarbeiter mit Verwaltungserfahrung klagen, ebenso wie Quereinsteiger, über die Anstrengung, die mit der Einarbeitung in die neuen Verfahren verbunden sei. Dabei seien sie motiviert, sich das für die Verwaltungsarbeit nötige Wissen anzueignen, auch, um damit den eigenen Arbeitsplatz zu sichern:

> „Man will das unbedingt beherrschen lernen, will sich von niemandem die Butter vom Brot nehmen lassen und will auch seine Arbeit behalten." (3/1/646/713)

Die Entscheidung auf der Grundlage von Vorschriften und Rechtskenntnissen wird dem Bedürfnis, dem Bürger unmittelbar helfen zu wollen, gegenübergestellt:

> „... hier besteht ja ... das Bedürfnis, sofort helfen zu wollen, ja dieser Widerspruch zwischen sofort helfen wollen und der Möglichkeit, auch rechtskundig zu entscheiden, bringt teilweise Situationen, wo Mitarbeiter aus dem Bauch entscheiden, gefühlsmäßig, vom Herzen aus ..." (7/1/185/262)

Die Verwalter betonen, emotional an den Anliegen der Bürger beteiligt zu sein. Man wolle dem Bürger helfen. Zugleich sei man sich aber bewußt, dabei die Bestimmungen einhalten zu müssen:

> „... und demzufolge habe ich auch auf die Wünsche der Bürger einzugehen, nur daß ich natürlich die gesetzliche Grundlage beachten muß ..." (2/2/218/292)

> „... und so gut und so fürsorgend kann man nicht sein, daß man ständig mit einem Bein im Knast steht, ... die Kompetenzen kann man ... nicht überschreiten." (11/1/88/94)

Gesetze und Verwaltungsvorschriften werden von den Interviewten als Fessel dargestellt, welche sie bei ihrem Wunsch, pragmatisch und bürgernah zu helfen, behindere:

> „... man bemüht sich, soweit wie es geht, den Bürgern zu helfen; ja, aber irgendwo sind ja Grenzen gesetzt worden. Seit es die Bestimmungen hier gibt, geht es nicht weiter." (8/2/249/287)

Die Interviewten heben hervor, die Vorschriften soweit wie möglich zugunsten der Bürger auszulegen:

> „Wir haben von Anfang an ... die Linie vertreten, daß wir das Recht soweit wie möglich zugunsten der Bürger ausschöpfen und dem alles unterordnen. Wenn es eben halt rechtlich noch machbar ist, dann machen wir das eben ..." (22/1/372/401)

Die Orientierung auf die Anliegen der Bürger zeige sich an dem pragmatischen und flexiblen Eingehen auf deren Bedürfnisse. Dazu gehöre auch ressortübergreifendes Denken:

> „... nicht (nur) mit Scheuklappen dazusitzen und nur ... (das) eigene Gebiet zu sehen ..." (2/2/874/926)

Die Darstellung des „Orientiertseins" auf den Bürger berücksichtigt die spezifischen Bedingungen der Verwaltungsbereiche, denen die Interviewten angehören. Die Interviewten aus ordnungsnahen Verwaltungsbereichen, wie dem Einwohnermeldeamt und dem Straßenverkehrsamt, treten vor allem für Verwaltungsvereinfachungen ein, die dem Bürger Zeit und Wege ersparen:

„Wir haben auch versucht, Vereinfachungen für den Bürger zu organisieren. Daß (er) die Anträge, die er ... (benötigt, auch) woanders kriegt ..." (37/1/891/ 966)

Die in sozialen Verwaltungsbereichen beschäftigten Mitarbeiter beschreiben sich als Berater und Beistand des Bürgers, eine Orientierung, die mit einem entsprechenden zeitlichen Aufwand verbunden sei:

„Wir werden länger brauchen für den Einzelfall, ... weil die Intention im Bauch steckt, ich kann den (Bürger) nicht nur abfertigen, ich kann nicht nur das Formblatt aus(geben), sondern es finden Gespräche statt, die über diesen Bogen hinaus gehen ..." (7/1/437/481)

Verwalter aller Bereiche und Hierarchieebenen betonen, sich in erster Linie für die Interessen der Bürger einzusetzen. Diese Orientierung auf den Bürger heben auch die in anderen Studien befragten kommunalen Verwalter hervor: In der 1992 in zwei Stadtverwaltungen in den neuen Bundesländern durchgeführten Befragung von Brand, Maggioni und Stein betonen die Interviewten ihre Identifikation mit der hilfesuchenden Klientel (1994: 256). Die Beschäftigten eines Ostberliner Bezirksamtes geben in der 1993 von Beckers und Jonas durchgeführten Befragung an, sich insbesondere als „Bürgeranwalt, der sich um die einzelnen Probleme und Menschen kümmere", zu verstehen (1994a: 81).

Wie bei der Diskussion der Bilder vom Bürger (Kapitel 5.2) noch näher beschrieben wird, werden die Verwalter durch ihre Bürger mit dem Vorwurf konfrontiert, umständlich und bürokratisch zu sein. Die Selbstbeschreibungen der Mitarbeiter parieren zum einen diese Vorwürfe der Bürger. Zum anderen läßt sich das Stilisieren der eigenen Orientierung auf die Anliegen der Bürger auch als Versuch deuten, Defizite bei der korrekten Anwendung von Verwaltungsvorschriften zu kompensieren:

„... man (braucht) ein unheimliches Wissen und das haben wir im Moment noch nicht, deswegen machen wir vieles aus dem Bauch heraus ..." (11/1/532/ 541)

Wir sind anders als die im „Westen"

Bei der Rekonstruktion des Selbstverständnisses der Verwalter im Umgang mit dem Bürger sind die von ihnen benutzten Unterscheidungen und Abgrenzungen bedeutsam: Sie bilden den Hintergrund, vor dem sich das kollektive Selbstbild abhebt (vgl. Kapitel 1). Die Interviewten kontrastieren ihr Selbstbild eines auf den Bürger orientierten Verwalters durch das Bild, welches sie von den Verwaltern in den alten Bundesländern zeichnen:

„... sie (die Verwalter in den alten Bundesländern) haben eben immer gleich so ihren Verwaltungsmodus drin. Das ist bei uns nicht so, weil wir überhaupt nicht so rechtmäßig sicher sind, muß ich sagen. Wir machen ganz bestimmt noch viele Fehlentscheidungen, weil, es spricht eben auch noch das Herz mehr, als daß es so rechtmäßig abgeklopft ist." (11/1/234/244)

Den Kollegen in den Verwaltungen der alten Bundesländer wird unterstellt, daß sie ausschließlich auf Grundlage der Gesetze und Bestimmungen entscheiden. Als ostdeutscher Verwalter habe man zwar Lücken im Verwaltungswissen, aber man kompensiere diese durch das Bedürfnis, dem Bürger helfen zu wollen. So engagiere man sich für die Interessen des Bürgers und sei an seinem Schicksal emotional beteiligt. Gerade dies zeichne einen gegenüber den Kollegen in den Verwaltungen der alten Bundesländer aus. Das Bild von den Verwaltern in den alten Bundesländern steht im Unterschied zu ihrem eigenen für ein Verwaltungshandeln, das sich exakt an der Einhaltung von Vorschriften und Zuständigkeiten orientiert und dem Bürger kühl und distanziert entgegentritt.

Durch dieses Bild kann das eigene Defizit an Verwaltungswissen positiv gewendet werden. Zwar sei man selbst noch unsicher in der Anwendung der Rechtsvorschriften, doch gleiche der Einsatz für den Bürger und die emotionale Beteiligung das eigene Defizit im Umgang mit den Verwaltungsvorschriften aus. Die Abgrenzung zum Bild des Verwaltungsfachmannes aus den alten Bundesländern ermöglicht den Interviewten, ihr Selbstverständnis als Helfer und Anwalt des Bürgers zu verdeutlichen.

Bewertet sich eine Gruppe auf einer Vergleichsdimension gegenüber einer anderen Gruppen als unterlegen, so wird dies von Tajfel und Turner als „negative Identität" bezeichnet (vgl. Tajfel/Turner 1986, 1978). In einer Phase, in der sich die Kommunalverwalter in neue Sachverhalte einarbeiten müssen und entsprechend fachlich verunsichert sind, ist die Betonung eines Selbstverständnisses, das sie vom Bild des kühlen und nüchternen Verwaltungsexperten abhebt, naheliegend. Die Abgrenzung ermöglicht es, ein „Wir-Gefühl" aufzubauen und dabei die eigene Besonderheit nicht nur als Defizit wahrzunehmen. Verwaltungswissen wird von den Interviewten als wichtig eingeschätzt. Die Position der eigenen Gruppe wird von ihnen in dieser Dimension im Vergleich zu den Kollegen aus den alten Bundesländern als unterlegen bewertet. Durch Hinzunahme weiterer Dimensionen, wie der emotionalen Beteiligung und der Ausrichtung auf den Bürger, die ebenfalls von den Interviewten als wichtig eingeschätzt werden, wird das Selbstverständnis insgesamt im Vergleich zur Gruppe der Verwalter aus den alten Bundesländern vorteilhafter gedeutet, eine Strategie, die auch von Tajfel und Turner beschrieben wird (vgl. 1986: 19f.).[59]

---

59 Tajfel und Turner führen mehrere Strategien zur Bewältigung von Unterlegenheit an (1983: 19ff.): (1) „Individual Mobility": Sind Gruppengrenzen durchlässig, so können einzelne Gruppenmitglieder ihre Gruppenmitgliedschaft wechseln. (2) „Social Competition": Eine unterlege Gruppe kann versuchen, sich der überlegenen Gruppe anzugleichen und dieser sogar ihre Position streitig machen. (3) „Social Creativity": Die Gruppe und ihre Mitglieder suchen nach positiven Unterscheidungen, zum Bei-

Das haben wir schon immer so gemacht

Bei der Selbstdarstellung als bürgerorientierte Verwalter grenzen sich die Interviewten nicht nur von dem Bild des Kollegen aus den alten Bundesländern ab, sondern knüpfen auch an die DDR-Zeiten an. So wird das eigene Engagement für den Bürger mit der gemeinsamen DDR-Erfahrung in Verbindung gebracht:

> „... ich sehe es so, daß in der DDR eine Solidarität vorhanden war zwischen den Menschen, die sicherlich eine Notsolidarität war, aber man hat sich gegenseitig geholfen ... Ich denke schon, daß ... (dieses Engagement für den Bürger) einfach auch ein bißchen mit der Erfahrung des Lebens vorher zusammenhängt."
> (7/1/337/398)

Das Mitgefühl mit dem Bürger leite sich auch aus der gemeinsamen Erfahrung, in der DDR gelebt zu haben. Hier habe man Solidarität untereinander praktiziert und dieses Engagement für den Bürger habe man sich bis heute bewahrt:

> „Wir haben (das) früher (zu DDR-Zeiten) oft gemacht, daß wir den Leuten bestimmte Dinge, Anträge, ausgefüllt haben, gerade auch, wenn sie unsicher waren ... Das ist heute noch genau so. Da ja dieser Wust an Papier eigentlich noch viel größer geworden ist." (5/3/181/204)

Das Engagement für den Bürger stellen die Befragten ins Zentrum ihres Selbstbildes. Hilfsbereitschaft und Orientierung auf den Bürger sei man aus DDR-Zeiten gewohnt:

> „Ja, also ich glaube, das ist immer noch so, daß man so 'ne Bürgernähe hat. ... Man arbeitet jetzt immer noch für den Menschen und ... will das Optimalste rausholen an Fördermitteln in der Beratung und auch bei der Antragsstellung."
> (21/1/264)

Die eigene Orientierung auf die Bedürfnisse der Bürger wird positiv bewertet. Man wolle sie sich erhalten. Allerdings sei gerade diese gefährdet. Denn dem Wunsch der Verwalter, dem Bürger unbürokratisch zu helfen, werden durch die Gesetze mehr und mehr Grenzen gesetzt:

> „Mit Sicherheit werden wir so. Mit Sicherheit werden die Gesetzlichkeiten siegen und ... die Ermessensspielräume immer geringer werden für so eine Behörde und das mit Sicherheit ... also die Anträge oder Bearbeitungsvorgänge, die man hat, ... man kann sich gar nicht mehr jeden zum Gespräch herholen oder mit jedem ausführliche Gespräche führen. Es wird einfach die Personalsituation erforderlich machen, daß es ganz schematisch abgearbeitet wird ..."
> (37/1/313/376)

---

spiel dadurch, daß sie (a) eine neue Vergleichsdimension einführen, auf der die eigene Gruppe eine positive Position einnimmt oder (b) eine Umwertung einer bisherigen Vergleichsdimension vornimmt, das heißt „umpolt" oder (c) eine andere Vergleichsgruppe wählt.

Eine Zunahme der Regeln und auch eine Verknappung des Zeitbudgets werden dazu beitragen, die intensive Auseinandersetzung mit dem Einzelschicksal mehr und mehr zurückzunehmen. Auch werde von den Verwaltern verlangt, ihre beratende Funktion in den Hintergrund zu stellen, obwohl der Bürger diese verlange und benötige (vgl. auch Kapitel 5.2):

> „Die meisten (Bürger) wollen, glaub ich, schon noch beraten werden, erwarten es auch und da fängt es an ... , daß wir die beratende Funktion nicht mehr so in den Vordergrund stellen sollen, ... daß dort doch mehr der Amtsweg eingehalten werden sollte. Oftmals neigen wir dazu, beratende Auskünfte noch zu erteilen ..."(1/2/141/201)

Für die Zukunft befürchten die Verwalter, ihre Orientierung auf den Bürger aufgeben zu müssen. Doch gerade auf diese gründet sich ihr kollektives Selbstverständnis. Die Verwalter beschreiben die Zukunft denn auch als eine Angleichung an das Bild, von dem sie sich bislang so deutlich abgrenzen:

> „Wir machen vieles noch aus Unkenntnis, und ... weil wir unsere Historie noch ein bißchen im Hintergrund haben ... Und deshalb sind viele Entscheidungen ein bißchen anders als es die Mühlheimer (die westdeutsche Partnerstadt) betrachten. Für sie kommt der Bürger ... und dann überlegen die nicht mehr lange ... (sondern entscheiden nur nach Aktenlage)." (11/1/281/302)

> „Ich denke schon, daß dort (in den westdeutschen Verwaltungen) mit viel größerer Sachlichkeit und mit viel mehr Rechtsposition Dinge entschieden werden. Ich denke schon, daß bei uns in dem Amt nicht immer ... die Rechtssituation ... im Kopf ist, daß man einfach aus dem Bauch Dinge macht ... Die Gefahr besteht, daß wir umkippen, daß (wir nur noch) ... festhalten an diesen Rechtsvorschriften ..." (7/1/264/296)

Das eigene Selbstbild als Helfer und Berater des Bürgers wird mit dem Bild des qualifizierten Rechstanwenders in den alten Bundesländern kontrastiert. Die Verwalter zeichnen ein zukünftiges Bild von sich, das ihrer Charakterisierung der Kollegen aus den alten Bundesländern entspricht. Sie befürchten, selbst zu emotional unbeteiligten und lediglich die Regeln korrekt befolgenden Verwaltern zu werden. Noch sei es allerdings nicht so weit:

> „In den Einrichtungen ist ja noch nicht dieses Verwaltungsdenken eingezogen ..." (1/2/141/201)

Zusammenfassend werden bei der Selbstbeschreibung als auf den Bürger orientierte Verwalter zwei begriffliche Muster deutlich: Das eine basiert auf der positiven Abgrenzung gegenüber dem Bild des distanzieren Verwalters aus den alten Bundesländern. Das andere bezieht sich auf Tugenden, wie der des Engagements für den hilfesuchenden Bürger, die man aus DDR-Zeiten bewahrt habe. Beide Muster sind miteinander verbunden: So wird das, was einen von den Kollegen aus den alten Bundesländern unterscheide, zugleich als positive Erbschaft aus DDR-Zeiten gedeutet. Allerdings seien diese Tugenden bedroht. Eine Angleichung an das Bild des kühlen und nur den Regeln verpflichteten Verwalters aus den alten Bundesländern wird befürchtet.

5.2 Bilder vom Bürger

Die Verwaltungsforschung spezifiziert die von Verwaltern und Bürgern eingenommenen Rollen (vgl. u.a. auch Hegner 1978): Der Bürger verlangt eine Leistung vom Verwalter. Dieser ist zwar seinerseits gehalten, den Wünschen des Bürgers nachzukommen. Er muß sich dabei aber an allgemeingültige Regeln halten. Konflikte zwischen Verwaltern und unzufriedenen Bürgern sind vorprogrammiert. Der Bürger kann die Entscheidung der Verwaltung kritiklos hinnehmen. Er kann aber auch, falls dies rechtlich zulässig ist, Widerspruch gegen die Entscheidung der Behörde einlegen oder sich zumindest über die Entscheidung beklagen. Der Verwalter seinerseits ist mit Bürgern unterschiedlicher Kompetenz im Umgang mit der Verwaltung konfrontiert: Hegner beschreibt dies als „Leiden des Personals am Publikum", wobei das Spektrum vom uninformierten und hilflosen Bürger bis zum kompetenten und bisweilen auch rechthaberischen Bürger reicht (1978: 42).

Hilflos, respektvoll und dankbar

Auch die interviewten Kommunalverwalter benutzen diese Typisierung: Der kompetente Bürger weiß über seine Ansprüche und Rechte genau Bescheid und versteht es, seinen Forderungen gegenüber der Verwaltung Nachdruck zu verleihen. Der hilflose Bürger ist hingegen von dem Engagement, das die Verwaltung von ihm bei der Durchsetzung seiner Anliegen verlangt, hoffnungslos überfordert. Zu erwarten ist, daß der kompetente Bürger in den Verwaltungen der neuen Bundesländer noch kaum vorkommt. Zwei Jahre nach der Wende sind viele Bürger noch nicht vertraut mit einem Verwaltungssystem, das sich quasi über Nacht grundlegend geändert hat.[60] Die Erwartung wird durch die Interviews bestätigt. Das Gros der Bürger, so die einhellige Meinung der Interviewten, sei im Umgang mit der Verwaltung ungeübt:

> „Dann wissen sie, wie hilflos der Ex-DDR-Bürger den Behörden gegenüber ist ... (Der) Masse der Bürger möchte ich absprechen, daß sie in der Lage sind, ihre Rechte in vollem Umfang wahrzunehmen." (2/2/842/870)

---

60 Wenngleich die politische Wende im Herbst 1989 begann, so reicht die „Wende in der Verwaltung" bis in das Jahr 1990, vgl. Kapitel 4.2.

Die Verwalter betonen, daß die Bürger im Umgang mit der Verwaltung überfordert seien. Für die Bürger sei es dabei selbstverständlich, daß die Verwalter ihnen helfen:

> „Die Bürger kommen doch mit sehr hohen und gewissen Erwartungen hierher. Von daher um noch mal anzuschließen an das, was ... von der Haltung eben der Bundesbürger ... (noch) nicht da ist: Wir, (das heißt) die (Bürger aus den neuen Bundesländern) kommen eben hierher und denken, man muß ihnen helfen, man muß mit ihnen die Wege belaufen, ... den Antrag ausfüllen usw. ... Sie denken einfach, derjenige, der da an der anderen Seite des Schreibtisches sitzt, der muß mir helfen ..." (12/1/320/354)

Das Bild, das die Interviewten von dem Bürger aus den neuen Bundesländern zeichnen, wird mit dem Bild, welches sie sich vom Bürger aus den alten Bundesländern gemacht haben, kontrastiert: Der Bürger aus den neuen Bundesländern sei aufgrund seiner fehlenden Erfahrungen im Umgang mit der Verwaltung nicht in der Lage, seine Angelegenheiten selbständig durchzusetzen. Und er erwarte von der Verwaltung, daß diese ihm helfe. Ganz anders ist das Bild der Interviewten vom Bürger aus den alten Bundesländern: Er verstehe es, kompetent mit der Verwaltung umzugehen und könne deshalb seine Ansprüche erfolgreich gegenüber der Verwaltung durchsetzen. Wird dem Bürger aus den alten Bundesländern per se Kompetenz im Umgang mit der Verwaltung zugesprochen, so wird der „eigene" ostdeutsche Bürger ebenso pauschal zum hilflosen und tendenziell überforderten Bürger deklariert. Die Verwalter wiederholen das aus der Selbstbeschreibung im Umgang mit dem Bürger bekannte Muster der Ost-West-Stereotypisierung auch auf der Ebene der Kompetenz, welche sie ihren Bürgern zusprechen.

Das Bild, das die Kommunalverwalter von ihren Bürgern zeichnen, variiert je nach Bereich, in dem sie selbst beschäftigt sind. In den ordnungsnahen Verwaltungsbereichen, in denen stärker überwachende Funktionen ausgeübt werden, beschwere sich der Bürger häufiger über die aus seiner Sicht ungerechte Entscheidung der Verwaltung. In den sozialen Bereichen gehe es hingegen eher um konkrete Notsituationen: Der Bürger trete hier als „Bittsteller" gegenüber der Verwaltung auf. Vielen Bürgern sei dies peinlich, wofür man Verständnis aufbringe:

> „... für die meisten (Bürger), die hier herkommen, ist es schon eine peinliche Angelegenheit, und die versuchen wir (ihnen) irgendwie so ein bißchen auch zu nehmen, ..." (14/1/851/909)

> „Was auch viele (Bürger) abschreckt (ist), ... sich so ... offen darzulegen ... Es würde mir persönlich auch sehr schwerfallen, wenn ich so auf dem Stuhl sitzen würde und müßte dann im Prinzip meinen Kontostand angeben und Vermögen angeben und ... alles solche Sachen, die so sehr in den privaten Bereich gehen." (11/2/364/420)

Die DDR hatte den Anspruch, für das Wohl ihrer Bürger zu sorgen (vgl. Böhme/ Steding/ Wedler 1983: 9ff). Bernet und Lechler attestieren der staatlichen Verwaltung der DDR Paternalismus und „Versorgungsdenken" gegenüber ihren Bürgern (1990: 32f.).[61] Was bei der Abdeckung der Grundbedürfnisse wie Arbeit und sozialer Absicherung durchaus gelang, war in anderen Bereichen weniger erfolgreich: Ein filigranes Netzwerk informeller Strukturen jenseits der Allzuständigkeit des Staates half, diese Lücken zu schließen (vgl. z.B. Pollack 1992). Das in der Altbundesrepublik übliche Instrument des Einspruchs gegen Verwaltungsentscheidungen war in der DDR nicht verbreitet (zur Bedeutung des Verwaltungsrechts in der DDR vgl. auch Pohl 1991). Häufige Praxis war es stattdessen, Eingaben an staatliche oder parteiliche Instanzen oder Personen zu richten, um Forderungen Ausdruck zu verleihen (vgl. Rottleuthner 1995). Zwar war es festgelegt, daß der Bürger über den Eingang seiner Eingabe informiert werden mußte. Über den weiteren Fortgang und die Kriterien, wie mit der Eingabe umgegangen wurde, hatte er allerdings keine Transparenz.

Die interviewten Verwalter benutzen den Verweis auf die frühere staatliche Umsorgtheit der Bevölkerung als Argument, warum es heute vielen Bürgern an Engagement und Kompetenz im Umgang mit der Verwaltung fehle:

„Ihm (dem Bürger) standen (zu DDR-Zeiten) bestimmte Dinge zu, ... aber er brauchte sich nicht darum kümmern, (zum Beispiel) wieviel Kindergeld er bekommt, ... das war ausgedrückt und automatisch, wenn er die Geburt seines Kindes angemeldet hat, dann hat (er durch) die Gehaltsabteilung des Betriebes ... den Kindergeldzuschlag bekommen. ... Wenn er seine Miete nicht bezahlen konnte, ... na ja, dann ist er eben zur Gewerkschaft gegangen, dann hat er einen formlosen Antrag gestellt ... und dann hat er seine Zuwendung bekommen. Er brauchte nicht erst von dort den Antrag abgeben, die Genehmigung von dort holen und bestätigen lassen, ... Es lief alles ein bißchen ... vereinfacht ab." (2/2/930/952)

„... man (war) das (in der DDR) nicht gewöhnt, bestimmte Ansprüche überhaupt geltend zu machen." (2/2958/2999)

Zu DDR-Zeiten habe der Bürger sich um weniger selbst kümmern müssen. Vieles habe automatisch funktioniert. Auch seien die Vorgänge damals weniger umständlich gewesen. Heute hingegen werde vom Bürger mehr Eigeninitiative verlangt. Das sei für viele Bürger ungewohnt. Viele Bürger seien überfordert:

„... der Bürger ist ja (in die) ... Pflicht genommen, auch selber was zu machen. Das hat ihm früher auch die Behörde abgenommen, das ist eben nicht mehr ..." (12/1/320/354)

---

61 Zum sozialistischen Paternalismus als Strategie der flexibel-autoritären Systemstabilisierung vergleiche zum Beispiel Meyer (1989).

„... der Bürger der DDR ist es nicht gewöhnt, zu einer ... Behörde ... (zu) gehen und da sein Recht durchzusetzen ..." (2/2/874/926)

Nicht nur das heute verlangte Engagement, auch die Umständlichkeit der Verwaltungs- und Antragsprozeduren belaste die Bürger. In Bezug auf die Zunahme an Bürokratie beschreiben die Verwalter sich selbst als Zielscheibe der Kritik seitens der Bürger:

„Der Bürokratismus, das wirft einem jeder zweite Bürger vor, aber wir versuchen das Beste daraus zu machen." (8/1/249/287)

„‚Ihr mit Eurer Bürokratie, ich denke, wir haben uns verbessert'." (2/2/781/810)

Die interviewten Kommunalverwalter bringen Verständnis für diese Kritik auf. Als Reaktion darauf betonen sie die eigene Flexibilität im Umgang mit den Anliegen der Bürger.

Bürger, die sich gegenüber der Verwaltung offensiv für ihre Belange einsetzen, stoßen bei den Verwaltern hingegen auf wenig Verständnis:

„Ja und wenn sie (die Bürger) irgendwo hören, sie haben das Recht dazu, dann werden sie sehr schnell, sagen wir mal, ... aufmüpfig und sagen: ‚Ich habe das Recht!'" (2/3/1/36)

Bürger, die fordernd gegenüber der Verwaltung auftreten, repräsentieren für die Kommunalverwalter 1992 eine neue, noch fremde Verwaltungswelt. Sie gelten als „anmaßend":

„Manche ... (Bürger), die kommen schon und fordern ihr Recht. Da muß ich sagen, das wird dann auch schon verschieden gesehen (von den Kollegen) ... (Einerseits) steht es ihm (dem Bürger) ja auch zu, da kommt es sicherlich noch auf den Ton an ... Es ist auch sein gutes Recht, Widerspruch einzulegen ... Aber viele (Mitarbeiter) sehen (das) auch so, na ja, ‚was maßt er (der Bürger) sich denn nun an' ..." (11/2/517/544)

„... die Hälfte (der Bürger) vielleicht ... geht in den Widerspruch ... und die Bürger beschimpfen uns mit mehr oder weniger guten Argumenten. Es gibt auch richtig sachliche Argumente, wir sind ja auch nicht fehlerfrei ..." (37/1/727/889)

Selbstbewußt auf ihre Rechte bestehende Bürger verunsichern die Verwalter, je größer das Wissen der Bürger ist. So stellt ein Einspruch gegen eine Verwaltungsentscheidung zu einem Zeitpunkt, an dem viele Verwalter selbst noch unsicher in ihren Entscheidungen sind, eine Infragestellung der eigenen Kompetenz dar.

Manche Bürger seien regelrecht aggressiv gegenüber den Verwaltern, insbesondere bei Entscheidungen, die nicht ihren Erwartungen nachkommen. Gegen diese Bürger müsse man sich zur Wehr setzen:

„... dann muß man den Leuten auch ihre Grenzen aufzeigen ..." (2/2/101/173)

Das von den Interviewten postulierte Selbstverständnis, sich schon immer für die Bürger eingesetzt zu haben, wird zumindest von einigen Bürgern angezweifelt. Gerade in der ersten Zeit, so betonen die Verwalter, haben unzufriedene Bürger den Hinweis auf eine vermeintlich systemnahe Vergangenheit der Verwalter dazu benutzt, diese zu diffamieren:

> „Wenn wir zögernd waren, fingen sie an zu schimpfen: ‚Ihr habt immer noch nicht ausgeschlafen!' Und das war manchmal nicht schön ... Es hat sich nachher ein bißchen gegeben, aber da(mals) passierte es schon, daß man eben gesagt bekommt, ‚es sitzen immer noch die Alten hier' ..." (3/2/122/162)

> „Daß die uns gerade in der Wendezeit drohen wollten, ... es waren allerdings wenige (Bürger), ... die dann gesagt haben, ‚Na Sie sitzen ja nicht mehr lange hier auf dem Stuhl' ..." (11/2/517/544)

> „Die ersten Tage, was die Leute einem so alles an den Kopf knallen, so was hab ich mein Lebtag noch nicht gehört. Aber man lernt damit umzugehen ... In der Anfangszeit sind sie uns in die Bude reingekommen und haben uns ... beschimpft als ‚rote Socken' ... also es war ganz schlimm, also diese politische Geschichte brach da auf ... Daß sie sich im Prinzip Luft gemacht haben über den Frust, ... (den sie) in den Jahren ... (aufgebaut hatten) ..." (42/1/290/328)

> „Oder wenn jemand kommt, ‚ich bin doch hier, mit welchem Recht schicken sie mich wieder nach Hause', ... Das sind denn die Bürger, die sagen dann ... ‚ja, da ist immer noch der alte Geist dran'." (2/2/101/173)

Den Verwaltern sei vorgeworfen worden, zu DDR-Zeiten in erster Linie der SED und nicht dem Bürger gedient zu haben. Als „rote Socken" diffamiert worden seien dabei nicht nur die Verwalter, die zuvor beim Rat der Stadt gearbeitet haben, sondern auch alle anderen Beschäftigten. Inzwischen allerdings, so betonen die Verwalter, seien diese Diffamierungen selten geworden. Die erste Zeit nach der Wende mit ihren Anschuldigungen sei vorbei. Die Verwalter beschreiben die Zeit, in der sie mit dem alten Regime in Zusammenhang gebracht wurden, als abgeschlossen und vergangen. Es stellt sich aber die Frage, ob man die Beschreibungen der Interviewten wirklich als abgeschlossene Episode oder nicht vielleicht auch als Wunsch interpretieren sollte, mit entsprechenden Vorwürfen nicht mehr konfrontiert zu werden.

Doch nicht nur mit der SED und dem untergegangenen DDR-Staat werden die Verwalter identifiziert. Für die Bürger repräsentieren die Behörden die staatliche Macht. Enttäuschte Bürger, klagen die Verwalter, machen sie deshalb auch für uneingelöste Wahlversprechen verantwortlich:

> „... (die Bürger) prüfen im Grunde genommen die Wahlversprechen von '89 zu ihrer eigenen ganz konkreten Situation und stellen fest, es geht mir ‚beschissener'... Und das ist ihr Bewertungsmaß, und so wie sie jetzt ... von der großen Politik enttäuscht wurden, so sind sie auch, egal was wir machen, ... auch mit

den Behörden nicht zufrieden ... die Behörde ist sozusagen die etablierte Macht." (7/1/128/262)

Unzufriedene Bürger kritisieren die Verwalter für Fehler oder Versäumnisse der Politik. Dabei komme es zu Ausfällen und Beleidigungen gegenüber den Verwaltern.

Der Vorwurf, lediglich Vertreter alter und neuer staatlicher Macht zu sein, macht die in Kapitel 5.1 beschriebene Herausstellung der eigenen Orientierung auf den Bürger als eine Entgegnung darauf verständlich. Auch die Betonung der Flexibilität im Umgang mit den Anliegen der Bürger läßt sich als Reaktion auf den Vorwurf deuten, unflexibel und umständlich zu sein. Die Verwalter stilisieren sich als engagierte, flexible und auf die Bedürfnisse des Bürgers konzentrierte Helfer. Von den Bürgern erwarten sie als Gegenleistung dafür Respekt:

„... der Bürger ... tritt hier als Bittsteller auf. Und die Bürger, die jetzt wirklich kommen und sagen, ‚das müssen Sie jetzt machen, Sie sind dazu verpflichtet', das ist nicht die Regel. Wobei (wir) auch ... diese Höflichkeit und dieses Entgegenkommen, das wir den Bürgern gegenüber (er)bringen, erwarten ... (wir) eigentlich auch von den Bürgern. Auch er kann, wenn er mit uns nicht einverstanden und unzufrieden ist, (uns das) in einer vernünftigen Art und Weise sagen (und soll) uns nicht beschimpfen." (5/3/134/175)

„Es gibt schon welche (Bürger), die ärgerlich sind, weil es einfach zu lange dauert ... Es gibt aber auch die breite Masse, ... würde ich denken, daß die eigentlich zufrieden sind mit uns, weil auch der Respekt vor der Behörde da ist und die Angst vor der Behörde da ist ... und, mein Gott, die ganzen Formulare auszufüllen ..." (11/2/364/420)

„Ich möchte mal sagen, die Bürger, die schimpfen, ... sind immer noch die alten. ... Die Masse der Bürger schimpft nicht, die Masse der Bürger ist auch höflich und dankbar, wenn man ihnen nett und höflich entgegentritt ..." (5/3/134/175)

Die meisten Bürger bringen der Verwaltung den nötigen Respekt entgegen. Diese Bürger seien dankbar für die Unterstützung, die ihnen seitens der Verwalter zuteil werde. Für diese Bürger engagiere man sich gerne und auf freundliche Weise. Es seien lediglich wenige Bürger, die den Respekt im Umgang mit den Verwaltern vermissen lassen. Von besonderer Bedeutung ist der von den Verwaltern hergestellte Zusammenhang zwischen der eigenen Bürgerorientierung und dem Verhalten der Bürger: Die Hilfsbereitschaft der Verwalter richte sich besonders an den überforderten Bürger. Für den Einsatz für den Bürger erwarte man von diesem allerdings auch Respekt und Akzeptanz. Dies schließt an das Bild an, das die Verwalter von „ihren" Bürgern vermitteln: Wie beschrieben seien gerade die ostdeutschen Bürger die Unterstützung durch die Verwaltung auch schon aus DDR-Zeiten gewohnt und im Unterschied zu den Bürgern der alten Bundesländer fehle es diesen an Kompetenz im Umgang mit der Verwaltung. Die Stilisierung der eigenen Hilfsbereitschaft und das Bild, das die Verwalter von „ihren" Bürgern vermitteln, bedingen einander.

5.3 Vorgesetzte und ihr Selbstbild

Ein Teil der befragten Beschäftigten der untersuchten Kommunalverwaltung ist selbst in der Position des Vorgesetzten. Den Gruppenleitern, Abteilungsleitern und Amtsleitern sind andere Beschäftigte unterstellt. In diesem Kapitel werden die Ansprüche aufgezeigt, die die 1992 interviewten Führungskräfte an sich selbst stellen: Alle Führungskräfte wollen fachlich kompetente Ratgeber für ihre Unterstellten sein und zugleich auch persönliche Nähe zu ihnen pflegen. Für das kollektive Selbstverständnis sind die von den Organisationsmitgliedern gemeinsam benutzten begrifflichen Unterscheidungen bedeutsam (vgl. Kapitel 1). Deshalb sind die Vergleichshorizonte relevant, die die Führungskräfte für ihre Selbstdarstellung benutzen: die Abgrenzung gegenüber dem Bild der Führungskraft aus den alten Bundesländern und die Anknüpfung an ein Verständnis der Rolle als Führungskraft, das man aus DDR-Zeiten gewohnt sei.

Fachlich sich fit machen und auch menschlich ein Ansprechpartner sein

Wie in den Kapiteln 4 und 5.1 gezeigt wurde, müssen sich alle Verwaltungsmitarbeiter in neue oder doch stark veränderte Aufgabenfelder einarbeiten. Alle Führungskräfte betonen denn auch, daß sie in dieser Situation ihre Unterstellten mit ihren Probleme nicht alleine lassen:

„... oder eben (bei) kniffligen Dingen, wo sich der ein oder andere dann doch nicht sicher ist, die (Unterstellten) konsultieren sich dann zunehmend mit mir, ..." (35/1/374/385)

„... man ... versucht ..., fachlich auszugestalten, fachlich sich fit zu machen, mit den Mitarbeitern mitzugehen, sie also in dem, was sie tun, ernst zu nehmen ..." (39/1/234/303)

„... (den) Mitarbeitern sozusagen immer sagen zu müssen, wie der Weg ist und plötzlich für sie da zu sein, Ansprechpartner zu sein, ..." (7/1/646/652)

Die Führungskräfte stellen sich als kompetente Ansprechpartner ihrer Unterstellten dar. Sie betonen, ihren Mitarbeitern bei der Lösung von fachlichen Problemen helfen zu wollen. Das, so stellen sie klar, erwarten allerdings auch ihre Unterstellten von ihnen:

„... (die Unterstellten) erwarten, daß ich ... die Entscheidungen immer parat habe." (7/1/526/539)

Die interviewten Führungskräfte definieren ihre Rolle als Vorgesetzte über ihr fachliches Wissen. Dieses zeichne sie vor den unterstellten Kollegen aus und gewährleiste zugleich die Kontrolle über die korrekte Durchführung der Aufgaben:

„Also ... (Führung) verstehe ich so, daß der Vorgesetzte die große Kompetenz hat und sagt, ... das machen wir so, ... und die Kontrolle darüber ausübt." (22/1/436/509)

Die zweite „Säule" im Selbstverständnis der interviewten Führungskräfte ist ihr Anspruch, für ihre Unterstellten nicht nur fachlich sondern auch menschlich Ansprechpartner zu sein:

„... (der Vorgesetzte) muß so ein(en) Stand hier haben, daß die Mitarbeiter zu ihm gehen und sagen, wo der Schuh drückt, oder wo sie persönliche Probleme haben ..." (5/2/618/728)

Gruppenleiter, Abteilungsleiter und Amtsleiter betonen ihren Anspruch, für ihre Unterstellten sowohl in fachlichen wie in persönlichen Dingen Ansprechpartner zu sein. Bei der Beurteilung der Umsetzung dieses Anspruchs unterscheiden sich die Führungskräfte allerdings. Während die Führungskräfte der mittleren Ebene keine Diskrepanz zwischen Anspruch und Selbstbild äußern, ist dies bei den Amtsleitern anders. Sie schränken ein, den an sich selbst gestellten Ansprüchen nicht immer gerecht werden zu können:

„... einfach zu erkennen, daß man sich einfach nicht mehr um alle Bereiche so persönlich kümmern kann. Ich bin früher jeden Tag durch alle Zimmer gegangen, und da wußte ich genau, wer da ist, und wie es ihm geht. Die Erwartungshaltung der Mitarbeiter ist noch da." (7/2/40/57)

„Also ich habe neulich zu der Kollegin gesagt, ... daß ich das also schon bedauere, daß ich zunehmend weniger Zeit habe, in die einzelnen Bereiche zu gehen, was ich früher öfter ... auch zeitlich einrichten (konnte). Ich denke schon, daß sie (die Mitarbeiter) es manchmal schon mit – nicht mit Enttäuschung begleiten, sondern eher so ‚Sie könnte ja mal wieder kommen'. Das verstehe ich auch. Weil ... selbst wenn ich nur mal kurz ‚Guten Tag' sage, also für sie ist es ein Stück, ‚Sie nimmt Anteil an dem, was wir hier treiben'." (39/1/833/999)

„... ‚der Amtsleiter ist ja gar nicht mehr so viel da ... Der kümmert sich ja nicht mehr um mich.' Das hat mich betroffen gemacht ... das ist jetzt so ein Stück Abnabelung, die einfach entsteht, die Mitarbeiterzahl wird größer, ... und wenn ich (jedem) jeden Morgen die Hand schütteln wollte, das ist einfach nicht mehr machbar." (7/2/62/79)

Die Amtsleiter betonen, daß die Unterstellten ein persönliches Verhältnis und einen engen Kontakt zu ihren Vorgesetzten erwarten. Auch sie richten diesen Anspruch an sich selbst. Anders als die Abteilungsleiter und Gruppenleiter relativieren die Amtsleiter die Umsetzung dieses Anspruchs: Als Amtsleiter könne man nicht zu allen Mitarbeitern einen engen Kontakt pflegen. Die Amtsleiter führen für den entstandenen Abstand zu ihren Unterstellten strukturelle Gründe an: Die Zeit, die ihnen zur Verfügung stehe, reiche nicht aus für einen engen Kontakt zu allen Unterstellten. Eine gewisse Distanz zu den Mitarbeitern sei deshalb unvermeidlich. Zugleich wird die entstandene Distanz bedauert.

Alle Führungskräfte betonen, für ihre Unterstellten kompetente Ratgeber sein zu wollen. Doch auch hier schränken besonders die Amtsleiter die Umsetzung dieses Anspruchs ein:

> „Ich muß mich ja erstmal dort freischwimmen, in dem ich den Konflikt, den ich ja in mir auch selber habe, irgendwo loswerde, auch den Einzel(-fall) beherrschen zu wollen. Ich hätte schon den Anspruch, ... überall mitreden zu können ... Ich bin immer noch beteiligt an Einzelfallentscheidungen." (7/1/526/539)

> „... ich bin dermaßen überbelastet, so daß ich überhaupt keine großen Kontakte zu den Mitarbeitern aufbauen konnte, der ja sicherlich nötig ist ... Manche werden mich schon wieder vermißt haben, daß ich mich überhaupt mal blicken lasse in der Abteilung, ... (ich) verteile nur noch (die Arbeit) ..." (1/1/745/781)

Die Amtsleiter betonen, daß es nicht ausreiche, Aufgaben nur zu verteilen. Denn die Unterstellten verlangen, daß der Vorgesetzte ihnen bei der Lösung ihrer fachlichen Probleme helfe – ein Anspruch, den auch sie selbst an sich stellen. Dabei betonen die Amtsleiter die Schwierigkeiten, die ihnen die Umsetzung dieses Anspruchs bereite. Sie seien überlastet, die Sachgebiete der Unterstellten erfordern zudem ein Detailwissen, für dessen Aneignung ihnen die Zeit fehle:

> „Was ich da jeden Tag vorgelegt bekomme, könnte ich mich hinsetzen, das ... Recht ... ranholen und ... nachblättern ... Da müßte der Tag bei mir 38 Stunden haben und das ist nicht machbar. Deshalb muß ich mich von der inhaltlichen Seite auf meine Mitarbeiter verlassen." (2/2/664/699).

Die Amtsleiter machen aus ihrer Not eine Tugend und reichen die Verantwortung für die Fachentscheidungen, anders als die Führungskräfte der mittleren Ebene, an die Unterstellten zurück:

> „Ich erwarte relativ viel von meinen Mitarbeitern im Rahmen der Selbständigkeit. Denn einen Mitarbeiter, dem ich alles vorkauen muß im Prinzip, den brauche ich nicht. Es ist viel Initiative gefragt, viel eigenständige Arbeit ..." (28/1/351/453)

Die Amtsleiter erwarten von den Unterstellten, daß diese auf der Grundlage ihres Wissens die Entscheidungen treffen. Das Prinzip der Delegation der Verantwortung wird von ihnen emphatisch vertreten:

> „... ich merke, die (Mitarbeiter) bekommen ... so eine Kompetenz, die spezialisieren sich ..., die brauchen den Chef da unten überhaupt nicht, die kriegen das

alleine geregelt ... Sie werden fit für ihr Aufgabengebiet und brauchen den Amtsleiter weniger für Sachbearbeitungsfragen." (39/2/1/61)

Allerdings bleibt den Amtsleitern auch nichts anderes übrig, als die Ihnen unterstellten Mitarbeiter zu eigenverantwortlichen Entscheidungen zu animieren. Sie selbst wären mit diesen Entscheidungen hoffnungslos überfordert. In der Tat sprechen auch strukturelle Gründe gegen die Umsetzung dieses Anspruchs: Anders als die Führungskräfte der mittleren Ebene haben die Amtsleiter kaum die Möglichkeit, sich in die speziellen Sachgebiete einzuarbeiten. Zu viele unterschiedliche Arbeitsgebiete sind in ihren Ämtern gebündelt. Zudem wird von ihnen die Wahrnehmung anderer, wie zum Beispiel koordinierender, Aufgaben verlangt.

Das von den Amtsleitern vertretene Prinzip der Delegation der Verantwortung an die Unterstellten steht im Widerspruch zum ebenfalls von ihnen postulierten Anspruch, für die Unterstellten ein fachkompetenter Ansprechpartner zu sein:

„... welchen Anspruch habe ich an mich selber? Will ich also ... Sachbearbeiter dieses ...-Amtes sein oder will ich das Amt leiten? Das muß man natürlich unterscheiden. Aber in so einem großen ...-Amt muß ich also die geschickte Koppelung finden, einmal zwischen der Fähigkeit, dieses Amt zu leiten, auch politisch zu leiten ... Wenn ich das Amt leiten will, kann ich nicht ... Sachbearbeiterdienst machen. Aber natürlich (muß sich das) dann die Waage ... halten ... In dem Moment, wo die Kollegen auf mich zu (kommen) ... und ein ganz konkretes, fachliches Problem haben ... (daß ich) ... bereit bin, mir dieses Problem anzueignen und mich da hineinzuvertiefen und das dann auch entsprechend weiterzugeben, ..." (39/2/1/61)

Im Unterschied zu den Führungskräften der mittleren Ebene ist die Darstellung des Selbstverständnisses bei den Amtsleitern gebrochen. Sie stehen zwischen dem eigenen Anspruch, einerseits fachkompetenter Ansprechpartner für ihre Unterstellten zu sein und sich andererseits auch zeitaufwendigen organisatorischen und koordinierenden Aufgaben widmen zu müssen. Trotzdem halten auch die Amtsleiter an dem Anspruch fest, sowohl fachlicher wie menschlicher Ansprechpartner für ihre Unterstellten zu sein.

Die von den Führungskräften unterschiedlicher Hierarchiestufen betonten Anforderungen an eine Führungskraft werden auch von Ergebnissen anderer Studien gestützt: So geben in der Befragung in einem Ostberliner Bezirksamt rund 94 % der befragten ostdeutschen Führungskräfte an, daß Sachkompetenz eine besonders wichtige Anforderung für die Ausübung einer Leitungsposition sei, rund 72 % halten die Dialogbereitschaft mit den Unterstellten für erforderlich und rund 60 % der Befragten die Fähigkeit zur Berücksichtigung persönlicher Probleme der Mitarbeiter (Beckers/Jonas 1994a: 79).

Anders als in den Altbundesländern, weil offener für die Unterstellten

Trotz der von den Amtsleitern eingestandenen Schwierigkeiten, dem eigenen Anspruch an fachlicher und menschliche Nähe gegenüber den Unterstellten gerecht zu werden, gründet gerade auf diesem Selbstverständnis ihr Selbstbild als Vorgesetzter. Kollektive Selbstbilder gewinnen an Schärfe durch die benutzten Gegenhorizonte (vgl. Kapitel 1). Das Bild, das die interviewten Amtsleiter von sich als Vorgesetzte zeichnen, kontrastieren sie mit dem Bild der Führungskraft aus den alten Bundesländern:

„Na, sagen wir mal so, es ist (hier) nicht so, wie in den altbundesdeutschen Ländern. Da sind die Amtsleiter ja fast mehr Repräsentationspersonen. Das ist hier eben nicht so. Da ist viel Arbeit zu machen." (28/1/340/350)

„Also ich kenne durchaus auch Mitarbeiter aus den Altbundesländern, die also der Meinung sind, dem Atmosphärischen ist es abträglich, wenn man sich (mit den Unterstellten) duzt ... Ich habe die Erfahrung gemacht, dem Atmosphärischen ist es unheimlich zugänglich, wenn man sich duzt ..." (39/1/833/999)

„Das ist (hier) anders als in Mühlheim, die (Mitarbeiter) kommen bei mir dicht ran, die Tür steht offen ..." (7/1/839/859)

Den Führungskräften in den alten Bundesländern schreiben die Amtsleiter ein distanziertes Verhältnis zu den ihnen unterstellten Mitarbeitern zu. Zugleich nehmen die Interviewten für sich selbst und die eigene Gruppe – pauschal – in Anspruch, offen für die fachlichen und menschlichen Probleme der Mitarbeiter zu sein. Die Kollegen „drüben" werden so dargestellt, wie man selbst als Führungskraft nicht erscheinen möchte: Die Führungskraft dort komme mit der Arbeit der Unterstellten kaum noch in Berührung, „repräsentiere" nur noch das Amt und delegiere lediglich die Aufgaben an die Unterstellten. Auch menschlich sei die Führungskraft in den alten Bundesländern distanzierter. Das „Duzen" wird dabei als ein Symbol der im Unterschied dazu praktizierten eigenen Nähe zu den Unterstellten gesehen. Die „offene Tür" steht für die eigene Bereitschaft, sich mit den persönlichen und fachlichen Problemen der Unterstellten auseinanderzusetzen.

Stereotype über eine fremde Gruppe können der sie äußernden Gruppe als Kontrast dienen. Der Mechanismus der Zuschreibung von Stereotypen ist dann dichotomisch aufgebaut. Vor dem Hintergrund der negativ konnotierten Beschreibungen der „anderen" kann sich das Selbstverständnis der Gruppe, der man sich selbst zugehörig fühlt, um so deutlicher abheben (vgl. Kapitel 1, aber auch Van Dijk 1984, Stölting 1986). Auch die interviewten Amtsleiter benutzen ein solches begriffliches Muster: Ihr Gegenhorizont ist das Bild der Amtsleiter aus den alten Bundesländern. Während sie selbst den unterstellten Mitarbeitern bei der Lösung von konkreten Problemen beistehen wollen, sprechen sie diese Bereitschaft ihren Kollegen aus den alten Bundesländern ganz grundsätzlich ab.

Der Anspruch, fachlicher und menschlicher Ansprechpartner für die Unterstellten zu sein, muß vor dem Hintergrund der Umbruchsituation interpretiert werden. In einer Phase der fachlichen Unsicherheit und des Lernens wünschen sich Unterstellte einen Vorgesetzten, der ihnen bei ihren Problemen weiterhelfen kann (vgl. auch Kapitel 5.4.). Auch wenn die Amtsleiter diesem Ansinnen in der Regel nicht im geforderten Maße nachkommen und daraus sogar selbst die Forderung nach Delegation von Verantwortung an die Unterstellten ableiten, ist der nur bedingt einzulösende Anspruch andererseits doch Teil des Selbstbildes. Zu dessen Verdeutlichung nutzen die Amtsleiter das Bild des distanzierten Amtsleiters aus den alten Bundesländern.

Das haben wir uns erhalten

Wie gezeigt wurde, nutzen insbesondere die Amtsleiter unter den Führungskräften die Abgrenzung von dem Bild der Führungskraft in den alten Bundesländern, um ihr Selbstbild als Führungskraft davon abzuheben. Darüber hinaus zeigt sich in den Interviews von 1992 noch ein weiteres begriffliches Muster, das sowohl den Amtsleitern als auch den Gruppen- und Abteilungsleitern zur Verdeutlichung ihres Selbstverständnisses dient. Die Führungskräfte knüpfen bei der Darstellung ihres Selbstbildes an die DDR-Zeiten an. Ein enges Verhältnis zu ihren Unterstellten seien sie aus DDR-Zeiten gewohnt. Dies wolle man sich bewahren:

> „Ich bilde mir ein, daß ich mehr ein kollegiales Verhältnis (zu den Mitarbeitern) habe. Hatte ich vorher (zu DDR-Zeiten) auch, hat sich hoffentlich nicht allzu doll verändert ... grundsätzlich hab ich ein kollegiales Verhältnis zu allen Mitarbeitern, also jeder kann kommen und da gibt es kein Herauskehren (des Chefs) ..." (37/1/628/694)

Auch die Unterstellten seien den engen Kontakt zu ihrem Vorgesetzten gewohnt. Sie erwarteten nicht nur eine persönliche Nähe zu ihrem Vorgesetzten, sondern auch, daß der Vorgesetzte ihnen bei der Lösung fachlicher Probleme weiterhelfe. Das sei auch schon zu DDR-Zeiten so gewesen:

> „Also sie (die Mitarbeiter) sind immer noch gewöhnt, jetzt kommt von oben her was und die organisieren mir die Aufgaben. Also da ist noch eine ganz andere Beziehung, bei vielen der Leiter und bei vielen der Mitarbeiter. Die Verantwortung ist auch, glaub ich, noch nicht so klar definiert." (1/2/209/239)

Die Führungskräfte betonen, daß die Unterstellten Fachentscheidungen sowie die Übernahme von Verantwortung auch heute von ihren Vorgesetzten erwarten. Auch in der Managementforschung findet sich dieses Bild des

„Leiters" zu DDR-Zeiten, der sich in erster Linie über seine spezielle Fachkompetenz definiert (vgl. Lang 1992: 133).

Den interviewten Führungskräften dient der Bezug auf die DDR-Zeiten zur Verdeutlichung ihres eigenen Verständnisses von der Rolle als Führungskraft: Bereits zu DDR-Zeiten habe die Führungskraft Verantwortung übernehmen und häufig auch selbst entscheiden müssen. Zwar habe auch der Vorgesetzte damals nicht ganz auf das Wissen seiner Unterstellten verzichten können. Doch sei er deshalb nicht aus der Entscheidungsverantwortung entlassen worden. Diesen Anspruch stelle man auch heute an sich als Führungskraft:

> „... daß ich mich (zu DDR-Zeiten als Abteilungsleiter) praktisch als einer von den anderen gefühlt habe, ... ich habe mich bemüht, immer der Motor zu sein und ein bißchen mehr zu wissen, als die anderen. Das ist eigentlich auch notwendig, wenn man so (eine) Aufgabe hat. Daß man weiß, also mit welchen neuen Aufgaben (die Unterstellten konfrontiert werden), daß man sich eher damit beschäftigt und tiefgründiger sich damit beschäftigt als die (unterstellten) Mitarbeiter. Sonst ist das irgendwie nicht gerechtfertigt, wenn man so eine Stelle hat. Und (man muß als Vorgesetzter) die Aufgaben, ... an die Mitarbeiter herantragen und sie mit einzubeziehen ... wenn jetzt irgend welche Sachen festzulegen waren, Arbeitsweisen und Entscheidungen, wenn ich mich (als Leiter zu DDR-Zeiten) damit beschäftigt hatte und mir meine Meinung gebildet habe, habe ich mich immer mit den Mitarbeitern zusammengesetzt, die diese Arbeit jetzt unmittelbar machen und die ja speziellere Kenntnisse hatten als ich, mein Wissen konnte ja im Prinzip immer bloß Überblickswissen sein ... Es oblag natürlich mir, diese Entscheidung zu treffen, ... (aber) ich habe die anderen (Mitarbeiter) immer mit einbezogen." (5/2/876/956)

Die Interviewten mit Führungsverantwortung definieren ihre Rolle als Vorgesetzter über ihr Fachwissen und ihre Bereitschaft zur Übernahme von Verantwortung. Zwar müsse die Führungskraft auf das Detailwissen der Unterstellten zurückgreifen. Trotzdem reiche eine bloße Delegation von Aufgaben an die Unterstellten nicht aus. Der Führungskraft obliege es, die Entscheidungen zu treffen. Das geschilderte Selbstverständnis erinnert an Prinzipien der Leitung, wie sie in der Leitungswissenschaft der DDR vertreten wurde: „Die Leiter müssen sich in ihren Entscheidungen konsequent auf die kollektive Beratung stützen, bleiben aber für die Konsequenzen der Entscheidung voll persönlich verantwortlich." (Ladensack 1981: 29) Auch die Betonung „sich praktisch als einer von den anderen" zu fühlen, weist Ähnlichkeit mit dem in der DDR vertretenen Prinzip der „unmittelbare(n) Verbindung der Tätigkeit der Leiter mit dem Fühlen, Wollen, Denken und Handeln der Werktätigen" auf (ebenda: 79).[62]

Das Anknüpfen an DDR-Zeiten dient den Führungskräften zur Verdeutlichung ihres Anspruchs, fachlicher und menschlicher Ansprechpartner

---

62 Zu den Leninschen und Stalinschen Leitungsprinzipien, zur „Dualität" der fachlichen und der politischen Leitung und zum „Leitbild" des sozialistischen Leiters vergleiche auch Stölting (1971).

für ihre Unterstellten zu sein. Allerdings schränken die Interviewten ein, daß ihnen die Umsetzung, im Vergleich zu DDR-Zeiten, nur teilweise gelinge:

> „... nicht mehr so (jeder so) aus sich (her-)ausgeht wie vorher, so habe ich mich dann natürlich auch als Leiter verhalten. Die hatten manchmal auch gesagt: ‚Du bist ja komisch geworden' ..." (5/2/876/901)

Amtsleiter, Abteilungsleiter und Gruppenleiter betonen, daß sich ihr Verhältnis zu den Unterstellten im Vergleich zu DDR-Zeiten distanziert habe. Zum Teil sei man für die Unterstellten „... der Chef, was ... (man) gar nicht so will" (7/1/658/692). Trotz dieser Einbußen betonen die Führungskräfte, sich einen Teil ihrer Tugenden bewahrt zu haben:

> „... das Verhältnis (zum Vorgesetzten) ... ist ... hier eigentlich noch sehr ostdeutsch, ... nicht so distanziert ..." (42/1/849/963)

> „... (im) Unterstelltenverhältnis wird sich in der Richtung einiges weiterhin ändern, ... wie es im Westen gang und gäbe ist." (46/1/553/570)

Bereits zu Zeiten der DDR habe man als Führungskraft Wert auf ein kollegiales Verhältnis zu den Unterstellten gelegt. Die interviewten Führungskräfte heben eine auch heute praktizierte Nähe im Umgang mit den Unterstellten durchweg als positiv und erstrebenswert hervor. Zumindest einen Teil dieser Nähe habe man sich davon bewahrt. Der Kontrast mit dem Bild der Kollegen aus den alten Bundesländern dient, wie schon gezeigt wurde, der Beschreibung des kollektiven Selbstbildes: Die Vorgesetzten dort seien distanzierter zu ihren Unterstellten, man selbst sei im Unterschied dazu weniger distanziert. Die begrifflichen Muster der partiellen Anknüpfung an Führungstugenden aus DDR-Zeiten und der Abgrenzung gegenüber dem Bild der Führungskraft aus den alten Bundesländern sind verbunden: Das schon zu DDR-Zeiten praktizierte kollegiale Verhältnis zu den Unterstellten und auch die eigene fachliche Nähe zu den Aufgaben und Tätigkeiten der Unterstellten möchte man sich auch für die Zukunft bewahren. Allerdings schätze man die Chancen hierfür gering ein. Man befürchte eine Angleichung an das Bild, das man von der Führungskraft aus den alten Bundesländern zeichnet.

5.4 Die Sicht der Unterstellten auf das Verhältnis zum Vorgesetzten

Einige Studien, die das Verhältnis von Vorgesetzten und Unterstellten in öffentlichen Verwaltungen untersuchen, ordnen ihre Befragten jeweils der einen oder der anderen Gruppe zu (z.B. Beckers/Jonas 1994a). Ein Befragter ist dann entweder Vorgesetzter oder Unterstellter. Dieses Vorgehen ignoriert, daß es sich jeweils um wechselseitig eingenommene Rollen handelt. Auch ein Unterstellter kann für einen anderen Mitarbeiter die Rolle des Vorgesetzten einnehmen, ebenso wie umgekehrt mit Ausnahme der Führungsspitze einer Organisation jeder Vorgesetzte seinerseits auch Unterstellter ist. Der Begriff des „Unterstellten" bezeichnet also keine Gruppe von Personen sondern ein spezifisches Verhältnis. In diesem Kapitel werden die Deutungen des Verhältnisses zum Vorgesetzten aus der Perspektive der Unterstellten herausgearbeitet.[63] Im Zentrum stehen dabei die Ansprüche, die die Unterstellten an ihre Vorgesetzten stellen. Die begrifflichen Muster, die den Unterstellten zur Verdeutlichung dieser Ansprüche dienen, werden rekonstruiert. Bezugspunkt der Unterstellten ist das Bild des Vorgesetzten zu DDR-Zeiten und das Bild des Vorgesetzten in den Verwaltungen der alten Bundesländer.

Wir sind gewohnt, daß der Chef sich um unsere Probleme kümmert

Wie in Kapitel 5.3 gezeigt wurde, betonen die Vorgesetzten, für ihre Unterstellten ein kompetenter fachlicher Ratgeber sein zu wollen. Der Anspruch der Vorgesetzten an sich selbst deckt sich in dieser Hinsicht mit den Erwartungen, die auch ihre Unterstellten an sie richten. Die Unterstellten betonen, daß die Vorgesetzten für ihre Probleme offen sein sollen:

> „Ich möchte ... (einen Vorgesetzten) haben, mit dem ich reden kann über bestimmte Probleme, die hier anstehen." (3/1/944/954)

> „Wenn ... (der Vorgesetzte) eben auch nicht sofort eine Antwort weiß, (er) macht ... sich schlau, berät ... sich ..." (12/1/587/589)

Die Unterstellten müssen sich in neue oder stark modifizierte Verwaltungsabläufe einarbeiten. Noch sind diese Aufgaben für sie nicht zur Routine geworden. Gerade in dieser Situation ist der Wunsch nach einem kompetenten Ratgeber als Vorgesetzten nachvollziehbar. Die Unterstellten betonen, die Zugänglichkeit des Vorgesetzten aus DDR-Zeiten gewohnt zu sein. Damals habe der Vorgesetzte, wenn er nicht sogar die Entscheidung traf, sich doch zumindest selbst um die Probleme der Mitarbeiter gekümmert:

> „... (zu DDR-Zeiten) war der Stadtrat auch eine Person, die genügend Respekt hatte, ob beim Bürger oder beim Mitarbeiter. Aber (es) ... war eben nicht so, daß man gleich zu (den) Knien gefallen ist ... Aber es gibt heute (so) die(se) Tendenz ... (Aber unser Dezernent) ist eine Seele von Mensch, ich sage das nicht, weil er Vorgesetzter ist ... Was der sich alles auflädt, obwohl der eigent-

---

63 Dies können die befragten Sachbearbeiter, aber auch Gruppenleiter, Abteilungsleiter und im Prinzip auch Amtsleiter sein, soweit sie das Verhältnis zum Vorgesetzten thematisieren. Allerdings äußern sich die Amtsleiter 1992, im Unterschied zu 1996, noch nicht zu ihrem Verhältnis zu ihren Vorgesetzten.

lich sagen müßte, ‚paß auf, da müssen Sie sich da und da hin wenden'. Nein, Sie können testen, wenn Sie heute hingehen, heute ist zu und der ist da, der nimmt sie sogar ran. Sie können bei ihm alles loswerden." (45/2/89/100)

Das Bild des Stadtrates zu DDR-Zeiten beschreibt, ebenso wie das des Dezernenten, einen idealen Vorgesetzten: Ein Vorgesetzter solle weder zu seinen Unterstellten noch zu den Bürgern eine Distanz schaffen, die ihn vor deren Sorgen und Problemen abschirme. Den Unterstellten dient das Bild der Führungskraft zu DDR-Zeiten als positiver Horizont. Vor ihm lassen sich die Erwartungen, die sie an einen Vorgesetzten stellen, verdeutlichen. Zugleich werden vor diesem Hintergrund auch die heutigen Enttäuschungen beschreibbar. Positive Beispiele, die es dennoch auch heute gibt, wie der eigene Dezernent, werden zu Ausnahmen erklärt. Das begriffliche Muster, das die DDR-Zeiten als Hintergrund benutzt, um die heutigen Verhältnisse zu beklagen, wird aufrechterhalten:

„... (zu DDR-Zeiten) ist bloß der Chef anders mit (uns) umgegangen ... der hat sich ... (um unsere Probleme) gekümmert, ..." (43/1/707/715)

Habe sich zu DDR-Zeiten der Vorgesetzte um die Probleme der Unterstellten gekümmert, so sei dies heute anders. Die Unterstellten kritisieren in erster Linie die Spitze der Hierarchie, ihre Amtsleiter:

„... ihn (den Amtsleiter) interessiert nicht, wie das läuft ... Ich finde, ein Amtsleiter sollte sich mit allem beschäftigen, sollte überall wissen, was wo läuft, wo es Probleme gibt und daß die Leute Probleme haben." (40/1/759/841)

„Er (der Amtsleiter) versucht auch nicht, irgendwo mal ... sich ... reinzufinden, was denn nun in seinem Amt eigentlich los ist ... Wenn ich dem aus dem Wege gehen kann, dann mache ich das auch." (26/1/384/441)

„Mit dem ... (Amtsleiter), das geht nicht! ... man steht letztlich immer irgendwo alleine da. Man spricht immer irgendwo ... gegen eine Wand." (26/1/358/382)

„... er (der Amtsleiter) ist jederzeit bereit zuzuhören, ... ja, aber man spürt, daß er eben die fachlichen Voraussetzungen nicht hat, und im Prinzip sagt man sich dann, ... ‚da braucht man nicht hingehen'..." (10/1/487/515)

Die Unterstellten sind von ihren Amtsleitern überwiegend enttäuscht. Sie betonen, daß es ihren Amtsleitern häufig an der für nötig erachteten Offenheit für die Probleme der Unterstellten fehle. Und selbst wenn es zu einem Austausch mit dem Amtsleiter komme, so trage dieser nicht zur Lösung ihrer fachlichen Probleme bei, da die Amtsleiter sich nicht im erforderlichen Maß mit verwaltungsspezifischen Sachverhalten auskennen. Auch mangelndes Engagement und zu seltener Kontakt zum Amtsleiter wird von den Unterstellten beklagt:

„... (daß) der Amtsleiter sich nicht durchsetzen kann ... den Eindruck hat man manchmal ..." (26/1/698/709)

„Man kann auch zum Amtsleiter gehen. Er ist immer, ... eigentlich recht aufgeschlossen. Nur ... so ganz doll bemüht er sich nicht ..." (40/1/759/841)

„... außer der Dienstberatung ... ist man sich selbst überlassen mit allen Problemen und allen Entscheidungen, die so anstehen ... Es kommt also vor, daß wir eben tagelang gar keinen Kontakt haben zum Amtsleiter ..." (45/2/61/83)

„... hier so unter den Kollegen (sagt man) immer: Er (der Amtsleiter) ist ja nie da ... wenn man ihn braucht ..." (42/1/512/542)

Die Unterstellten fühlen sich häufig mit ihrer Verantwortung alleingelassen. Sie betonen, daß ihnen Vorgesetzte, die sämtliche Verantwortung nur an sie abschieben, ohne sie bei ihrer Aufgabe zu unterstützen, keine Hilfe seien. Die Unterstellten vergleichen dabei ihre heutige Situation mit DDR-Zeiten:

„Wir waren das früher nicht so gewöhnt (von uns aus zu entscheiden). Und wir sind auch noch nicht so in der Lage, ... frei ... zu entscheiden." (13/1/449/454)

„Wir hatten damals (zu DDR-Zeiten) nicht die Verantwortung; für uns haben andere entschieden ... Aber wenn wir jetzt Fehler machen, das trifft uns ja direkt." (21/1/207/261)

„... ehe ich es dem Bürger gebe, frage ich doch lieber mal ... (den Vorgesetzten) ... es ist wahrscheinlich doch die Angst, irgend etwas Verkehrtes zu sagen ... Weil wir das an und für sich nicht so gewöhnt waren, man hat sich (zu DDR-Zeiten) mehr auf die Entscheidungen des Leiters verlassen können." (6/2/24/48)

Zu DDR-Zeiten sei man es gewohnt gewesen, Entscheidungen mit den Vorgesetzten abzustimmen. Auch haben die Vorgesetzten die Entscheidungen häufig selbst getroffen. Allerdings habe man sich damals auf die Fachkompetenz des Vorgesetzten verlassen können, denn dieser habe letztlich die Verantwortung getragen. Heute seien die Unterstellten hingegen trotz ihrer eigenen fachlichen Unsicherheit in erster Linie auf sich allein gestellt. Hilfe bei fachlichen Entscheidungen sei zumindest von den Amtsleitern nicht zu erwarten. Noch beklagen die Unterstellten sich nicht über zuviel Eingriffe seitens ihrer Vorgesetzten oder über eine mangelnde Berücksichtigung ihrer Vorstellungen, vier Jahre später wird dies anders sein. Die Delegation von Verantwortung durch ihre Amtsleiter wird von den Unterstellten 1992 nicht als Freiraum für eigenständiges Handeln, für den man dankbar sei, beschrieben. Die Wahrnehmung der Unterstellten ist eine andere: Sie empfinden es vielmehr als ein „Abschieben von Verantwortung", das sie überfordere.

Anders als die Sachkompetenz und das Engagement der Amtsleiter beurteilen die Unterstellten die mittlere Leitungsebene. Im Vergleich mit den Gruppenleitern und Abteilungsleitern tritt die Unzufriedenheit mit den eigenen Amtsleitungen um so deutlicher hervor:

„... den Amtsleiter brauchst du nicht ... fragen. Wenn was zu klären ist, dann ... mit der (Abteilungs-)Leiterin ... man geht ihm (dem Amtsleiter) möglichst aus dem Wege, weil das echt auch nichts bringt." (26/1/358/382)

„... wenn wir da irgendwie Schwierigkeiten haben, gehen wir zum Gruppenleiter oder zum Abteilungsleiter. Also wir versuchen schon möglichst das alles auch irgendwie gesetzlich zu begründen ..." (14/1/357/367)

Die Unterstellten betonen: Gruppenleiter wie Abteilungsleiter setzen sich für die Belange der Unterstellten ein. Sie entsprechen dem Wunschbild des Vorgesetzten als kompetenter Ansprechpartner, wie man es aus DDR-Zeiten gewohnt sei. Die Unterstellten bedienen sich des Bildes des Vorgesetzten zu DDR-Zeiten als ein Gegenhorizont, von dem sie ihre Erwartungen an einen Vorgesetzten ableiten und ihre Amtsleiter kritisieren. Sind die Unterstellten selbst, zum Beispiel als Führungskräfte der mittleren Ebene, in der Doppelrolle als Unterstellter und Vorgesetzter, dann dient die Kritik an den Amtsleitern zugleich der Hervorhebung des Selbstbildes: Im Unterschied zu den Amtsleitern sei man selbst der kompetente Ansprechpartner für die Probleme der Unterstellten.

Man ist vorsichtig, weil man Angst hat, auf die Straße zu fliegen

Wie in Kapitel 5.3 gezeigt wurde, heben die Interviewten aus der Perspektive als Vorgesetzter die Wichtigkeit menschlicher Nähe zu den Unterstellten hervor. Sie knüpfen dabei an DDR-Zeiten an: Sie seien es nicht anders gewohnt. Zugleich grenzen die Vorgesetzten das Bild, das sie von sich zeichnen, von dem des kühlen und distanzierten Vorgesetzten ab. Dieser sei vor allem in den alten Bundesländern zu finden.

Im folgenden wird gezeigt, daß auch die Unterstellten sich auf das Bild eines menschlich zugänglichen Vorgesetzten beziehen, den sie aus DDR-Zeiten gewohnt seien: Darin, so betonen die Unterstellten, unterscheiden sich auch ihre Vorgesetzten von den Kollegen in den alten Bundesländern. Anders als die Vorgesetzten schränken die Unterstellten allerdings dieses Bild der Nähe ein: Die Sorge um den eigenen Arbeitsplatz lasse sie selbst vorsichtig im Umgang vor allem mit den Amtsleitern sein.

Die Unterstellten betonen, daß eine Nähe zwischen Vorgesetzten und Unterstellten in der eigenen Verwaltung üblich sei und nutzen das Bild der Verwaltung in den alten Bundesländern als Kontrast: Dort sei das Verhältnis zwischen Vorgesetzten und Unterstellten distanzierter:

„Bei denen drüben (in den alten Bundesländern), ... ist ... jemand (etwas besonderes) ... , der ganz oben (ist), ... Bei uns ist das alles noch (anders). Die (Führungskräfte) kommen ja ... im Prinzip ... erstmal noch aus der selben Gruppe ... Da ist jetzt ein Dezernent, den hab ich vorher als Kollegen gehabt oder irgendwo so in ... (dieser) Richtung. Die sind ja nicht jetzt über diese jahrelange Beamtenlaufbahn erstmal bis dahin gewandert, die sind ja sofort rein ... Das mag welche geben, die sich dann aufspielen, als wären sie es schon immer. Das liegt dann an der Person. Aber so normalerweise werden sie nicht so als der langgewachsene Vorgesetzte akzeptiert wie vielleicht im Westen und die Distanz ... wird aber auch (in den alten Bundesländern) von vornherein ... zwischen den Mitarbeiterstufen so gewahrt. Das ist (dort) üblich." (42/1/750/777)

Die Führungskräfte in der eigenen Verwaltung seien häufig aus den eigenen Reihen gekommen, zum Teil kenne man sich noch aus Zeiten, als sie in weniger prononcierten Positionen waren. Eine Distanz habe sich deshalb im Unterschied zu den alten Bundesländern noch nicht entwickeln können. Auch aus der Perspektive der Unterstellten dient den Interviewten das Bild von den distanzierten Führungskräften „drüben" als Kontrast für die Beschreibung des eigenen Verhältnisses zu den Vorgesetzten.

Die Unterstellten betonen, daß sie eine gewisse menschliche Nähe im Umgang des Vorgesetzten mit ihnen schätzen:

„... (der Dezernent) ist ein Wessi. Er hat das ganze Dezernat ... eingeladen, was die anderen vorher nicht gemacht haben, ... zu einer kombinierten Dienst- und Freizeitparty ... und er ist von Tisch zu Tisch gegangen und hat sich mit den Mitarbeitern unterhalten, nicht nur über (die) Arbeit, aber auch über das Private. Das fand ich persönlich unheimlich kollegial. Er versucht, die Menschen zu verstehen, nicht nur in ihrer Tätigkeit in der Dienstzeit sondern auch privat." (29/1/447/468)

Daß gerade eine Führungskraft aus den alten Bundesländern Wert auf einen Kontakt zu den Unterstellten legt, der über das rein Dienstliche hinaus geht, stößt auf Verwunderung. Fügt es sich doch zunächst nicht in das Bild der auf Unnahbarkeit bedachten Führungskraft aus den alten Bundesländern. Doch das Bild muß deshalb nicht revidiert werden. Die Führungskraft aus den alten Bundesländern, die wider Erwarten Wert auf eine gewisse Nähe zu den Unterstellten legt, kann zur lobenswerten Ausnahme erklärt werden. Das begriffliche Muster, das den eigenen Führungskräften eine größere Nähe zu den Unterstellten zuschreibt als den Kollegen in den alten Bundesländern, wird wieder bestätigt.

Nutzen die Interviewten das Bild der Vorgesetzten in den alten Bundesländern als Abgrenzung, so knüpfen sie zugleich an die DDR-Zeiten an. In der DDR sei eine menschliche Nähe zwischen Unterstellten und Vorgesetzten üblich gewesen:

„... die Kafferunde zum Frühstück, per du mit dem Abteilungsleiter, ... war üblich ... Ich komme aus einem Großbetrieb, da war das kollegiale Du üblich." (42/1/750/777)

„Also ich kann nur sagen, daß wir uns vor der Wende im ganzen Bereich, ob es der Stadtrat war oder der Mitarbeiter war, wir waren alle per du ... Ganz logisch, Brigadeausflüge, Krankenbesuche ... Geburtstagsfeiern, dann ist man im Prinzip in einem anderen Umfeld ... (Und) ich muß ... ganz ehrlich sagen, ...

wie vielerorts behauptet wird ... (und) auch in den Medien nachzulesen ist, bei einigen Verfassern westlicher Prägung ..., daß das schädlich ist, können wir also nicht aus unserer Arbeitswelt (ableiten) ..." (45/2/42/54)

Als Indikator für Nähe wird heute von den Unterstellten das Duzen gewertet. Das Duzen zwischen Vorgesetzten und Unterstellten sei zu DDR-Zeiten in Betrieben wie staatlichen Verwaltungen verbreitet gewesen.[64] Auch gesellige Anlässe im Kreis der Kollegen haben einen Umgang zwischen Mitarbeitern unterschiedlicher hierarchischer Stufen gefördert, der über das rein Dienstliche hinausging. Von den Unterstellten wird dies heute als Zeichen einer zu DDR-Zeiten üblichen größeren Nähe zwischen Vorgesetzten und Unterstellten gewertet. Die Unterstellten verbinden das begriffliche Muster der Anknüpfung an die Nähe zu DDR-Zeiten mit dem der Abgrenzung vom Bild des distanzierten Vorgesetzten, wie er in den Verwaltungen der alten Bundesländer zu finden sei. Im Unterschied zu den Verwaltungen „drüben" habe man sich einen Teil der Nähe zwischen Vorgesetzten und Unterstellten bewahrt. Dies wird von den Interviewten positiv bewertet. Argumentation und begriffliches Muster ist aus der Selbstbeschreibung der Vorgesetzten bekannt (vgl. Kapitel 5.3).

Deutlicher als aus der Perspektive des Vorgesetzten wird aus der des Unterstellten der Unterschied zu DDR-Zeiten hervorgehoben. Anders als früher sei man heute vorsichtig im Umgang mit dem Vorgesetzten:

„Früher konnte man dem Vorgesetzten auch mal sagen: ‚also das gefällt mir überhaupt nicht' ... Wenn ich jetzt zu meinem Amtsleiter gehe, würde ich mir erstens ... ganz genau überlegen, wann ich was sage, wie ich was sage und was sich sage. Ich vermute mal nicht, daß der Amtsleiter mir dafür die Haare ausreißt ... aber es ist eben doch in der Hinsicht ... ein anderer Umgang miteinander. Man ist irgendwie vorsichtig ... und manchmal traue ich mich noch nicht wieder richtig, aber ich denke ... es kommt wieder, so wie das alles wieder ordentlich läuft und ich dann nicht ständig in der Angst sitze, daß ich nicht doch jeden Moment auf die Straße fliege ..." (40/1/759/841)

Die Unterstellten betonen ihre Vorsicht insbesondere im Umgang mit dem Amtsleiter. Sie müssen erst erproben, wie offen sie im Umgang mit Vorgesetzten sein dürfen. Ihre Unsicherheit stellen die Unterstellten in einen Zusammenhang mit ihrer Sorge um den Arbeitsplatz. Man wolle nicht durch eine unbedachte Äußerung die Sicherheit des eigenen Arbeitsplatzes gefährden:

„Die meisten sagen ja auch nichts ... weil sie Angst um den Arbeitsplatz haben, ... Früher haben viele mehr gesagt ..." (43/1/795/825)

---

64 Innerhalb der Parteiorganisation der SED beim Rat der Stadt Frankfurt (Oder), der das Gros der Beschäftigten angehörte, waren „Genosse" und „Du" übliche Formen der Anrede, innerhalb der Gewerkschaftsorganisation „Kollege" und, zumindest mit den Kollegen des direkten Umfeldes, ebenfalls das „Du".

„... eigentlich bin ich der Meinung, wenn ich jetzt meinem Arbeitgeber mitteile, dieses und jenes ist nicht in Ordnung, müßte er mir dankbar sein ..." (43/2/74/82)

„... mir (schlägt in der oberen Leitungsebene) ein Stück Unehrlichkeit entgegen und damit kann ich nicht umgehen ... Ja, ich habe da auch Schwierigkeiten, mit dieser Hierarchie umzugehen, muß ich ganz ehrlich sagen. Ich habe da meinen Stand noch nicht gefunden ... „ (11/1/914/922)

„Also mit sehr viel, mit noch größerer Vorsicht als jetzt (bei diesem Interview) würde ich meinem Amtsleiter begegnen: ... er ist für mich nicht faßbar, ich kann ihn nicht (richtig) einordnen ..." (11/1/836/891)

Besonders den Amtsleitern begegne man seit der Wende mit Vorsicht, wisse man doch – noch – nicht, welche Kritik möglich und welche unangebracht sei. Der neue Umgang mit dem Vorgesetzten und seine Regeln für Offenheit und Distanz müssen erst erlernt werden.

„... manchmal wäre man in der Lage, eine Aussage zu treffen. Man trifft sie nicht, weil man Angst hat, daß man dann die Kompetenzen überschreitet. Das ist ... dieses Zaghafte, ... man riskiert nicht allzu viel. Das ist auch eine Erscheinung der freien Marktwirtschaft, daß . ... jeder ein bißchen um seine Arbeit Angst hat, um seinen Arbeitsplatz." (29/1/202/217)

Im Vergleich zur heutigen Vorsicht im Umgang mit den Vorgesetzten erscheinen die DDR-Zeiten im Rückblick als sorgenfrei. Die Angst vor dem Verlust der Arbeit ist neu. Sie hat auch einen realen betrieblichen Hintergrund: Bereits 1992 werden in der untersuchten Stadtverwaltung die ersten Stellen „abgebaut" (vgl. Kapitel 4.3). Zu DDR-Zeiten ließ der fast unbegrenzte Kündigungsschutz die Sorge vor Arbeitslosigkeit gar nicht erst aufkommen (vgl. Lepsius 1994). Ein schlechtes Verhältnis zum Vorgesetzten konnte einen schlimmstenfalls um die „Prämie" oder die nächste Beförderung bringen.

Die Unterstellten betonen, daß der Umgang mit dem Vorgesetzten zu DDR-Zeiten eingespielter gewesen sei. Man wußte, wie weit man gehen konnte:

„Ich sehe darin so eine kleine Fortführung, weil unsere Leiter, ... die waren im Prinzip SED-zugehörig, die mußten (das) halt sein und die Zugehörigkeit hat ihnen bestimmte Sachen aufgezwungen, die sie machen ... mußten – wie auch immer, will ich nicht bewerten – und dadurch ist schon so ein Abstand gekommen, ... also ich hab mich da eher zurückgezogen ... Ich hab damals mehr Mut ... zum Ausreizen gehabt als ich ihn jetzt habe unter der Arbeitssituation." (11/2/598/608)

Im Unterschied zur Perspektive der Vorgesetzten wird die DDR-Zeit aus der Sicht der Unterstellten nicht als bar jeglicher Distanz erinnert. Einen Abstand zum Vorgesetzten, der von einigen Interviewten auch mit der Loyalität der „Kader" zur SED in Verbindung gebracht wird, habe es auch zu DDR-Zeiten gegeben. Allerdings sei man damals mit den Regeln im Umgang mit den Vorgesetzten vertraut gewesen. Heute hingegen kenne man die Regeln nicht.

Die Unterstellten benutzen, wie ihre Führungskräfte, das Bild von den distanzierten Führungskräften in den Verwaltungen der alten Bundesländer, um die eigene Nähe zwischen Vorgesetzten und Unterstellten herauszustellen. Auch sie knüpfen dabei an die DDR-Zeiten an: Man sei es von damals gewohnt, daß das Verhältnis zwischen Vorgesetzten und Unterstellten sich auch auf die persönliche Ebene erstrecke. Diese menschliche Nähe schätze man auch heute. Deutlicher als aus der Perspektive der Vorgesetzten weisen die Unterstellten jedoch auf die Grenzen der Offenheit hin: Insbesondere den Amtsleitern gegenüber sei man vorsichtig. Schließlich wolle man nicht durch ein unbedachtes Wort die Sicherheit des eigenen Arbeitsplatzes gefährden.

5.5 Unter Kollegen

Dieses Kapitel untersucht das Selbstverständnis der befragten Kommunalverwalter, das diese im Umgang miteinander haben, wenn sie sich in der Hierarchie der Verwaltung auf gleicher Ebene befinden. Es werden dabei zwei Vergleichshorizonte, die die Befragten für die Beschreibung ihres kollektiven Selbstbildes benutzen, aufgezeigt: Zum einen die Erfahrungen aus DDR-Zeiten und zum anderen das Bild, das sie sich von dem Umgang der Kollegen in den Verwaltungen der alten Bundesländer gemacht haben. Die Erinnerung an DDR-Zeiten dient den Interviewten als Hintergrund für die Deutung ihres heutigen Verhältnisses zu den Kollegen: Damals sei dieser Kontakt enger gewesen. Auch habe man sich mehr geholfen. Die heutige Situation wird dagegen als eine beschrieben, in der man stärker zwischen Dienstlichem und Privatem trennen müsse. Die Hilfsbereitschaft habe abgenommen und die Konkurrenz unter Kollegen zugenommen. Als einen zweiten Kontrast, vor dem sich ihr Selbstbild im Umgang miteinander abhebt, benutzen die Interviewten das Bild der Kollegen in den Verwaltungen der alten Bundesländer: Dort trennen die Beschäftigten stärker zwischen beruflicher und privater Sphäre, der Umgang sei distanzierter und stärker von Konkurrenz geprägt. So sei es in der eigenen Verwaltung noch nicht. Vor dem Hintergrund des Bildes der Verwalter „drüben" knüpfen die Interviewten nun an die kollegialen Beziehungen zu DDR-Zeiten an: Einen Teil der damals üblichen Hilfsbereitschaft und Wärme habe man sich erhalten.

Diese Kollegialität, die man zu DDR-Zeiten hatte, die ist nicht mehr

Bevor der Bezug der Interviewten auf die DDR-Zeiten dargestellt wird, soll ein kleiner Exkurs zur Bedeutung des Arbeitskollektivs in der DDR vorangestellt werden. In der DDR bildeten die Kollegen eines Arbeitszusammenhangs sogenannte „Arbeitskollektive". Das Arbeitskollektiv sollte die „Grundzelle der Sozialstruktur der sozialistischen Gesellschaft" darstellen und zur Ausprägung „sozialistischer Persönlichkeiten" beitragen (Glodde/Henning 1980: 30f., 5)[65]. Die zwischen den Mitgliedern eines Arbeitskollektivs sich entwickelnden Beziehungen sollten dabei „(...) nicht nur arbeitsfunktioneller, sondern auch moralischer, politisch-ideologischer und geistig-kultureller Art (...)" sein (ebenda S.73). Die Förderung von Gemeinschaftlichkeit im Arbeitskollektiv war somit in der DDR Bestandteil offizieller Politik (vgl. Roesler 1994). Die Leitungsebene, die betriebliche Parteiorganisation und vor allem die Gewerkschaftsgruppe, die sich in der Regel mit dem Kreis der unmittelbaren Kollegen deckte, förderten Gemeinschaftsaktivitäten: Diese reichten von regelmäßigen Mitgliederversammlungen über freiwillige Gemeinschaftsarbeit, dem Besuch kultureller Veranstaltungen bis zu Kollektiv- und Betriebsfeiern. Ein spezieller „Kultur- und Sozialfond" stellte die finanziellen Mittel dafür bereit. Als „sozialistisches Leben" waren Gemeinschaftsveranstaltungen fester Bestandteil von Programmen, wie zum Beispiel dem „Kampf" um den Titel des „Kollektivs der Sozialistischen Arbeit", die mit Prämien gefördert wurden. Eigens geführte Brigadetagebücher dokumentierten die Aktiväten in den Kollektiven.[66]

Zu DDR-Zeiten waren rund zwei Drittel der Beschäftigten der untersuchten Kommunalverwaltung Mitglied der Parteiorganisation der SED.[67] Sie gehörten der sogenannten „Grundorganisation" beim Rat der Stadt Frankfurt (Oder) an. Diese war in einzelne „Abteilungsparteiorganisationen" unterteilt. Neben regelmäßigen Mitgliederversammlungen fanden Schulungen statt (vgl. auch Kapitel 4.1). Für das Gemeinschaftsleben bedeutender waren jedoch die Gewerkschaftsgruppen. Im Prinzip waren zu DDR-Zeiten alle Beschäftigten der untersuchten Stadtverwaltung Mitglied der Gewerkschaft. Damit waren sie einer der 20 Gewerkschaftsgruppen zu-

---

65 Dies gilt auch für die Kollektive der staatlichen Verwaltung, vergleiche Tripoczky (1968: 9).
66 Zur Geschichte des Brigadetagebuchs vergleiche auch: Märkisches Museum (1994).
67 Die Angabe zum Organisationsgrad beruht auf eigenen Berechnungen. Quellen: Brandenburgisches Landeshauptarchiv, Signatur: Rep. 732 IV E7 / 145 / 348, 1986, Sozialistische Einheitspartei Deutschlands, Bezirksleitung Frankfurt (Oder), Bericht über die Partei- und massenpolitische Arbeit der Grundorgansiation beim Rat der Stadt Frankfurt (Oder), Januar 1986, S.156. Stadtarchiv Frankfurt (Oder), Signatur II.1.6908, Betriebskollektivvertrag, vereinbart zwischen dem Rat der Stadt Frankfurt (Oder) und der Betriebsgewerkschaftsleitung, 1985, S.31.

geordnet.[68] In ihrer Aufteilung entsprachen sie in etwa den Ratsbereichen. In der Stadtverwaltung Frankfurt (Oder) nahmen diese Gruppen zwar selbst nicht am Kampf um den Titel „Kollektiv der Sozialistischen Arbeit" teil.[69] Doch auch ohne diesen Wettbewerb zeugen die Brigadetagebücher von den vielfältigen Gemeinschaftsaktivitäten dieser Gruppen:[70] Diese reichten von offiziellen Feierstunden wie zum Beispiel anläßlich des Tages der Republik oder des 1. Mai, welche teilweise auch mit Ehrungen verdienter Kollegen verbunden wurden, über gemeinsame Theaterbesuche zum Beispiel anläßlich des Internationalen Frauentages, über freiwillige Einsätze zur Erdbeer- und Apfelernte, Ausflüge in die Natur, Besichtigung von Betrieben oder Museen, bis zu gemeinsamen Kegelabenden, Gartenparties und Weihnachtsfeiern.

Die Interviewten beziehen sich in ihren Erinnerungen an die DDR-Zeiten nicht auf die Ideologie jener Zeit sondern auf konkrete Erfahrungen erlebter Gemeinschaftlichkeit:

„Also ich denke schon, daß es in den DDR-Kollektiven, ... also ein wesentlich ... familiärerer intimerer Zusammenhang war. Man hat also wesentlich mehr, ich habe immer mal so manchmal auch Späßchen gemacht, also (es gab) so ein(e) Notgemeinschaft im Sinne von, daß man auch viele, viele Sorgen hatte, die gemeinsam lagen, weil man also dieses oder jenes nicht hatte und nicht bekommen konnte ... Man hat also nicht administrativ verordnet den 7. Oktober gefeiert oder so, man hat ihn einfach zum Anlaß genommen, um meinetwegen im Kollektiv zusammenzusitzen und auch seine Späßchen zu machen. Also von daher war nicht alles, was da stattgefunden hat an Freundlichkeiten untereinander zwangsweise, sondern es hat einfach funktioniert. Und man muß es schon so sagen, jeder war sich damals nie selbst der Nächste. Also es kam selten vor, daß also die Ellenbogen breit gemacht wurden und man so sein eigenes Ego ins Zentrum gestellt hat. Sondern damals war die Zeit eben noch so, daß man gelassen in den Tag gehen konnte. Vieles war gesichert, vieles war geklärt, vieles war auch vorausbestimmt, ohne daß ich das jetzt bewerte. Es war eben halt so,

---

68 Vergleiche den Betriebskollektivvertrag 1985, S.32. Ebenda (S.26) findet sich auch ein Hinweis auf den Kultur- und Sozialfond und auf „Kultur- und Bildungspläne" der Gewerkschaftsgruppen (S.23). Die Angabe zum gewerkschaftlichen Organisationsgrad beruht auf Expertengesprächen. Quelle: Stadtarchiv Frankfurt (Oder), Signatur II.1.6908, Betriebskollektivvertrag, vereinbart zwischen dem Rat der Stadt Frankfurt (Oder) und der Betriebsgewerkschaftsleitung, 1985, S.32.

69 Diese Angabe beruht auf Expertengesprächen. Vergleiche hierzu aber auch Roesler (1994) sowie die Ordnung über die Verleihung und Bestätigung der erfolgreichen Verteidigung des Ehrentitels ‚Kollektiv der sozialistischen Arbeit', Gesetzblatt der DDR, 28. Juli 1978.

70 Vergleiche das Brigadetagebuch Rat der Stadt Frankfurt (Oder), Abteilung Wohnungspolitik und Wohnungswirtschaft, 1979 - 1982; Brigadetagebuch Rat der Stadt Frankfurt (Oder), Bereich Oberbürgermeister, 1. Stellvertreter, Kultur und Bildung, Instrukteurabteilung, 1982-1989 sowie das Brigadetagebuch Rat der Stadt Frankfurt (Oder), Gewerkschaftsgruppe Innere Angelegenheiten (Quelle: Stadtarchiv Frankfurt (Oder), Signatur II.1.7546, 1979 - 1984, Rat der Stadt Frankfurt (Oder), Gewerkschaftsgruppe Innere Angelegenheiten).

daß man relativ sicher den Tag leben konnte bei allen Problemen mit der Realität." (39/1/833/999)

Die Interviewten betonen das „kollektive Unterleben" der offiziellen Gemeinschaftsaktivitäten in der Arbeitssphäre der DDR, wobei sie seine lebensweltliche Durchdringung hervorheben (vgl. auch Schmidt 1995, Goffman 1973). So haben aus Sicht der Interviewten die offiziellen Anlässe einen Rahmen für eine durchaus willkommene „Geselligkeit" geboten. Man habe nicht „verordnet" mit den Arbeitskollegen gefeiert, sondern sei gerne zu den Brigadeabenden gegangen. Zusammen mit der Sicherheit des Arbeitsplatzes habe dies die Kommunikation und Hilfsbereitschaft im Kollegenkreis gefördert.

Die Interviewten beschreiben, daß zu DDR-Zeiten der Austausch der Arbeitskollegen auch über private Themen verbreitet und die Grenzen zwischen Privatem und Dienstlichem häufig vermischt gewesen seien. Allerdings sind in den Interviews Anekdoten selten, die den Mißbrauch der Arbeitszeit zu privaten Zwecken beschreiben; darunter fallen zum Beispiel Mängel in der privaten Versorgung, die durch „Einkaufstrips" (1/2/53/132) während der Arbeitszeit ausgeglichen wurden, oder Kontakte zu den Arbeitskollegen, um doch endlich die lang ersehnte „Rauhfasertapete" (39/2/240/266) zu organisieren. Offenbar sind derartig „lebensweltliche Überformungen der Arbeitswelt" (Woderich 1992: 27f.) den Interviewten heute eher peinlich, werfen sie doch ein ungünstiges Licht auf eine ansonsten stark betonte Leistungsbereitschaft (vgl. Kapitel 5.1).

Zu DDR-Zeiten veranstaltete Gemeinschaftsaktivitäten im Kollegenkreis werden von den Interviewten als weitgehend unpolitische Ereignisse erinnert. Sie werden heute wehmütig vermißt, wobei die Interviewten den fehlenden Zusammenhalt und die mangelnde Wärme zwischen den Kollegen in der eigenen Kommunalverwaltung beklagen.[71] Das Bild der DDR-Zeiten dient den Interviewten als Hintergrund, vor dem die heutige Wirklichkeit für sie beschreibbar wird. Das begriffliche Schema ist dichotomisch konstruiert: Sei der Kontakt unter den Kollegen zu DDR-Zeiten familiärer, wärmer und ausgelassen gewesen, so wird er heute entsprechend als distanzierter, kälter und reservierter beschrieben:

„Es ist eine gewisse größere Distanz doch da als früher." (28/1/351/453)

„Ja, das gibt es noch, daß man sich privat unterhält, ein bißchen über die Vergangenheit beziehungsweise über (das) Familienleben. Aber (nicht mehr) so tiefgründig wie früher ..." (2/2/448/453)

„An den persönlichen Problemen, die jetzt jemand hat, ... (ist) man weniger ... berührt ... als früher." (5/2/618/728)

---

71 Auch Interviewte aus anderen Bereichen, wie zum Beispiel Beschäftigte in Industriebetrieben oder Sparkassen, äußern sich ähnlich (vgl. Schmidt 1995: 311 und Rogas 1993: 119).

Die Interviewten betonen, daß sich das Verhältnis der Kollegen untereinander im Vergleich zu den DDR-Zeiten distanziert habe. Seltener als früher rede man heute über Privates. Insbesondere der Umgang mit Kollegen des weiteren Arbeitsumfeldes habe sich distanziert:

> „Ja eigentlich hat sich das so ein bißchen alles auseinandergelebt. Ich meine, früher war das eine Abteilung ... (jetzt) spricht man (zwischen den Abteilungen) miteinander dienstlich ... aber so das Verhältnis untereinander, das kollegiale, das ist eigentlich nicht mehr da. Daß man halt eben auch ... private Kontakte untereinander hatte." (26/1/508/519)

Als Indiz für die Zunahme von Distanz werten die Interviewten eine deutlichere Trennung von Arbeits- und Privatssphäre. Sie machen dafür die Angst um den Arbeitsplatz verantwortlich. Diese lasse einen im Umgang mit den Kollegen vorsichtiger sein als noch zu DDR-Zeiten:

> „Obwohl es auch vorsichtiger ist, jeder hat eben auch irgendwo im Hinterstübchen, es geht mir genauso, die Angst! ... so ganz aus der Reserve läßt sich keiner holen ... Man gibt sich nicht so generell (den Kollegen) preis, um vielleicht nicht doch mal nachher (eine) herbe Enttäuschung zu (erleben) ... Es gibt genügend Arbeitslose ..." (11/1/766/774)

Das Verhältnis zu den Kollegen habe sich abgekühlt und auch die Hilfsbereitschaft und der Zusammenhalt habe sich im Vergleich zu DDR-Zeiten verändert:

> „Es ist anders geworden, jetzt ist jeder (sich) selbst der Nächste." (6/1/517/794)

> „Aber das ist auch nicht mehr so, daß ‚Einer für Alle, Alle für Einen'." (21/1/207/261)

Die Interviewten betonen: Wie die Nähe sei auch die Hilfsbereitschaft und der Zusammenhalt zu DDR-Zeiten stärker ausgeprägt gewesen. In der sozialwissenschaftlichen Forschung wird die ausgeprägte Kooperation in der Arbeitssphäre der DDR auch als „Betriebsgemeinschaft" (Gensior 1992: 273ff.), „Arbeitsgemeinschaft" (Schlegelmilch 1995: 38) oder „Notgemeinschaft" (Senghaas-Knobloch 1992: 300f., Edeling 1991: 92) bezeichnet. Es bildete sich ein System informeller Beziehungen, gegenseitiger Verpflichtungen und Arrangements: Rottenburg spricht von „Komplizenschaft" (1992: 250) und Voskamp und Wittke von einem „Planerfüllungspakt" (1990: 24f.), der unterschiedliche Beschäftigtengruppen verband. Mit seiner Hilfe konnten die durch bürokratische und hierarchische Strukturen sowie staatliche Eingriffe entstandenen Hemmnisse ausgeglichen werden (vgl. Edeling 1992).

Ähnlich, wie bei der beschriebenen Abnahme von Wärme und Herzlichkeit im Umgang miteinander, bringen die Interviewten auch den Rückgang an Hilfsbereitschaft mit der zu DDR-Zeiten nicht gekannten Sorge um den Arbeitsplatz in Verbindung:

> „Ansonsten, diese Kollegialität, die man früher (zu DDR-Zeiten) mal hatte, die ist nicht mehr, weil jeder möchte der Beste sein und möchte damit beweisen, daß er eben derjenige ist, der seinen Arbeitsplatz behalten kann ... Früher, da hat einer mal von sich aus gesagt, ‚mein Gott, natürlich seh ich es ein, da helf ich'... Die Zeiten sind vorbei." (25/1/349/523)

Im Vergleich zu DDR-Zeiten sei man heute vorsichtiger im Umgang mit den Arbeitskollegen. Man habe Angst, daß Fehler oder Schwächen den Arbeitsplatz gefährden könnten (vgl. auch Kapitel 5.4). Auch die Hilfsbereitschaft unter den Kollegen sei zurückgegangen. Die Sorge um den Arbeitsplatz habe Konkurrenz unter den Kollegen aufgebracht.

Auch Kommunalverwalter aus den neuen Bundesländern, die in anderen Studien befragt wurden, heben ihren heutigen Umgang mit den Kollegen von den DDR-Zeiten als Vergleichsdimension ab: Die von Berg, Harre und Möller 1991 befragten Amtsleiter eines Ostberliner Bezirksamtes sprechen beispielsweise von einem eher „kameradschaftlichen Umgang" zu DDR-Zeiten (1992: 116). In anderen Befragungen, die zwischen Mitte 1992 und Anfang 1994 in verschiedenen kommunalen Verwaltungen der neuen Bundesländer und in Ostberlin mit Führungskräften und zum Teil auch mit Kommunalpolitikern und Mitarbeitern durchgeführt wurden, betonen diese, daß das „Konkurrenzdenken gegenüber Kollegen" im Vergleich zu Zeiten vor der Wende zugenommen habe (Beckers/Jonas 1994a: 92f., Berg/Nagelschmidt/Wollmann: 1996: 244, Wollmann/Berg 1994: 265f.).

Anders als im „Westen": mehr Wärme, Zusammenhalt und Geborgenheit

Neben dem Verweis auf DDR-Zeiten dient den interviewten Kommunalverwaltern auch das Bild von den Verwaltern in den alten Bundesländern als weitere Kontrastfläche für die Beschreibung ihres Verhältnisses zu den Arbeitskollegen:

> „Also ich glaube, das ist eben typisch für die DDR gewesen, die vielen Freundschaften, und was sind wir abends weggegangen und ... (haben uns) nach Feierabend gerade noch zusammen getroffen ... Also ... die nach dem Westen dann weggegangen sind, sehr viele, die sagen: ‚Also auf Arbeit eine Distanz, mit denen (in den alten Bundesländern) kommst du nicht persönlich gut (aus). Du kannst mit denen sehr gut oder auch weniger gut auskommen, das ist immer unterschiedlich, aber nach Feierabend ist Schluß'... Privat ist privat und da lassen sie sich überhaupt nicht reingucken." (42/1/849/963)

Die Attribute der eigenen Gruppe und die, die den Verwaltern aus den alten Bundesländern zugeordnet werden, bilden ein begriffliches Muster. Dieses ist dichotomisch konstruiert. Sind die Kollegen „drüben" im Umgang miteinander distanziert und trennen strikt zwischen Berufs- und Privatsphäre, so ist man selbst im Umgang mit den Kollegen offener. Das Bild von der sozialen Wirklichkeit in den Verwaltungen der alten Bundesländer dient den Interviewten als Kontrast, von dem sich ihr Selbstbild abheben kann. Dies geschieht ungeachtet der Tatsache, daß Kollegen aus den alten Bundesländern in der eigenen Verwaltung, selbst in Führungspositionen, nur sehr selten anzutreffen sind (vgl. Kapitel 4).

Persönliche Nähe und Kooperationsbereitschaft sind zwei Aspekte, die von den Interviewten häufig verknüpft werden. Nicht nur die Distanz, auch die Hilfsbereitschaft und der Zusammenhalt untereinander seien bei ihren Kollegen in den alten Bundesländern schwächer, Konkurrenz hingegen stärker ausgeprägt:

„Daß eben doch so ... dieser Zusammenhalt ... der Kollegen untereinander anders ist als (in den Verwaltungen der alten Bundesländern) ... mehr Wärme, Zusammenhalt, Geborgenheit ..." (12/1/528/536)

Anders als beim Vergleich mit den DDR-Zeiten hebt sich das Bild, das die Interviewten vom Umgang der Kollegen in der eigenen Verwaltung beschreiben, vor dem Hintergrund der Verwalter „drüben" positiv ab.

Ein bißchen Kollektivgeist besteht schon noch

Die kommunalen Verwalter betonen, daß innerhalb der Arbeitsgruppen der Austausch von Wissen und die gegenseitige Hilfsbereitschaft üblich seien:

„Also hier ist schon ein reger Austausch ... an Kenntnisse(n) ... So daß man sich austauscht, sich abstimmt, wenn man unsicher ist, daß man noch mal mit anderen darüber spricht. Also hier hab ich nicht das Gefühl, daß hier jemand auf seinen Erkenntnissen sitzen bleibt, also die verheimlicht ..." (1/2/53/132)

„Also ... (in) unserer Abteilung hier ... (sind wir) eine gute Truppe oder ein gutes Team ... daß (man) sich wirklich gegenseitig hilft ..." (27/1/146/161)

„... also das wäre wirklich nicht machbar in unserer Abteilung, wenn dieser Zusammenhalt nicht wäre und dieses ganze kameradschaftliche Verhalten zueinander ... Man muß sich gegenseitig vertreten können. Wir müssen uns oft austauschen ..." (12/1/200/211)

In einer Zeit, in der vielen Kommunalverwaltern noch das nötige Wissen und die Erfahrung in der Anwendung der Verwaltungsvorschriften fehlt, sind diese in ganz besonderem Maß auf die Kooperation, Hilfsbereitschaft und den Austausch von Wissen im Kollegenkreis angewiesen (vgl. Kapitel 5.1). Die Furcht vor Fehlern bei Verwaltungsentscheidungen begünstigt das Herausbilden von kleineren Kreisen, in denen man sich „aufeinander verlassen kann". Durch Verbindlichkeiten und Vertrautheiten mit den direkten Arbeitskollegen kann sich auf diese Weise eine Atmosphäre relativer Sicherheit entwickeln. In dieser traut man sich nachzufragen, hier tauscht man sich aus und öffnet sich auch in privaten Dingen. Die Interviewten heben deshalb besonders die Hilfsbereitschaft und die persönlichen Kontakte zwischen den Kollegen des direkten Arbeitsumfeldes hervor. Sie knüpfen dabei explizit an ihre Erfahrungen aus DDR-Zeiten an:

> „Und wir hatten ein sehr gutes Kollektiv (zu DDR-Zeiten), so der Zusammenhalt untereinander war sehr gut. Und das ist jetzt hier auch in unserem Bereich ... ist (das) auch wieder ein sehr gutes Verhältnis. Man hat auch Kontakt nach Feierabend ..." (13/1/242/268)

> „... (zu DDR-Zeiten) war (es) irgendwie persönlicher. Obwohl hier (in der Abteilung), wir sind so, da wird auch nach Feierabend sich gegenseitig besucht ... Aber ansonsten ist es nicht mehr so (wie früher)." (43/1/707/715)

> „Aber in größeren Abständen versuchen wir das dann halt, ... daß man sich dann noch mal trifft, innerhalb der Gruppe ... Also das ist schon mal da. Es ist zwar nicht mehr so intensiv wie (zu DDR-Zeiten) ..." (11/2/223/256)

> „Ich persönlich sage, ja ... wir haben uns ein Stück (Kollektivgeist) erhalten. Wir machen, ich sage mal, früher gab es Brigadefeiern, wir haben mit dem Stamm der Belegschaft (gefeiert) ..., Gartenfest, Frauentagsfeier, haben wir noch zusammen gesessen, ..." (7/2/40/57)

> „... ein bißchen Kollektivgeist besteht schon noch ... (die) Weihnachtsfeiern, die von den einzelnen Abteilungen organisiert werden, das läuft schon noch. Aber ich glaube ... wenn ich (es) so vergleiche mit meiner früheren Tätigkeit, daß es nicht mehr ganz so ist wie zu DDR-Zeiten. Also der Streß verhindert ja auch, daß man persönliche Kontakte während der Arbeitszeit überhaupt pflegen kann ..." (1/2/31/43)

Als Zeichen der Nähe, die auch heute zwischen den direkten Arbeitskollegen herrsche, werten die Interviewten, daß der Kontakt sich teilweise auch auf Freizeitaktivitäten nach Dienstschluß erstrecke. Auch pflege man, zumindest innerhalb der Arbeitsgruppen, eine nun allerdings „von unten" organisierte Gemeinschaftlichkeit. Die Interviewten deuten ihr heutiges Verhältnis zu den Kollegen als eine „Erbschaft" aus DDR-Zeiten: Zwar sei der Kontakt unter den Mitarbeitern nicht mehr ganz so eng wie damals. Auch die Hilfsbereitschaft habe abgenommen. Doch habe man sich trotz Arbeitsbelastung und der latenten Sorge um den Arbeitsplatz einen Teil der aus DDR-Zeiten gewohnten Kollegialität und Wärme, zumindest im Kreis der direkten Kollegen, bewahrt:

> „Bei uns ist der Umgang auch noch so wie früher. Also wir sind ziemlich schnell per du gewesen ..." (40/1/590/675)

> „Wir gehen dann auch halt abends mal weg und sagen, jetzt ist der Zeitpunkt gekommen, (daß) wir uns abends irgendwo mal treffen. In der Gaststätte oder mal im Garten zum Grillen oder halt mal so eine richtige Kollektivfeier machen

... (Das) haben (wir) uns auch nicht nehmen lassen ... Das ganze Amt ist ja ein Team, ... was zusammenhalten soll." (15/1/294/334)

Sowohl die früheren Gemeinschaftsaktivitäten wie auch die damals übliche Anredeform des „Du" werten die Interviewten im Rückblick als Indizien für ein zu DDR-Zeiten weniger distanziertes und stärker gemeinschaftliches Verhältnis zwischen den Kollegen.[72] Etwas von diesem Zusammenhalt und dieser menschliche Nähe habe man sich bewahrt und darin unterscheide man sich auch heute von den Kollegen in den Verwaltungen der alten Bundesländer:

„Aber trotzdem würd ich einfach mal ganz keck behaupten, diese Beziehungen (zu den Kollegen) haben doch etwas nachgelassen, wobei die Bindung ... sicherlich noch viel stärker (ist) als im Westteil Berlins oder in den Altbundesländern ... Dieser Zusammenhalt auch in der Privatsphäre der Mitarbeiter ist (in der eigenen Verwaltung) doch zum Teil gegeben." (46/1/426/455)

Sowohl Konkurrenz als auch Distanz im Umgang mit den Kollegen sei „noch nicht" so verbreitet wie in den Verwaltungen der alten Bundesländer. Allerdings sei sowohl die Hilfsbereitschaft als auch die persönliche Nähe in Zukunft bedroht:

„... diese Kumpelhaftigkeit, dieses Verschworensein, ... das wird sich geben hier, das war in der DDR noch Usus ..." (42/1/789/816)

„... und ein bißchen haben wir den Kollektivgeist noch gelassen, weil ansonsten, was man so mitunter so gehört hat in den westdeutschen ... Verwaltungen ..., daß dann einer dem anderen nicht mehr ist, also so weit sind wir noch nicht." (36/1/357/508)

„Das ist eben noch nicht ... (wie in den alten Bundesländern) ... diese Rangeleien um die einzelnen Stellen und Beförderungen. Das ist halt noch nicht da. Das wird sich aber irgendwann einstellen." (28/1/351/453)

„... man muß miteinander auskommen und wir sind wahrscheinlich auch nicht die Typen, die so knallhart mit dem Ellenbogen durchgehen ... (Aber) ich meine, das kann alles noch kommen ..." (21/1/326/350)

Für die Beschreibung ihres Verhältnisses zu den Kollegen benutzen die Verwaltungsbeschäftigten zwei Vergleichshorizonte: Die Erinnerungen an Beziehungen zu DDR-Zeiten und das Bild der Arbeitsbeziehungen der Kollegen in den alten Bundesländern. Beide Horizonte dienen ihnen dabei als Kontrast: Im Vergleich zu DDR-Zeiten seien die Beziehungen zu den Kollegen heute distanzierter und auch die Hilfsbereitschaft habe abgenommen. Im Unterschied zu den distanzierten und konkurrenzhaften Arbeitsbe-

---

72 Innerhalb der Parteiorganisation der SED waren „Genosse" und „Du" die üblichen Anredeformen, innerhalb der Gewerkschaftsorganisation „Kollege", wobei ebenfalls das „Du" sehr verbreitet war, vergleiche auch Kapitel 5.4.

ziehungen „drüben" zeichne man sich durch mehr Kollegialität und Menschlichkeit im Umgang miteinander aus. Beide begrifflichen Muster sind miteinander verschränkt: Der Kontrast mit den DDR-Zeiten wird zur Anknüpfung, wenn das Bild der Kollegen aus den alten Bundesländern als Vergleichshorizont benutzt wird. Nun liegt der Akzent auf den Tugenden, die man sich aus DDR-Zeiten bewahrt habe. Wärme und Hilfsbereitschaft seien allerdings bedroht. Für die Zukunft befürchten die Verwalter eine Angleichung an das Bild, das sie sich von ihren Kollegen in den alten Bundesländern gemacht haben: Eine Zunahme an Konkurrenz und zugleich eine stärkere Distanz in der eigenen Verwaltung.

Doch warum ist den Interviewten so am deutlichen Herausstellen der eigenen Hilfsbereitschaft und Menschlichkeit gelegen? Die Theorie der sozialen Identität geht davon aus, daß soziale Gruppen nach positiven Unterscheidungen zu anderen Gruppen streben (vgl. Kapitel 1). Wie die vorangegangenen Kapitel zeigen, vergleichen sich die Befragten der untersuchten brandenburgischen Kommunalverwaltung mit den Verwaltern aus den alten Bundesländern. Kapitel 5.1. zeigt, daß die Interviewten sich den Verwaltern aus den alten Bundesländern in Bezug auf ihr fachliches Wissen unterlegen fühlen. Sie gleichen dies durch die Betonung der eigenen Nähe zum Bürger aus. Auch das Herausstellen des kollegialen Umgangs und der sozialen Kompetenz im Umgang der Arbeitskollegen miteinander könnte eine solche Funktion haben. Das eigene Selbstverständnis läßt sich auf diese Weise nicht nur negativ – als Fehlen von etwas – sondern auch positiv füllen: Die selbst empfundene Rückständigkeit bei der Durchsetzung des neuen Systems kann ironisch gewendet und zum Zeichen moralischer Überlegenheit der eigenen ostdeutschen Welt werden.

6. Deutungen 1996

6.1 Bilder von sich im Umgang mit dem Bürger

Im folgenden Kapitel wird gezeigt, daß sich das Selbstverständnis der interviewten Kommunalverwalter im Umgang mit dem Bürger nicht verändert hat: Wie schon 1992 betonen die Interviewten auch vier Jahre später, daß das Engagement für den Bürger im Zentrum ihres Selbstverständnisses stehe. Für die Beschreibungen von Selbstbildern sind die kollektiv verwendeten Vergleichshorizonte von entscheidender Bedeutung (vgl. Kapitel 1). Auch 1996 benutzen die Verwalter dieselben Horizonte, um ihr Selbstbild davon abzuheben: Das Bild des distanzierten und nur auf die korrekte Anwendung seiner Vorschriften bedachten Verwalters aus den alten Bundesländern dient den Interviewten als Kontrast, vor dem sich ihr Selbstbild als auf den Bürger orientierte Verwalter positiv abhebt. Wie 1992 knüpfen die Interviewten auch vier Jahre später an DDR-Zeiten an: Die Orientierung auf den Bürger seien sie aus DDR-Zeiten gewohnt. Wie 1992 befürchten die interviewten Verwalter auch 1996 eine zunehmende Angleichung an das Bild, das sie von den Kollegen in den alten Bundesländern haben.

Die Selbstdarstellung als auf den Bürger orientierter Verwalter und die dabei benutzten Vergleichshorizonte formen eine Ordnung wiederkehrender begrifflicher Muster: Sie bilden einen spezifischen Diskurs (vgl. Kapitel 1). Neben dem eben beschriebenen Diskurs, der die eigene Orientierung als auf den Bürger ausgerichteter Verwalter über die Abgrenzung zum Bild des Verwalters aus den alten Bundesländern betont und zugleich an die DDR-Zeiten anknüpft, taucht in den 1996 geführten Interviews erstmals ein weiterer Diskurs auf, wie im zweiten Teil des Kapitels gezeigt wird: Dieser betont die Notwendigkeit, Verwaltungsvorschriften und Distanz gegenüber dem Bürger einzuhalten. Als Ansprüche gehen sie in ein neues Selbstbild der Interviewten ein, das des korrekten und emotional neutralen Anwenders von Verwaltungsvorschriften. Bei der Darstellung dieses Selbstbildes benutzen die interviewten Verwalter einen spezifischen Vergleichshorizont: Die erste Zeit nach der Wende. In dieser Anfangszeit habe man sich zu sehr mit den Bedürfnissen der Bürger identifiziert und zudem die Verwaltungsvorschriften nicht korrekt angewandt. Dies sei nun anders. Die Selbstbeschreibung als korrekter und distanzierter Anwender von Verwaltungsvorschriften und die dabei benutzte Abgrenzung sind neu. Sie werden 1992 noch nicht geäußert. Dennoch hat dieses 1996 erstmals vorgebrachte Selbstbild das des Helfers und Anwalts des Bürgers nicht verdrängt. Die interviewten Verwalter benutzen zwei konträre Selbstbilder und die mit ihnen verbundenen spezifischen Formen der Anknüpfung und Abgrenzung parallel.

Wir sind mehr für den Bürger, nicht so distanziert und formalistisch wie im „Westen"

1992 betonen die interviewten Verwalter ein Selbstbild im Umgang mit dem Bürger, das ihre Orientierung auf die Anliegen der Bürger ins Zentrum stellt (vgl. Kapitel 5.1). Dieses Bild zeichnen die Interviewten auch vier Jahre später. Wie damals dient ihnen auch 1996 das Bild des Verwalters aus den alten Bundesländern als Kontrast, von dem sich ihr Selbstbild abhebt:

„... der Ostverwalter ist, sagen wir mal, ... dem Bürger aufgeschlossener gegenüber, ... und versucht, ... praxisbezogener zu helfen. Das kann aber auch dahin führen, daß manchmal nicht immer das Gesetz ganz eindeutig befolgt wird. Daß man so an der Grenze, den Ermessensspielraum bis nach oben hin ausspielt ... ja, den spielt man aus. Also doch, sagen wir mal, toleranter ist. In dieser Richtung. Und vielleicht auch in einer vereinfachten Form versucht, dem Bürger zu helfen ..." (04/693/1137)

„Aus den Erfahrungen, die ich habe, ich glaube, wir engagieren uns immer noch mehr (für den Bürger). Wir tun immer so, als wenn es unser persönliches ist. Wenn wir uns jetzt für die Leute oder für die Arbeit einsetzen ... Unser Fell ist nicht dick genug ... Man versucht da immer noch was zu ändern (lachen) oder um was zu machen, ja doch ich denke schon, das ist ein Unterschied. Ich meine, es hat jetzt nichts damit zu tun, ich gehe auch immer davon aus, daß auch ... der Westkollege seine Arbeit ordentlich machen wird. Aber die Motivation ist vielleicht ein bißchen anders." (05/1551/1572)

„Wenn ich eine Beamtenausbildung mache, richtig nach der Schule oder was weiß ich, wie im Westen jetzt, dann wachsen die so langsam wirklich in diese Arbeit rein, so wirklich langsam ... (Und) wenn sie dann nachher tätig sind, (werden sie) in verschiedene Bereiche gesteckt ... Die haben im Straßenverkehrsamt, im Sozialamt gearbeitet, als stellvertretender Amtsleiter oder Gruppenleiter, oder sonst irgend etwas. Die haben also viel gesehen und viel gemacht und immer wieder neue Fachgebiete und auch immer mit der Distanz dann rein verwaltungsrechtlich bearbeitet. Wo alles irgendwo distanziert (ist). Und unsereiner, der ist hereingegangen, in die Arbeit. Wir sind Seiteneinsteiger, haben einfach von Verwaltungsrecht überhaupt keine Ahnung gehabt, und haben uns mit der Sache unheimlich identifiziert. Und immer sachbezogen gearbeitet. Immer sachbezogen diskutiert." (03/460/623)

„... (die Verwalter in den alten Bundesländern) sind förmlicher, sie sind nicht so emotional, ... auch nicht so offen, ... (und) auf die ganz konkrete Sache bezogen ,... Wir sehen die Person oft mehr ... so als Menschen, so wie er in der Situation ist, also wir sehen nicht nur dieses Problem, sondern wir gucken einfach ein Stückchen weiter nach rechts und nach links. Und nehmen den Menschen anders (wahr) ... Na, daß man auch so eine andere Beziehung zu dem Bürger hat. Daß man ... sich mehr einläßt, sich mehr kümmert, und auch viel mehr zum Beispiel macht als zum Beispiel ein Kollege, denke ich mal, in den Ämtern ..., die ich da erlebt habe. Weil, es ist dort bei denen (in den alten Bundesländern) anders. Also die sind etwas bürokratischer, also ... machen eben nur dett, watt erforderlich ist, oder, sag mal, das Allernotwendigste, und sind nicht so wie wir. Also wir sind da doch im Herangehen etwas anders ... Ja, auch so mehr mit dem Herz dabei, also so natürlicher. Und wenn man nun eine andere Beziehung hat, also wenn man ihn (den Bürger) auch so ein bissel anders sieht, wie man eigentlich auch so als Mensch selbst ist, dann ... hat man auch einen anderen Zugang, und macht auch mehr, denke ich mal. ... (Ich denke), daß die Kollegen ähnlich sind, so in der Herangehensweise. Also, sie haben ähnliche Ansichten, so, zu dieser Arbeit, und sind da auch sehr offen, und eigentlich auch hilfsbereit, sehr engagiert ... also ich treffe mich zum Beispiel nicht nur mit ihnen (den Klienten, die ich schon länger betreue) hier im Amtszimmer, sondern gehe auch mit ihnen mal in die Gaststätte oder Kaffeetrinken oder mehr nach Hause, ... das würde eben, denk ich mal, so ein Mitarbeiter (aus dem Westen) nicht machen." (08/443/609)

„‚Das ist nicht mein Bier‘, das war zu DDR-Zeiten so ein Begriff, das ist nicht meine Aufgabe, nicht meine Zuständigkeit. Das interessiert mich nicht. Das habe ich persönlich, muß ich aber für mich persönlich sagen, sehr viel ausgeprägter erlebt in den Ämtern ... in Mühlheim, in Charlottenburg, in Berlin, ... Die sagen folgendes: ‚Das ist nicht mein Ding‘. Wenn ich sage, das ist nicht mein Ding, dann ist es doch viel einfacher ... (und) wenn ich mich knallhart an die Vorgaben halte in der Verwaltung, dann kann ich immer sagen, ‚Paragraph x, könnt Ihr nachlesen, ich hab nichts anderes gemacht‘. Das hab ich bisher immer als wohltuend empfunden, daß das nicht nur jetzt hier im Amt, sondern auch zwischen den Amtsbrüdern und -schwestern, daß da immer noch eine große Bewegung möglich war." (10/982/1059)

Die Interviewten betonen: Die Kollegen aus den Verwaltungen der alten Bundesländer seien förmlich und distanziert im Umgang mit dem Bürger. Sie seien durch ihre Verwaltungsausbildung geprägt und deshalb bürokratisch und nur auf die Einhaltung der Zuständigkeiten und Vorschriften orientiert. Sie seien nicht emotional beteiligt und engagieren sich wenig für die Anliegen der Bürger. Das Bild, das die Interviewten von ihren Kollegen in den Kommunalverwaltungen der alten Bundesländer zeichnen, dient mit umgekehrtem Vorzeichen der Zuschreibung der Attribute, die sie für sich in Anspruch nehmen: Sie seien hingegen dem Bürger gegenüber aufgeschlossen, menschlich, versuchen praxisbezogen zu helfen, nutzen ihren Ermessensspielraum für den Bürger, seien emotional beteiligt, engagieren sich für den Bürger, seien hilfsbereit, setzen sich auch außerhalb der Arbeitszeit für den Bürger ein. Die Liste der Zitate wie die der Attribute ließe sich fortführen ohne den Fokus zu verändern: Das Selbstbild ist ein unbürokratischer Verwalter, der flexibel und menschlich auf die Bedürfnisse des Bürgers eingeht. Wie schon 1992 dient den Interviewten auch vier Jahre später das Bild des Verwalters aus den alten Bundesländern als Kontrast für ihr kollektives Selbstbild. Das Selbstbild und das Bild des Verwalters aus den alten Bundesländern bilden ein dichotomisch konstruiertes begriffliches Muster.

Die im Ost-West-Muster vorgebrachten Zuschreibungen, die Attribute der eigenen Gruppe als positiv und gleichzeitig die der Fremdgruppe als negativ bewerten, werden von allen Interviewten benutzt. Zum Teil werden sie als Erfahrungen eingeführt, die man mit Kollegen aus den alten Bundesländern gesammelt habe. Selbst wenn die konkreten Erfahrungen dem Bild widersprechen, können sie als Ausnahmen deklariert und das Bild trotzdem aufrecht erhalten werden. Nur selten distanzieren sich Interviewte explizit von Vorurteilen gegenüber Kollegen aus den alten Bundesländern:

„Mein Bild ist, daß ich also meine, daß es eine(n) tatsächlichen West-Ost-Konflikt (nicht gibt) im Sinne von: westliche Mitarbeiter oder Kollegen sind sehr plakativ, sind sehr starr, sind sehr besitzstandswahrend, sind ... unter Umständen vielleicht auch noch faul und weniger beweglich, na ja. Also dieses Bild, was es ebend gibt, und das zu beschreiben, das ist in mir nicht. Muß ich ganz ehrlich sagen. Weil ich, weil ich mich sehr bemühe, die konkreten Personen erst im Westen, denen ich begegne, mir anzugucken, und da bin ich eben sehr vielen sehr klugen Menschen begegnet, sehr sensiblen Menschen begegnet ... Es gibt auch so, sagen wir jetzt mal, so sensible Wessis ... Also Vorstellungen allgemeiner Natur (hab ich) nicht, ich mache sie immer ... an konkreten Erfahrungen (fest) ... Da gibt es schon so ein paar Experten, aber da ist es auch wieder so, ... es ist, also es ist in mir, und ... das hebt mich, also da sind meine Kollegen auch teilweise anders, reagieren auch anders. Es bringt mich nicht so in Wut. Vielfach ... ich beschreib das mal, ... vielfach amüsiert mich das auch. Es gibt schon Momente, wo ich mich ärgere über deren formales Abarbeiten, ... also wenn Verfügungspunkte zum Beispiel nur in Nuancen von ... kleinen möglichen Fehlern enthalten, wird also der ganze Scheiß auf sehr aufwendigen Verwaltungswegen zurückgeschickt. In der Zeit, wo das also hin- und herläuft, zwischen dem jeweiligen Beamten und der Verwaltung, hätte der Bürger längst eine Information kriegen können. Nur weil irgendwelche kleinen formalen Dinge nicht in der Verfügung stimmen, inhaltlich ist gar nichts auszusetzen, da ist vielleicht der Verfügungspunkt falsch formuliert, oder die Punkte verwechselt worden, weiß der Deibel, und geht der ganze Scheiß hin und her. Solches Festhalten an formalen Dingen, treibt mich zur Wut ... War ein Westverwalter, ist ein Westverwalter, den gibt es. Aber da bin auch ich wieder überzeugt von, daß das mit seiner Person zu tun hat. Und es auch jede Menge Westverwalter geben würde, an dieser Stelle, die da drüber weggucken würden, an dieser Stelle. Die würden selber mit Hand ausbessern und würden die Verfügung zurückschicken. Ich meine, wenn man es ganz genau nimmt, guckt man substantiell hin, hat es mit der Person zu tun und ist kein Westkonflikt, in dem Sinne West-Ost-Konflikt, in dem Sinne. Ja, aber, es ist natürlich verständlich, ich meine, da ist nun so ein Westbeamter ... und der arbeitet das ganz formal ab, und wenn das nicht korrekt vorliegt, wird es nicht vorgelegt ... Und es spielt auch keine Rolle, daß der Bürger seine Informationen dann erst eine Woche später kriegt ... Ich weiß es nicht, ob es typisch ist. Vielleicht ist es typisch. Aber, ich weiß es nicht." (07/408/600)

Der Interviewte betont: Zwar entspreche gerade der „Westverwalter", den er kenne, dem Bild des typischen Verwalters aus den alten Bundesländern. Trotzdem dürfe man die Verwalter aus den alten Bundesländern deshalb nicht generell als kalt, starr, besitzstandswahrend, formal usw. klassifizieren. Dies hieße zu pauschalisieren. In diesem Bild bliebe der einzelne Mensch zu wenig berücksichtigt. Man müsse schließlich den konkreten Menschen betrachten und dürfe sich nicht von Vorurteilen leiten lassen. Eine solche Distanzierung von Stereotypen ist verständlich: Eine offene Klassifizierung würde denjenigen, der sie vorbringt, entblößen. Ist sich der Interviewte dessen bewußt, so ist er bemüht, seine Zuschreibungen nicht in ungeschützter Form vorzubringen. Teun Van Dijk weist im Kontext von Selbstbildern von Eliten wie Politikern, Journalisten und Forschern darauf hin, daß das Leugnen von, bei Van Dijk rassistisch begründeten, Vorurteilen Teil der Selbstpräsentation sein kann (1991: 19).

Die Distanzierung von Stereotypen über andere Gruppen verweist auf die Brisanz, die der Vermittlung von Fremdbildern in Interviewsituationen inhärent ist. Ähnliches wird auch in anderen Studien beschrieben. So stellt Bärbel Möller, die in ihrer Studie über sächsische und brandenburgische Ministerialverwaltungen Führungskräfte aus den alten und neuen Bundesländern zu ihren Selbst- und Fremdbildern befragt hat, fest: „Die Bereitschaft der Befragten, die jeweils andere Gruppe anhand von vorgegebenen Merkmalen zu bewerten, war im Vergleich mit anderen Fragen der Erhebung eher gering vorhanden. Man wollte die andere Gruppe nicht generalisierend bewerten." (Möller 1996, Fußnote 5) Die Offenheit, mit der die interviewten Verwalter, wie aus den vorangegangenen Zitaten deutlich wurde, ihr Selbstbild im Kontrast zum Bild des Verwalters aus den alten Bundesländern beschreiben, ist deshalb überraschend.[73] Vielleicht zeigt sich hier aber auch ein Vorteil weicherer, qualitativer Interviewformen gegenüber in ihren Antwortkategorien restriktiveren Erhebungsinstrumenten.

Fürsorglich, wie schon zu DDR-Zeiten

Die DDR-Zeiten sind der zweite Vergleichshorizont, den die interviewten Kommunalverwalter 1996 wie auch schon 1992 zur Verdeutlichung ihres Selbstverständnisses als bürgerorientierte Verwalter verwenden (vgl. Kapi-

---

73 Bedenkt man, daß die Interviews von einem präsumtiven „Wessi" geführt wurden, überrascht diese Offenheit um so mehr.

tel 5.1). An diese Zeiten knüpfen sie positiv an und betonen, sich die damals übliche Nähe zum Bürger bewahrt zu haben:

„... und ... (die Sorge um den Bürger) ist, glaub ich, bei uns noch so ein bißchen drin ..." (04/1984/2144)

„... ich hab schon früher gelernt, und hab mir auch da sehr viel Mühe gegeben, also, Bürgernähe, das Wort, das hab ich schon in die Wiege gelegt bekommen." (06/804/1013)

„Und ob das jeder so machen würde, da drüben (im Westen), das glaub ich nicht. Das ist auch hier so gewachsen (sich für die Anliegen der Bürger zu engagieren). Also weil man früher ganz einfach viel mehr helfen mußte, sich untereinander, das liegt so ein bißchen daran ..." (08/443/609)

„Auf dem Weg, wo wir uns jetzt befinden, so sind sie hergekommen, und (die Verwalter aus den alten Bundesländern) haben uns immer so ein bißchen belächelt: ‚Na ja, Ihr mit Eurem sozialistischen Gehabe. Dieses ... Behütetsein' ... Äh, ich bin nicht ganz so (wie die Westverwalter)! Weil ein Stückchen ist ja in einem selber auch ein bißchen Charakter. Und irgendwo macht es denn auch halt." (11/1834/2009)

Die Verwalter verweisen auf eine zu DDR-Zeiten übliche Hilfsbereitschaft. Diese übertragen sie auch auf das Verhältnis von Verwalter und Bürger. Sie betonen, daß bereits zu DDR-Zeiten die Sorge um die Anliegen der Bürger im Zentrum gestanden habe. Man sei es deshalb gewohnt, sich um den Bürger zu kümmern, ebenso wie die Bürger von der Verwaltung erwarten, „behütet" zu werden (vgl. Kapitel 6.2). Ihre Orientierung auf die Bedürfnisse und Anliegen der Bürger stellen die Interviewten als eine Erbschaft aus sozialistischer Zeit dar. Diesem Selbstbild halten sie das Bild des distanzierten und kaum um den Bürger bemühten Verwalters aus den alten Bundesländern entgegen. Die Verknüpfung beider Vergleichshorizonte ist aus den Interviews von 1992 bekannt: Die eigene Orientierung auf den Bürger wird von den Verwaltern als positiv und erhaltenswert beschrieben. Darin unterscheide man sich, so betonen sie, von den Kollegen aus den alten Bundesländern – worauf sie stolz seien:

„... das ist für die Kollegen, die das hier also sozusagen betreuen, oder die die Bürger dann eben orientieren oder informieren, für die ist das eben auch eine Streicheleinheit. Das ist so etwas wie ein Stolz auf das, was wir hier haben, im Vergleich zu dem, was es im Westen gibt ... und manchmal ist es auch so, daß es kleine Dinge sind, ... (es) ist ja nicht die Regel, daß Bürger sich bedanken ... für Verwaltungshandeln ... wenn man sich den Menschen annimmt, und sie nicht formal nur abbügelt im Sinne von, ‚ist nicht mein Job, dann müssen Sie sich einen Rechtsanwalt suchen' und das Gefühl entsteht, da machen wir noch ein bissel mehr, als wir eigentlich sollten." (07/1997/2405)

„... es ist sozusagen das Bemühen noch immer da, die Menschen in dieser Stadt auf eine sehr fürsorgliche Art aufzunehmen ... und sie nicht abzuweisen, oder auch sie zu beraten in einem Umfange, der vielleicht auch kürzer zu fassen ist. Und da bemerke ich schon, daß es da noch immer (so ist), und ich sage auch, Gott sei dank, ich finde es gut, die Mitarbeiter sagen, wir können hier nicht nur Dienst nach Vorschrift machen, und eine Beratungseinheit nach drei Minuten abbrechen, egal, ob er es kapiert hat oder nicht, mit dem Antrag da ..." (07/408/600)

„Wir wollen uns das (die Orientierung an den Bedürfnissen der Bürger) eigentlich auch so ein bissel erhalten." (08/443/609)

„Ich möchte bloß, daß sie (die eigenen Mitarbeiter) nicht formalistisch werden ... Daß sie da irgendwie, nicht an den, sagen wir mal, menschlichen Regeln vorbei entscheiden ... Also wenn man alles außer acht läßt, was irgendwie auch noch ein bißchen Empfindsamkeit bedarf, (das) ist formalistisch. Kann ich auch. Also ich kann auch, mich hinstellen, ohne daß mir einer was nachweisen kann, daß ich hier mein Ermessen fehlerhaft ausübe, kann ich mir eine Linie schaffen, und die fahre ich jetzt ohne Ansehen der Person, die da vor mir steht, fahre ich diese Linie. Und das ist Formalismus. Kann ich nicht machen, eigentlich. Ich darf den Menschen nicht außer Acht lassen ..." (03/460/423)

Die Befragten stilisieren sich als „fürsorgliche" Berater der Bürger, die ihre Entscheidungen nicht ausschließlich an den Vorschriften und Richtlinien orientieren sondern auch den „Menschen" dahinter sehen. Eine Haltung, die die Interviewten positiv bewerten und die sie aus ihrer Sicht von den Kollegen in den Verwaltungen der alten Bundesländer unterscheide. Diese Tugenden wolle man sich bewahren. Zugleich seien gerade diese Orientierungen gefährdet:

„... wir haben uns schon viel verändert, Richtung Westen. Obwohl es, wie gesagt, von der inneren Einstellung, sträube ich mich dagegen, aber zwangsläufig muß man es so machen." (02/2399/2424)

„... dort (im Westen ist) das Beamtentum noch ausgeprägter, als es bei uns schon jetzt langsam wird ... Die kommen eben ein bissel später alle und gehen vielleicht ein bissel zeitiger. Also machen nicht ... länger als ihre 40 Stunden, ist mein Eindruck gewesen, da, die Mitarbeiter!" (02/2194/2280)

„Es gibt aber auch Amtsleiter und Amtsleiterinnen, die sich jetzt schon formal auf die Sache beschränken, die die Verwaltung vorgegeben hat. Ist sie nicht vorgegeben, wird sie nicht gemacht ..." (10/982/1059)

„Diese Pingeligen, die Kleinlichen, und wenn die noch so ein Verwaltungsrüstzeug haben, dann sind die eben eine Katastrophe für das allgemeine Wohlempfinden der Menschen untereinander ... Wir entwickeln uns in diese Richtung." (10/1905/1989)

„Ich hoffe nicht, daß wir auch so werden wie der Westen, sage ich immer. Also wie die westdeutschen Beamten, also von der Mentalität her würde ich mich ganz riesig gegen sträuben, alle(s) nur noch nach Aktenlage entscheiden zu müssen oder auf Antrag entscheiden zu müssen, daß man nicht auch mal telefonieren kann. Und mal mit einem reden kann. Also das widerstrebt mir prinzipiell." (02/2339/2362)

Die Interviewten betonen, daß sie auch weiterhin für den Bürger dasein wollen, keinen Dienst nach Vorschrift anstreben und nicht formalistisch werden wollen. Man wolle sich auch für die Zukunft die Empfindsamkeit und Menschlichkeit im Umgang mit dem Bürger bewahren. Obwohl Amtsleiter wie Mitarbeiter diese Aspekte des eigenen Selbstverständnisses als erhaltenswert beschreiben, sind sie skeptisch, den daraus abgeleiteten Ansprüchen auch in Zukunft gerecht werden zu können. Sie befürchten für die Zukunft eine Angleichung an den unflexiblen und formalen und eben nicht mehr auf die Bedürfnisse der Bürger zugeschnittenen Verwaltungsstil, den sie den Verwaltungsbeschäftigten in den alten Bundesländern zuschreiben. Ein Teil dieser Angleichung, so betonen die Interviewten, habe bereits stattgefunden. Wie das Bild von der Verwaltung in den alten Bundesländern dient auch der Entwurf der Zukunft als Abgrenzung: Ganz so sei man noch nicht, befürchte allerdings, sich so zu entwickeln. Dieses Zukunftsbild ist bereits aus den Interviews von 1992 bekannt. Begründet wird die Erwartung des Verlustes der Bürgerorientierung 1996 allerdings nicht mehr, wie noch vier Jahre zuvor, mit einer Perfektionierung in der Anwendung der Verwaltungsvorschriften:

„... (die längeren Gespräche mit den Bürgern) werden wir aber auch fallen lassen müssen. Das ist, das sag ich mal, ist so ein bißchen schade dran, ... daß man wirklich sich dem Arbeitsdruck beugen muß ..." (11/1834/2009)

„Und ja durchaus von Zeit zu Zeit die Anfrage gestellt wird, von der Verwaltungsspitze, ... sind wir nicht zu fürsorglich, bindet das nicht zu viel Personal und Kraft, was ja was hat ... Ich bin (allerdings) ganz froh, daß sich gerade auch die Führungskräfte im Haus das erhalten haben, noch immer, oft jedenfalls. Nicht immer reicht die Kraft aus." (07/1997/2405)

Die Verwalter befürchten, den intensiven Beratungsstil in Zukunft nicht aufrechterhalten zu können. Die Interviewten stellen dies in Zusammenhang mit einer erwarteten Zunahme des Arbeitsdrucks und einer Verknappung des Zeitbudgets; Aspekte, die sie auch schon 1992 anführen.

Aus welchem Grund legen die Interviewten so viel Wert darauf, sich in erster Linie für die Interessen der Bürger einzusetzen? 1992 ließ sich die Stilisierung zum Helfer des Bürgers als Versuch interpretieren, Defizite bei der korrekten Anwendung der Verwaltungsvorschriften zu kompensieren. 1996 werden diese Defizite von den Verwaltern jedoch nicht mehr thematisiert. Vier Jahre zuvor half diese Selbstbeschreibung darüber hinaus, den Vorwürfen der Bürger zu begegnen, umständlich und bürokratisch zu sein. Auch 1996 werden die Verwalter mit diesen Vorwürfen konfrontiert (vgl. dazu ausführlicher auch Kapitel 6.2):

„... uns wird auch Bürokratismus vorgeworfen, von den Leuten natürlich, überwiegend, die ihre Ziele nicht durchgestellt bekommen. Also ihre Wünsche nicht erfüllt werden. Und meistens ist es ja so, und so viele Erfahrungen haben wir ja auch schon mit der Presse gesammelt, werden solche Fälle auch häufig negativ, im Sinne der Verwaltung, der Stadtverwaltung, ausgeschlachtet." (04/1984/2144)

„Möglicherweise ... hat es (die Betonung, sich für den Bürger einzusetzen) auch damit zu tun, daß das allgemeine Image von Verwaltung ja schlecht ist, das wissen sie ja auch, die Kollegen. Und vielleicht ist das auch ihr kleiner, individueller Versuch, gegen dieses schlechte Image anzukämpfen. Indem man eben betont, daß das nicht so ist." (07/1997/2405)

Die interviewten Verwalter bemerken: Unzufriedene Bürger oder auch die öffentlichen Medien werfen ihnen vor, unflexibel und bürokratisch zu sein und sich nicht genügend für die Belange der Bürger einzusetzen. Die Betonung des Engagements für den Bürger läßt sich also auch 1996 als Reaktion auf derartige Vorwürfe interpretieren. Die Betonung eines Selbstbildes, das auf die Darstellung eigener Flexibilität im Umgang mit den Verwaltungsvorschriften und auf die Ausrichtung auf die Bedürfnisse der Bürger Wert legt, wird vor diesem Hintergrund verständlich.

Zusammenfassend läßt sich feststellen, daß sich das Selbstbild der interviewten Verwalter im Umgang mit dem Bürger im Vergleich zu 1992 nicht verändert hat. Wie schon vier Jahre zuvor betonen die interviewten Verwalter auch 1996 ihre Orientierung auf den Bürger, wobei sie dieselben begrifflichen Muster benutzen: Die Abgrenzung gegenüber dem Bild des kühlen und bürokratischen Verwalters aus den alten Bundesländern und die Anknüpfung an eine Bürgernähe und ein Umsorgen des Bürgers, wie man es aus DDR-Zeiten gewohnt sei. Wie schon vier Jahre zuvor bewerten die Verwalter diese Orientierung auf den Bürger als erhaltenswert. Gerade dieses Selbstverständnis hebe sie von ihren Kollegen aus den alten Bundesländern positiv ab. Wie bereits 1992 sehen die Interviewten auch vier Jahre später ihre Orientierung auf den Bürger gefährdet. Sie befürchten für die Zukunft eine Angleichung an das Bild, das sie von ihren Kollegen aus den alten Bundesländern zeichnen.

Gesetze und der Abstand zum Bürger werden eingehalten – dies war anfangs anders

Neben diesem Selbstbild im Umgang mit dem Bürger wird von den Interviewten 1996 erstmals ein weiteres, davon abweichendes Bild gezeichnet: Die interviewten Verwalter beschreiben sich als korrekte Anwender von Verwaltungsvorschriften. Das tun sie 1992 noch nicht. Ihre Sicherheit im Umgang mit den Gesetzen und Verwaltungsvorschriften kontrastieren die Interviewten dabei mit der ersten Zeit nach der Wende. In dieser Anfangsphase habe ihnen das Verwaltungswissen gefehlt, vieles sei entschieden worden, ohne die gesetzlichen Bestimmungen zu berücksichtigen. Dies sei heute anders:

> „Also wir haben nur gerackert wie die Verrückten. Und da sind natürlich auch eine Reihe von Großzügigkeiten entstanden, wo wir vielleicht heute nicht mehr so rangehen würden. Also wir haben wesentlich mehr finanzielle Unterstützung geleistet ... Das würden wir heute nicht mehr so machen." (09/635/645)

> „... ich hab mir eingebildet, weil es alles lockerer war, so ein bißchen, als bei uns, vordem, hab ich mir so eingebildet, man kann in allem großzügig sein, und hab wahrscheinlich auch die erste Zeit dann so ein bißchen lockerer gearbeitet. Hab aber dann gemerkt, daß das gar nicht so ist, daß das auch alles nach Buchstaben und Gesetz geht, trotzdem du auch Ermessen hast, usw. Aber daß das nicht in dem Sinne gemeint ist, daß du nicht vielleicht nachlässiger bist und so. Da hat ich so ein bißchen meine Problem(e). Aber ich hab es dann wieder gepackt." (06/529/543)

Die erste Zeit nach der Wende wird von den interviewten Verwaltern als eine Zeit geschildert, in der eine Reihe von „Großzügigkeiten" gegenüber den Bürgern passiert seien. Dies sei heute anders: Man halte sich nun exakt an die gesetzlichen Bestimmungen. Die Hervorhebung eigener Kompetenz im Umgang mit den Verwaltungsvorschriften ist nicht überraschend. Zwei Jahre nach der Wende war es für die Mitarbeiter noch möglich, Defizite im Verwaltungswissen zuzugeben. Sechs Jahre später geht dies nicht mehr. Mit Hilfe der Abgrenzung gegenüber einer Anfangszeit ist es den Verwaltern möglich, heutiges Verwaltungshandeln als kompetent darzustellen. Sogar neue Anknüpfungen, wie die an die DDR-Zeit, aus der man Kompetenz im Umgang mit Verwaltungsvorschriften gewohnt sei, werden 1996 möglich. Mit dem Hinweis auf die „kontrastierende" Funktion der Anfangszeit soll keine Aussage über den Stand des Verwaltungswissens der interviewten Kommunalverwalter verbunden werden. Dieses zu untersuchen und zu beurteilen ist nicht Ziel dieser Arbeit. Diese Arbeit rekonstruiert die von den Interviewten gezeichneten Selbstbilder. Bedeutsam sind deshalb ihre Selbstzuschreibungen: 1996 charakterisieren sich die Kommunalverwalter als korrekte Anwender von Verwaltungsvorschriften. Das Selbstbild und der von den Interviewten benutzte Kontrast zur Anfangszeit sind neu.

Die Zeit unmittelbar nach der Wende wird nicht von allen Interviewten als eine Phase, in der der Umgang mit den Gesetzen laxer gewesen sei, geschildert. So betonen einige Verwalter, sich bereits in der Anfangsphase exakt an die gesetzlichen Bestimmungen gehalten zu haben, was auch jetzt noch so sei. Allerdings ermögliche ihnen jetzt die inzwischen erreichte Kompetenz im Umgang mit den Verwaltungsvorschriften, Entscheidungsspielräume auszunutzen:

> „... (Ich) war eigentlich knallhart (früher, d.h. nach der Wende). Hab ich wirklich nur nach (dem) Gesetz (entschieden). Im Paragraphen steht es drin, können

Sie gerne nachlesen, und so und so ... (Wir) müssen ... jedes Verfahren rechtfertigen, haben alle so eine Karteikarte im Rechner ... (um) dann nachher unse(re) Entscheidungen auch noch (zu) dokumentieren. Es wurde noch nicht abgefragt, aber immer mit dem Hintergrund, wir müssen es führen, weil, falls es doch mal ... Was ich nicht wirklich vertreten kann, kann ich halt nicht mehr zurücknehmen. Und wenn, ... (dann nur, wenn) wirklich vom Bürger Zugeständnisse oder Nachweise gebracht werden, ... Hauptsache, ich hab was für meine Akte, ... Ja, (diesen Spielraum) hab ich früher nicht, gar nicht (genutzt)." (01/116/436)

Die Interviewten betonen: Einen Entscheidungsspielraum zu nutzen, erfordere spezifisches Verwaltungswissen, und dieses habe man in der Anfangszeit, im Unterschied zu heute, noch nicht gehabt. Wie in der Argumentation oben wird auch hier eine inzwischen erreichte Kompetenz in der Anwendung der Rechts- und Verwaltungsvorschriften hervorgehoben und mit einer Zeit kontrastiert, in der dieses Wissen noch fehlte. Mit Hilfe des Kontrastes zur Anfangszeit zeichnen die Interviewten 1996 ihr neues Selbstbild als kompetente und routinierte Anwender von Verwaltungsregeln. Das dabei beschriebene Selbstbild und der benutzte Vergleichshorizont bilden einen spezifischen Diskurs. Kennzeichnend für diesen 1992 noch unbekannten Diskurs ist die Betonung der eigenen Professionalität in der Anwendung von Verwaltungsvorschriften. Der Vergleich mit den alten Bundesländern dient hier nicht mehr zur Betonung der Unterschiede, sondern wird zum Maßstab der Exzellenz in der Anwendung von Rechtsnormen und Verwaltungsbestimmungen. Man sei inzwischen so kompetent wie die Verwalter in den alten Bundesländern, beziehungsweise sogar noch kompetenter:

„Das verstößt gegen die Gesetzlichkeit, die (Mitarbeiter einer Verwaltungsstelle aus den alten Bundesländern) können herkommen, ... einsehen, ... aber aus der Hand, und denn noch mit der Post, geben, wo immer die Gefahr besteht, daß mal was verloren geht, ja, (das) ist nicht rechtens. Und das haben wir abgelehnt. Ja, und dann ... (drohte die andere Verwaltungsstelle): ‚Wir werden Sie verklagen, usw.' ... ‚Von mir aus, kommen Sie gleich mit dem Staatsanwalt!' Ja, wir haben uns dann noch mal rückversichert, weil wir auch unsicher wurden, natürlich, ja, das ist, ... aus den alten Bundesländern, da ist man ja gewillt, denn doch, sagen wir mal, nur rechtssichere Sachen zu hören. Da haben wir uns mit dem Ministerium noch mal verständigt, in Potsdam, und die haben uns bestätigt, nein, wir haben das so richtig ausgelegt ... Zu jeder ... Zeit sind sie berechtigt, einzusehen, aber nicht, daß wir die (Dokumente) Vorort abgeben. Solche Sachen. Da sind wir dann konsequent." (04/693/1137)

Die – unberechtigte – Forderung einer Behörde aus den alten Bundesländern dient als Beispiel, an welchem eigenes, inzwischen rechtssicher gewordenes Verwaltungshandeln demonstriert werden kann. Die dabei gezeigte Kompetenz im Verwaltungshandeln wird auch durch die verursachte Umständlichkeit des Verwaltungsablaufs nicht in Frage gestellt. Was zählt sei der korrekte Verwaltungsablauf. Und daß man diesen beherrsche, wird sogar im Vergleich zu einer westdeutschen Verwaltung, der man ansonsten einen sicheren Umgang mit Verwaltungsvorschriften zuschreibt, dargestellt. Exaktes Einhalten von Verwaltungsvorschriften wird nun nicht mehr als bürokratisch kritisiert, sondern stolz als Zeichen für die inzwischen erreichte Verwaltungskompetenz präsentiert.

Die interviewten Verwalter weisen 1996 noch auf einen weiteren Aspekt ihrer Rolle hin, den sie vier Jahre zuvor noch nicht beschreiben. Die Angaben der Bürger müssen kritisch hinterfragt werden. Auch hier dient den Kommunalverwaltern der Verweis auf eine Anfangszeit, in der man dieses Mißtrauen gegenüber den Angaben der Bürger noch nicht kannte, als Kontrast, vor dem sich ihr heutiges Selbstverständnis abhebt:

„Man lernt die Leute ... ein bißchen besser kennen ... man kann mit ihnen umgehen. Man weiß, wie sie ... uns (so) untereinander austricksen wollen." (12/143/324)

„Ja aus dieser, sag ich mal, Unwissenheit, die die ganze Sache geleitet hat, ist ja jetzt doch, nicht immer, aber doch, im Überblick, ein Teil Rechtssicherheit geworden ... Man sammelt auch viel Rechtssicherheit über Erfahrung, muß ich auch sagen. Es sind nicht immer die Lehrgänge, die man besucht hat, sondern einfach auch, weil der Bürger, der kommt ... und dann muß ich mich kümmern, ob ich dann will oder nicht ... Aber daß man zahlt, ohne Rechtsbasis, das ist nicht mehr da. Ohne Rechtsgrundlage gibt es, denk ich mal, keine Leistung mehr. Und die Leistungen werden eben mehr hinterfragt. Bevor sie überhaupt geleistet werden ... aber er muß sich hinsichtlich seiner Mithilfe und mit seinen Mitwirkpflichten, da muß er sich schon mehr gefallen lassen ... (was wir) vor ein paar Jahren (noch) nicht gemacht haben." (11/1446/1510)

„Man prüft dieses (die Angaben der Bürger) sehr genau! ... Ja, man prüft, denk ich, genauer nach. Früher hatte man, sag ich mal, ... die Gewährung und wußte zwar, da kommt noch eine Leistung, da ist eine Erstattung anzumelden. Jetzt schiebt man die Möglichkeit ein, zu prüfen, ist es vielleicht auch noch der Rententräger, ist es vielleicht auch noch die Krankenkasse, also die Vorleistungsträger. Das war sicherlich vorher auch Unwissenheit. Also, da denk ich mal, ich will nicht ... sagen, daß man deswegen härter wird, es war auch sehr viel Unwissenheit dabei. Denk ich auch. Man guckt sich aber auch vieles an, ob der Bürger möglicherweise vielleicht arbeiten gehen kann. Warum kann er nicht arbeiten. Also es stellen sich mehr Fragen, und die stellt man auch dem Bürger. Was man vorher nicht gemacht hat ..." (11/119/443)

Die Verwalter betonen: Es sei erforderlich, die Angaben der Bürger kritisch zu hinterfragen. Die Beschreibung des Mißtrauens gegenüber den Angaben der Bürger ist neu. 1992 äußern die Verwalter noch ausschließlich ihr Mitgefühl für die Bürger und heben hervor, daß sie sich soweit wie möglich für deren Anliegen einsetzen. 1996 beschreiben die Interviewten ihren Argwohn, ob die Angaben der Bürger auch richtig seien. Ihre heutige Skepsis kontrastieren sie mit der ersten Zeit nach der Wende. Damals habe man dem Bürger mehr vertraut. Auch der Kontrast, der die Darstellung der Distanz gegenüber dem Bürger begleitet, ist neu. Mit der Figur der Abgrenzung gegenüber der Anfangszeit, in der es aus Gutgläubigkeit häufig zu Fehlentscheidungen gekommen sei, können die Interviewten ihr jetziges Verwaltungshandeln als gewandelt hervorheben. Die Mitarbeiter präsentieren auf diese Weise ihre Kompetenz in der Anwendung von Verwaltungsvorschriften und im Umgang mit dem Bürger.

Ein weiterer Aspekt ihres Selbstverständnisses wird 1996 erstmals eingeführt: Die Interviewten betonen, einen Abstand zu den Bürgern aufgebaut zu haben. Dieser sei nötig, um Entscheidungen zu treffen und schütze sie gleichzeitig vor Überlastung. Die Interviewten beschreiben diese Orientierung als Ergebnis eines Lernprozesses:

> „... (es) hat sich wirklich sehr viel verändert. Man ist gestreßter, wobei, wie ich det jetzt jelernt hab, wenn ich hier rausgehe, laß ich wirklich allet hinter mir. War vorher (in der Anfangszeit) nicht so." (01/116/436)

> „Nun, das kommt dann raus ... Also es gibt schon Sachen, an denen man solche Sachen festmachen konnte. Und das stört einfach dieses Vertrauensverhältnis, was man eigentlich braucht, zum Bearbeiten. Man lernt ... auch, sag ich mal, (sich) ein bißchen zurückzunehmen, ... also man muß da sitzen bleiben, wenn man Sozialhilfe bearbeiten will. Man kann nicht rüberwechseln, von den Gefühlen her, auf die Seite, dann hat man nämlich gleich verloren! ... Dann denk ich, (dann) geht man kaputt hier. Man braucht dazwischen den Abstand. Und wenn der (Bürger) rausgeht, dann ist das erledigt, und man, wenn man meint, man hat seine Beratungstätigkeit gemacht, vernünftig gemacht, dann ist das auch okay. Und man kann nicht jeden, man kann nicht selber das private Portemonnaie aufmachen, manch einer muß auch selber was dafür tun." (11/119/443)

Die interviewten Verwalter weisen 1996 erstmals auf Grenzen im Kontakt zum Bürger hin: Man dürfe sich nicht mit dem Bürger identifizieren. Das Treffen von Verwaltungsentscheidungen erfordere den Abstand zum Bürger, zu seinen Problemen und seinem persönlichen Schicksal. Auch die Bewahrung der eigenen Leistungsfähigkeit mache diese Distanz erforderlich. Im Unterschied zur Anfangszeit halte man heute diesen Abstand zum Bürger ein.

Besonders die Interviewten aus den sozialen Bereichen spezifizieren ihr verändertes Selbstverständnis im Umgang mit dem Bürger noch weiter. Im Vergleich zur Zeit kurz nach der Wende habe sich, so betonen die Verwalter, das Verständnis von Helfen gewandelt. Damals habe man dem Bürger um jeden Preis helfen wollen, habe ihm vieles abgenommen und ihn dabei letztlich auch zur Unselbständigkeit erzogen. Heute sei dies anders:

> „Ja, ich wollte mein Helfersyndrom hier ausleben. (lachen) ... womit man andere Leute, sag ich mal, vielleicht auch lähmen kann. Alles für sie machen, alles für sie regeln, alles organisieren und alles tun ..." (11/1834/2009)

> „Am Anfang war ich eben auch sehr ... hilfebedürftig eingestellt und hab mich immer mehr so in der Verwaltung als graue Maus gesehen: ‚Ich muß helfen'.

Und dieses Helfen müssen, das stelle ich immer mehr zurück. Der Bürger kommt, und er will etwas von mir. So hab ich dagesessen, und gesagt, ‚also paß mal auf, det, det und det kann ich nicht mit meinem,' ich will nicht sagen, mit dem Angebot zurück, aber ich horche erst, und lote aus, was ... (hat) er (der Bürger) zu bieten. Und die ... Aktion(en), die eigentlich mehr vom Bürger kommen müssen, die stelle ich jetzt mehr in den Vordergrund. Auf die hab ich vorher nicht so geachtet. Das heißt, daß er auf seine Selbsthilfe greifen muß, daß er sich kümmern muß. Früher hab ich eben sehr viel Organisation zwischen den Ämtern abgenommen, jetzt muß er (das) schon selber machen. Einfach weil mein Hilfebedürfnis so groß war, daß ich gesagt hab, wieso muß der mit dem Arbeitsamt, wieso muß der da rübergehen, da telefoniere ich, ich bin schneller. Das schiebe ich alles zurück, weil ich denke, ... ich kann ihnen gar nicht (alles) aus der Hand nehmen. Also, dem Bürger alles aus der Hand nehmen, ist keine Lösung ... zu der Erkenntnis kommt man dann auch." (11/119/ 443)

Die Interviewten aus den sozialen Verwaltungsbereichen betonen: Man will den Bürger zur Selbsthilfe animieren. In diesem Diskurs finden sich Elemente, die aus dem öffentlichen Diskurs über den Sinn von Sozialpolitik bekannt sind: So lindere das soziale Netz häufig keine Not, sondern leiste nur dem Mißbrauch von Leistungen Vorschub und blockiere letztendlich die Eigeninitiative der Betroffenen. Die Betonung der Notwendigkeit von Hilfe zur Selbsthilfe ist neu. Neu ist auch die Form der Präsentation dieser Orientierung. Bei der Darstellung der Hilfe zur Selbsthilfe dient den Interviewten 1996 erneut die Figur der Abgrenzung zur Anfangszeit als Kontrast, vor dem sie ihr heutiges Selbstverständnis als ein inzwischen gewandeltes abheben können. Das begriffliche Muster gleicht dem der Hervorhebung ihres distanzierten und auf die korrekte Einhaltung der Verwaltungsvorschriften wertlegenden Umganges mit dem Bürger: In der Anfangszeit habe man dem Bürger alles abgenommen, heute hingegen leite man ihn zur Selbständigkeit an, ja erwarte sogar, daß der Bürger sich um seine Anliegen selbst kümmere.

Die Figur der Abgrenzung gegenüber einer Anfangszeit der mangelnden Rechtskenntnis und der fehlerhaften Verwaltungsentscheidungen ermöglicht es den Verwaltern, sich als inzwischen kompetente Umsetzer von Rechts- und Verwaltungsvorschriften zu profilieren. Das gleiche gilt für die Herausstellung eines inzwischen kritischer gewordenen Umgangs mit den Angaben der Bürger und für die Betonung einer notwendigen Distanz im Umgang mit denselben. Es würde also naheliegen, das noch in den Interviews von 1992 vertretene Selbstbild als Helfer und Anwalt des Bürgers durch das neue Selbstbild des distanzierten und kompetenten Anwenders von Verwaltungsvorschriften zu ersetzen. Wie das vorangestellte Kapitel gezeigt hat, geschieht dies nicht. Auch 1996 heben die interviewten kommunalen Verwalter ihre Orientierung auf die Sorgen und Bedürfnisse der Bürger hervor, wobei sie an die DDR-Zeiten anknüpfen und ihr Selbstbild mit dem Bild des distanzierten und nur die Vorschriften befolgenden Verwaltungskollegen aus den alten Bundesländern kontrastieren. Die Interviewten benutzen beide Selbstbilder parallel: Sie stellen sich sowohl als vom Bürger distanzierte und emotional unbeteiligte Anwender von Verwaltungsvorschriften dar als auch als mitfühlende Helfer und Anwälte des Bürgers. Ein Widerspruch zwischen beiden Selbstbildern wird von den Interviewten nicht thematisiert.

Selbstbilder und die für sie charakteristischen Anknüpfungen und Kontraste bilden spezifische Ordnungen beziehungsweise Diskurse. Beide Diskurse vermitteln die ihnen entsprechenden Ansprüche an einen Umgang mit dem Bürger unabhängig voneinander. Der auf der Abgrenzung gegenüber dem Verwalter aus den alten Bundesländern und der Anknüpfung an die DDR-Zeiten basierende Diskurs vermittelt auch 1996, ebenso wie 1992, das Bild des unbürokratischen Helfers und Entscheiders. Der 1996 erstmals auftauchende Diskurs, der das Bild eines im Umgang mit dem Bürger und den Verwaltungsvorschriften erfahrenen Verwalters betont, bedient sich dabei des Kontrastes mit der ersten Zeit, als mangelndes Verwaltungswissen und eine Identifikation mit den Anliegen der Bürger die Verwaltungsentscheidungen prägten.

Beide Selbstbilder und die mit ihnen verbundenen Diskurse erfüllen spezifische Aufgaben. Das Selbstbild des distanzierten Regelanwenders soll eine inzwischen erreichte Kompetenz im Umgang mit dem Bürger dokumentieren. Das Selbstbild des flexibel und empathisch auf die Bedürfnisse des Bürgers ausgerichteten Verwalters dient dabei, anders als vier Jahre zuvor, kaum noch der Kompensation von Lücken im Wissen um Verwaltungsvorschriften. Allerdings entlastet dieses Selbstbild, 1992 wie 1996, vom Vorwurf, bürokratisch und umständlich zu sein. Die Abgrenzung von den als bürgerfern und formalistisch klassifizierten Kollegen aus den Verwaltungen der alten Bundesländer ermöglicht den Verwaltern, ihr kollektives Selbstverständnis auch 1996 positiv zu füllen.

6.2 Bilder vom Bürger

Kompetenter im Umgang mit der Verwaltung – aber trotzdem hilflos, respektvoll und dankbar

Im folgenden wird gezeigt, wie sich 1996 die Beschreibungen vom Bürger verändert haben. So seien die Bürger inzwischen im Umgang mit der Verwaltung kompetenter geworden. Dennoch wird das bekannte Bild aus den Interviews von 1992 aufrecht erhalten, das den Bürgern aus den neuen im Unterschied zu denen aus den alten Bundesländern Hilflosigkeit und Unbeholfenheit im Umgang mit der Verwaltung zuschreibt.

Die Verwalter unterscheiden die Bürger bezüglich ihrer Kompetenz im Umgang mit der Verwaltung. Der kompetente Bürger sei in der Lage, seine Rechte gegenüber der Verwaltung selbstbewußt einzufordern. Der hilflose Bürger sei hingegen von dem Engagement überfordert, das die Verwaltung von ihm verlange. Beide Bilder sind nicht neu. Sie werden bereits in den Interviews von 1992 beschrieben. 1992 bemerken die Verwalter, daß der Mehrzahl der Bürger aus den neuen Bundesländern das Wissen im Umgang mit der Verwaltung fehle. Vier Jahre später hat sich ihre Beurteilung diesbezüglich verändert: Die Bürger seien inzwischen kompetenter im Umgang mit den Behörden. Dies zeige sich auch daran, daß es die Bürger verstehen, ihren Ansprüchen gegenüber der Verwaltung Geltung zu verleihen:

„... es gibt ..., meine ich, ein deutlicheres Besinnen der Bürger auf solche Instrumente wie Widerspruch, was heißt besinnen, die lernen das! Die besinnen sich ja nicht. Die lernen das. Widerspruch oder Dienstaufsichtsbeschwerden, also so etwas, ist im Verhältnis zu den vergangenen Jahren, deutlicher geworden, ..." (07/1997/2405)

„Was stärker geworden ist, ist natürlich der Angriff ... mit den bekannten Rechtsmitteln, ..." (10/1158/1338)

Die Zunahme an Kompetenz im Umgang mit der Verwaltung wird mit der ersten Zeit nach der Wende verglichen. Damals habe dem Bürger das nötige Wissen in Verwaltungsangelegenheiten gefehlt. Dies sei heute anders. Die Kompetenz des Bürgers im Umgang mit der Verwaltung wird jedoch von den interviewten Kommunalverwaltern nicht nur positiv bewertet: Legen die Bürger gegen Verwaltungsentscheidungen Widersprüche ein, so werden diese als „Angriffe" und wie schon 1992 als Infragestellung der eigenen Verwaltungskompetenz interpretiert. Selbstbewußt für ihre Rechte eintretende Bürger, noch dazu wenn sie durch einen Rechtsanwalt unterstützt werden, ängstigen die Verwalter:

„Oder Schreiben von Rechtsanwälten, die das Wort, oder das, was du geschrieben hast, den Bescheid, den du machen mußtest, weil das nach dem ...-gesetz so gefordert wird, die das völlig verdrehen ... So etwas alles, so was alles, was es vor 89 nicht gab, damit hab ich jetzt eben zu tun. Und damit, das sind so negative Auswirkungen. In der Arbeit ... das belastet mich! ... Weil, das ist etwas, weil, ich müßte mich jetzt langsam daran gewöhn(t)... haben. Hat mich vielleicht die ersten Jahre mehr belastet, als jetzt. Aber, na ja, wenn da ein Rechtsanwalt von vorne bis hinten alles umdreht und ... so etwas gab es ja (zu DDR-Zeiten) gar nicht. Rechtsanwälte durften sich ja gar nicht einmischen ... Es macht schon, im gewissen Sinne etwas mehr Spaß, aber du hast doch auch immer irgendwie die Angst, daß du doch mal einen ganz großen Fehler machst. Den du nicht wieder gut machen kannst ... , daß man dann vielleicht sagt, ‚paß mal uff, du bist hier völlig fehl am Platze, du mußt gehen'." (06/140/281)

Der selbstbewußte Bürger habe es gelernt, seine Rechte gegenüber der Verwaltung einzufordern und bediene sich dabei auch juristischen Beistands. Tatsächlich gibt es strukturelle Veränderungen zu DDR-Zeiten: Gegen Verwaltungsentscheidungen kann heute über einen geregelten Verfahrensweg Einspruch erhoben werden (vgl. Kapitel 2 und 5.2). Die Verwalter befürchten, daß dadurch möglicherweise aufgedeckte fehlerhafte Entscheidungen negative Konsequenzen für sie haben könnten. Dem selbstbewußt auf seine Rechte pochenden Bürger bringen die interviewten Verwalter deshalb, wie schon 1992, kaum Sympathie entgegen. Sie fühlen sich durch ihn in ihrer beruflichen Sicherheit gefährdet. Auch die öffentlichen Medien werden von den Interviewten als Bedrohung wahrgenommen:

„Und man hat geredet und geredet ... Und es (ist) nicht (vom Bürger) verstanden (worden). ... Na ja, (dann hat der Bürger mit der) Zeitung und was weiß ich gedroht ... Und wenn er dann die Presse ranholt, usw. ... wird doch alles ausgeschlachtet." (04/1984/2144)

„Und das ist ... der Unterschied zu jetzt, daß ich da Spielräume habe ... aber, dadurch auch immer in die Mitte gebracht werden kann und auch immer irgendwie öffentlichkeitswirksam sein kann. Auch zu jedem Zeitpunkt, weiß ich nicht, angegriffen werden kann. Oder sagen wir mal, in der Zeitung stehe. Hatte ich ja alles schon ... alles so etwas, womit ich vor 89 nichts zu tun hatte." (06/140/281)

„... weil erstens, über die Fälle, die damals (zu DDR-Zeiten) passiert sind, hat nie eine Presse berichtet. Presse gab es nicht, die negativ war. Heute siehst du in jedem zweiten Bericht in den Nachrichtensendungen und in jeder Zeitung, daß Polizisten sich rechtfertigen müssen für irgendwelche Maßnahmen, die sie ergriffen haben, selber angeklagt werden, oder daß die Polizisten eh in eine rechte Ecke gedrängt werden, unter Umständen auch wirklich rechts sind und deswegen schon nicht glaubwürdig sind und ... daß Straftäter, die sie nun wirklich ermittelt (haben) und (die) festgenommen (wurden), wieder freigelassen werden (lachen) ... also ich würde das alle(s) nicht gerade (als) förderlich für so eine(n) Respekt vor (der) Obrigkeit oder vor der Staatsmacht (halten) ... also ... selbst (eine) Uniform schützt heute nicht mehr vor Angriffen." (03/772/935)

Die Verwalter betonen: Ein wesentlicher Unterschied zwischen der heutigen Verwaltung und der Verwaltung in der DDR liege in der Bedeutung, die den öffentlichen Medien zukommt. Die Verwalter bekunden ihre Sorge, „in die Schlagzeilen" zu geraten. Vergleicht man die Bedeutung der Presse in beiden Systemen, so gibt es strukturelle Unterschiede: In der DDR waren Verwaltungsentscheidungen und auch die Personen, die diese Entscheidungen trafen, nicht mit einer Presse beziehungsweise öffentlichen Meinung konfrontiert, die sie und das Machtmonopol der SED kritisch hinterfragt hätten (vgl. z.B. Lepsius 1994). Wie fiktiv auch die konkrete Bedrohung durch die Presse und wie realistisch auch das Interesse der Medien an speziellen Einzelfällen sein mag, die Interviewten beziehen die unterschiedliche Bedeutung der öffentlichen Medien in beiden Systemen in ihre Darstellung der heutigen Situation ein: Zu DDR-Zeiten seien die Verwaltungsangestellten keinen Angriffen durch die Presse ausgesetzt gewesen. Heute sei dies anders und als Zeichen fehlenden Respektes gegenüber der Verwaltung zu werten. Auch vom Bürger, so betonen die Interviewten, erwarte man Respekt. Und gerade diesen vermisse man heute:

> „... also vor dieser Uniform war bestimmt mehr Respekt. Weil ... also kann ich jetzt nur so (von) mir jetzt sagen, weil dieses ungewisse Gefühl, wenn du dich gegen die Staatsmacht uflehnst, dann weeste nie, wo du dann hinkommst. Also diese Rechtssicherheit, die der Bürger heute hat, die hat man ja nicht gehabt. Ich hab dann immer ein bißchen maues Gefühl gehabt, weil ... man nie wußte, na dann wird dir irgendein ganz minderes Vergehen groß vorgeworfen, und dann landest du (im Gefängnis), kannst dich nicht rechtfertigen, weil irgend jemand anders ganz was anderes sagt. Also ich hab da immer ein bißchen Angst gehabt. Alles, was uniformiert war, war mir nicht ganz geheuer. Ja, und das ging bestimmt vielen Menschen so. Zumal man dann auch so unter der Hand ... gehört hat, dem einen ist es so gegangen. Selbst wenn man nie einen richtigen Anhaltspunkt hatte, aber dieses Gefühl, daß man machtlos ausgeliefert war, dieser Staatsmacht, kam dann schon mal auf ... Also heute gibt es ja kaum noch Respekt ... wenn man schon gegen eine Uniform überhaupt keinen Respekt mehr hat, wo diese Staatsmacht offensichtlich ist, hat man noch weniger Respekt gegen einen Mitarbeiter der Stadtverwaltung, der irgendwo draußen Knöllchen verteilt oder Fahrzeuge blitzt, ... Die haben Angst, unsere Mitarbeiter ..." (03/772/935)

Die Interviewten kontrastieren heutiges Bürgerverhalten mit den DDR-Zeiten. Damals sei der Bürger der Staatsmacht ausgeliefert gewesen. Heute sei dies nicht mehr so. Der Bürger sei heute rechtlich geschützt. Dies wirke sich auf den Umgang des Bürgers mit den Verwaltungsangestellten allerdings so aus, daß heute nicht einmal eine Uniform Schutz vor Angriffen biete.

1992 betonen die Interviewten, daß das Gros der Bürger den Anforderungen, die die Kommunalverwaltung an sie stellt, noch nicht gerecht werde: Es fehle den Bürgern an Erfahrung im Umgang mit der neuen Verwaltung. Die „Masse" der Bürger sei deshalb hilflos und überfordert. Das Bild des „eigenen" Bürgers wird mit dem des verwaltungserfahrenen Bürgers aus den alten Bundesländern kontrastiert. Obwohl die Verwalter 1996 betonen, daß die Bürger aus den neuen Bundesländern im Umgang mit der Verwaltung kompetenter geworden seien, halten die interviewten Verwalter an den Schilderungen der von 1992 bekannten Bilder fest:

> „... ich glaube, daß die Leute (Bürger) ... aus den alten Bundesländern, die kennen das schon fünfzig Jahre lang, die sind damit aufgewachsen, daß die sich gar nicht so dagegen sträuben, die wissen es, wenn sie falsch geparkt haben, das Verwarn- oder Bußgeld hab ich halt zu zahlen, und es ist sicherlich ein ganz kleiner Bruchteil, die sagen, ich fühle mich hier ungerecht behandelt, man muß ja auch mal die Hintergründe sehen, warum, wieso, weshalb? Ne, bei uns schreibt jeder, von zehn ... schreiben acht ..." (01/853/969)

„Also auf alle Fälle, wo ich in Essen war, und die drei Tage da mitgesessen hab, ist ja nun kein Vergleich zu hier. Die paar Hansel, die da kamen. Da ist es nun wieder so, da bringen die Leute ihre Unterlagen mit. Schon kopiert. Die nehmen das immer hin. Ist bei uns nicht der Fall. Ganz selten, daß mal wirklich jemand Unterlagen schon kopiert oder so. Und da wird, na da wird gar nicht so viel gesprochen, oder so Hinweise oder so, das ist da alles schon irgendwo selbstverständlich." (12/143/324)

„... Widersprüche, Dienstaufsichtsbeschwerden ... eigenartigerweise sind es oft Familienangehörige, (die) im westlichen Teil unseres gemeinsamen Landes leben, die wissen damit besser umzugehen. Also gegen die Verwaltung ..." (10/1158/1338)

Die Befragten beschreiben die Bürger aus den alten Bundesländern als kompetente Bürger. Typisch für sie sei ihre in vielen Jahren erworbene Erfahrung im Umgang mit der Verwaltung. So wissen die Bürger aus den alten Bundesländern, was ihnen zustehe und wie sie ihre Forderungen gegenüber der Verwaltung durchsetzen können. Sie seien routiniert im Umgang mit der Verwaltung, was sich zum Beispiel daran zeige, daß sie notwendige Unterlagen gleich als Kopien mitbringen. Auch können die Bürger aus den alten Bundesländern in der Regel abschätzen, wann sich Widersprüche gegen Verwaltungsentscheidungen lohnen und setzen aus diesem Grund Rechtsmittel gegen die Entscheidungen der Verwaltung erfolgreich ein. Auch 1996 bildet das Bild des Bürgers aus den alten Bundesländern den Kontrast zum Bild des „eigenen" Bürgers: So sei der Bürger aus den neuen Bundesländern unbeholfen im Umgang mit der Verwaltung, was sich daran zeige, daß er mit dem Instrument des Widerspruchs noch nicht kompetent umgehen könne. Der hilflose und überforderte Bürger aus den neuen Bundesländern und der im Umgang mit der Verwaltung erfahrene „Westbürger" sind aus den Interviews von 1992 bekannte Bilder. Sie korrespondieren mit den Bildern, die die Verwalter 1992 von sich und von ihren Kollegen aus den alten Bundesländern zeichnen. Die interviewten Verwalter halten trotz des Widerspruchs zur eingangs geschilderten Darstellung, daß auch das Gros der Bürger aus den neuen Bundesländern inzwischen im Umgang mit der Verwaltung kompetent sei, an dem Bild vom hilflosen Bürger fest.

Wie gezeigt wurde, ängstigt der selbstbewußt auf seine Rechte bestehende Bürger die Beschäftigten der Kommunalverwaltung. Sie fühlen sich von ihm in ihrer Kompetenz angegriffen. Er repräsentiert auch noch 1996 eine Verwaltungswelt, der die Interviewten mit Distanz gegenüberstehen. Wie schon vier Jahre zuvor bringen sie dem fordernden Bürger wenig Sympathie entgegen. Dies gelte um so mehr, wenn sein Verhalten mit Unterstellungen verbunden sei, die eine politische Vorbelastung der Verwalter unterstellen:

„Wir haben ... Bürger bei uns, jetzt, die denken nun, die haben (die) große Freiheit, haben wohl möglich etwas auch erreicht, im Rahmen ... nach der Devise: ‚Jetzt müßt Ihr! Jetzt komm ich her, und es muß alles passieren.' Und das ist gerade dieser Personenkreis, der dann, ich sage mal so, versucht, auf den Putz zu kloppen, ja, und seine Meinung durchzusetzen: ‚Ich habe das Recht'. So nach der Devise, und dann fallen auch, wie ich vorhin auch mal sagte, solche Worte noch, die der Vergangenheit angehören sollten ‚rote Socken' oder so etwas ..." (04/1984/1218)

Der Vorwurf der „roten Socke" berührt auch 1996 eine empfindliche Stelle im Selbstverständnis der Kommunalverwalter und wird, wie bereits 1992, vehement zurückgewiesen. Mit der Unterstellung früherer Loyalität zum SED-Regime wollen die Verwalter heute nicht mehr behelligt werden. Die Verwalter betonen allerdings, daß diese Art von Vorwürfen inzwischen eine Ausnahme sei:

„Ja, es ist natürlich auch wieder für den Bürger, der jetzt nicht seinen Wunsch erfüllt (bekommt), der neigt dann zu dieser Tendenz, ... solche Bemerkungen (wie): ‚Na ja, sind ja noch die von gestern, was will man von der roten Socke denn weiter verlangen' ..." (04/693/1137)

„... es kommen manchmal noch solche Spitzen ..., aber es ist doch, sagen wir mal, es hat sich maßgeblich verringert ... Naja, (diese Vorwürfe sind) ... bedauerlich. Sie (die Mitarbeiter) schlucken denn, ja, sie wollen sich damit nicht mehr identifizieren. Weil sie sich ihrer Meinung nach auch, und das muß ich auch, kann ich auch bestätigen, sagen wir mal von diesem alten Image lösen wollen, sie möchten sich der Zeit anpassen, und denken doch, daß sie das auch versuchen und sich bemühen. Nun möchten sie bitte auch von der Vergangenheit in Ruhe gelassen werden." (04/693/1137

„... ‚(von) euch kann man nichts erwarten, kein Entgegenkommen, Ihr seid ja eh alle ‚rote Socken'.' Also das war damals noch sehr viel, aber jetzt hat sich das gelegt. Also die 'rote Socke' hat irgendwie schon so ein bißchen ausgedient, hab ich so den Eindruck, das zieht nicht mehr." (3/274/401)

Die Interviewten stellen fest, daß insbesondere Bürger, die mit der Entscheidung unzufrieden seien, dazu neigen, die Kommunalverwalter mit dem Hinweis auf ihre vermeintlich systemnahe Vergangenheit zu diffamieren. Den Darstellungen der Interviewten zufolge seien derartige Unterstellungen jedoch inzwischen selten geworden; ganz im Unterschied zur ersten Zeit, als die Verwalter noch häufiger mit derartigen Vorwürfen konfrontiert worden seien. Die Interviewten betonen, daß der Vorwurf der „roten Socke" nicht mehr zeitgemäß sei. Man wolle mit derartigen Vorwürfen nicht mehr konfrontiert werden. Das ist allerdings auch schon 1992 so. Bereits damals grenzen sie ihre Situation von einer „ersten Zeit" ab, in der sie mit Unterstellungen, die auf ihre politische Belastung zielen, noch stärker konfrontiert worden seien.

In den Interviews von 1996 wird betont, daß Aggressionen und Anfeindungen seitens der Bürger seltener geworden seien:

„... es passiert ja dann auch, wenn ihnen der Schreibtisch umgekippt wird, ... (das sind) Einzelfälle, muß man ja immer wieder sagen, ... glücklicherweise. Die Aggressionen, die ... (sind) deutlicher spürbar, aber ist ja ... (keine) Massenerscheinung." (10/1158/1338)

„... Vorwürfe (gibt es) eigentlich (von Seiten der Bürger) nach wie vor gegen die Stadt. Aggressiv sind die wenigsten (Bürger). (Da) waren sie früher aggressiver. Aber es gibt eben halt auch noch welche, die am liebsten da mit der Hand denn mal so rüber. Aber das sind Einzelfälle, sind die wenigsten." (01/116/436)

„Also, ich behaupte mal, das hat nachgelassen, diese Diffamierungen von Mitarbeitern, ..." (02/484/740)

„Früher war alles eben sehr emotionsgelanden, ... jetzt wird es schon ein bißchen überlegter, was da vom (Bürger) kommt." (03/274/401)

Wie schon 1992 nutzen die Interviewten auch vier Jahre später den Kontrast zur Anfangszeit, um den inzwischen sachlicheren Umgang der Bürger mit ihren Verwaltern herauszustellen. So betonen die Verwalter, daß es zwar immer noch aggressive Bürger gebe, die seien jedoch Einzelfälle. Das Verhalten der Bürger sei weniger emotional als noch in der ersten Zeit nach der Wende. Dennoch werfen die Bürger den Kommunalverwaltern aber immer noch vor, bürokratisch und umständlich zu sein und sich nicht genug für sie einzusetzen:

„Also ich erlebe es weniger, sozusagen, auch wenn ich hier sozusagen einbezogen werden muß, weniger sozusagen als ein(en) Konflikt, ‚Ihr alten Saftsäcke von früher, da habt Ihr mich schon so behandelt, und jetzt geht das weiter so' ... das ist eher die Ausnahme ... Also eher wird dann vorgeworfen, ‚Ihr seid ja wie die im Westen' ... Na, ja, eben so formal und bürokratisch. ‚Und eine Bürokratie ist das, was wir für Anträge auszufüllen haben'." (07/1997/2405)

„Na, ja, Beamte, dann werden wir ... von solchen Bürgern auch gleichzeitig wieder mit ... dem negativen Image der westdeutschen Beamten (belegt), was so sprichwörtlich ist: ‚Na, ja, kommen zur Arbeit, frühstücken, unterhalten sich ... gehen Mittagessen, bereiten sich auf den Feierabend vor'..." (04/693/1137)

„... man sieht es ja in der Öffentlichkeit, wenn man Zeitung liest, was da alles so drin steht, über die Äm-(ter) ... über die Bürokratie, gut kommen sie nirgendwo weg, ..." (02/276/453)

Den Verwaltern werde vorgeworfen, sich kaum für die Belange der Bürger zu engagieren und so bürokratisch „wie die im Westen" zu sein. Das aus den Selbstdarstellungen der Verwalter bekannte Vorurteilsmuster über ihre Kollegen aus den alten Bundesländern wird hier als Vorwurf der Bürger gegen sie selbst wiederholt. Vor diesem Hintergrund läßt sich das von den Verwaltern gezeichnete Selbstbild eines flexibel auf die Bedürfnisse des

Bürgers ausgerichteten Verwalters als Reaktion auf den gerade entgegengesetzten Vorwurf interpretieren, bürokratisch zu sein und sich eben nicht für die Belange der Bürger einzusetzen (vgl. auch Kapitel 6.1).
Wie schon vor vier Jahren bekunden die Interviewten ihr ausdrückliches Mitgefühl gegenüber den benachteiligten Bürgern, die nicht in der Lage seien, sich ihr Recht zu verschaffen. Diesen Bürgern wollen sie nach wie vor helfen:

„Die (hilflosen Bürger) gehören dazu. Das ist nicht so, daß ich jetzt, sag ich mal, nicht hochnäsig über die hinweggehe, oder so. Ach, er ist da, und der gehört, so, halt, mit Inventarnummer, so ein bißchen so dazu ... Und irgendwo sagt man, ein bissel Mitleid stellt sich ein, ... Man weiß ja dann eigentlich nie, wo der Knick der Karriere angefangen hat. Irgendwo gibt es ja bei jedem vielleicht mal einen Auslöser. Und man kann ja nie für sich selber sagen ..." (11/ 1446/1510)

„Und das fing dann an, mit der Wende, daß alles beantragt werden mußte ... war ja alles neu, jeder mußte sich erst zurechtfinden, das Leben (war) recht hart. Daß man da auch dem Bürger also hinhilft, beim Ausfüllen der Formulare, das bräuchten wir zum Beispiel alles nicht machen. Das ist heute noch so, daß man dann mit ihnen Ämtergänge beläuft, weil sie das alleine nicht packen, oder sagt, ‚hier, da können Sie sich dieses holen oder jenes holen' ..." (08/443/609)

„... über 40 Jahre hat die DDR bestanden, natürlich sind sie (die Bürger) alle geprägt worden von den Idealen, die damals da irgendwie veröffentlicht oder kundgetan wurden. Und jetzt gibt es nun so eine ... andere Verwaltung, die da ganz andere Maßstäbe setzt, wo der Bürger sich um vieles selber kümmern muß, Einspruch, wer kennt die Fristen?" (02/2126/2179)

Für die prekäre Lage, in der sich manche Bürger befinden, äußern die Verwalter Verständnis, ebenso für die Schwierigkeiten, sich in der Verwaltung zurechtzufinden. Auch 1996 betonen die Kommunalverwalter, daß der Bürger es aus DDR-Zeiten nicht gewohnt sei, sich um die Durchsetzung seiner Ansprüche selbst zu kümmern. Ihm, dem hilflosen und überforderten Bürger, gelte ihr Mitgefühl und ihre Solidarität. Dieses Bild vom Bürger ist aus den Interviews von 1992 bekannt und „paßt" zum bekundeten Anspruch, Helfer des Bürgers zu sein. Die Umsetzung dieses Anspruchs zeigt sich in dem Selbstbild des auf die Anliegen der Bürger orientierten Verwalters, ein Selbstbild, das auch 1996 vertreten wird. Selbstbild und Bürgerbild bedingen einander, was sich als Grund dafür interpretieren läßt, warum die Kommunalverwalter trotz ihrer eingangs geschilderten Darstellung eines inzwischen im Umgang mit der Verwaltung erfahrenen Bürgers am Bild „ihres" hilflosen und überforderten Bürgers festhalten.

6.3 Vorgesetzte und ihr Selbstbild

Im folgenden wird dargestellt, wie sich die Selbstdarstellung der Führungskräfte im Vergleich zu 1992 verändert hat: So beschreiben die Interviewten 1996 die Notwendigkeit, einen Abstand zu den Unterstellten zu halten. Sie stellen sich als distanzierte Vorgesetzte dar. Der von ihnen betonte Unterschied zur ersten Zeit nach der Wende, als dies noch nicht der Fall gewesen sei, dient ihnen als Kontrast für diese Selbstbeschreibung. Dennoch haben die Interviewten, wie im zweiten Teil dieses Kapitels gezeigt wird, das aus den Interviews von 1992 bekannte Bild des Vorgesetzten als menschlichen Ansprechpartner nicht aufgegeben. Es wird parallel zum oben geschilderten Diskurs auch 1996 von den interviewten Führungskräften benutzt. Wie schon 1992 dient das Bild des menschlich distanzierten Vorgesetzten aus den alten Bundesländern der Beschreibung des Selbstbildes als Kontrast.

Auch auf der fachlichen Ebene beschreiben sich die Führungskräfte 1996 anders als noch vor vier Jahren: Sie wollen nicht mehr fachliche Ansprechpartner für ihre Unterstellten sein. Amtsleiter, aber 1996 auch erstmals die Führungskräfte der mittleren Ebene betonen die Notwendigkeit, Entscheidungen an die Unterstellten zu delegieren. Auch hier grenzen die Führungskräfte ihre Orientierung von einer Anfangszeit ab, als dies noch weniger möglich gewesen sei. Dennoch halten auch hier, wie im letzten Teil dieses Kapitels gezeigt wird, die Vorgesetzten an dem bekannten Selbstbild des fachlichen Ansprechpartners fest. Wie schon 1992 schließen die Interviewten dabei an die DDR-Zeiten an und grenzen sich von den Kollegen aus den alten Bundesländern ab.

Abstand schafft Respekt

1992 betonen Amtsleiter, Abteilungsleiter und Gruppenleiter, daß ihnen der persönliche Kontakt zu den Unterstellten besonders wichtig sei. Auf diesen engen Kontakt legen auch die Unterstellten Wert. Abteilungsleiter und Gruppenleiter betonen, diesen Anspruch im Unterschied zu den Amtsleitern einzulösen. Die Amtsleiter hingegen bedauern bereits 1992, daß sich zwischen ihnen und ihren Mitarbeitern eine Distanz aufgebaut habe. Sie äußern den Wunsch, dies zu verändern. Allerdings sei es aus organisatorischen Gründen, zum Beispiel wegen der großen Anzahl von unterstellten Mitarbeitern und der knapp bemessenen Zeit, für eine Führungskraft schwierig, persönliche Kontakte zu pflegen. 1996 hat sich die Argumentation der Führungskräfte aller Ebenen verändert:

> „Aber ich meine auch, es ist nicht gut, wenn ... sich sozusagen die dienstlichen und die privaten Verhältnisse zu sehr mischen ... also die Grenze zu ziehen ist zwar schwer, und es gibt dafür sicherlich auch kein Rezept, ... aber als Grundsatz: ‚Zu eng ist Mist'..." (07/1843/1997)

Wenn die Grenzen zwischen privat und beruflich verschwimmen, leide der Respekt, so die neue, 1992 noch nicht vorgebrachte Argumentation. Zwar wird bereits 1992 eine Distanz von den Amtsleitern konstatiert. Diese wird aber erst 1996 von den Amtsleitern und den Führungskräften der mittleren Ebene als ein notwendiger Bestandteil der Mitarbeiterführung beschrieben. Sie definieren damit das eigene Selbstbild als Führungskraft neu:

> „Weil ich denke, er (der Vorgesetzte) hat dadurch eine bestimmte Distanz, und kann viel mehr durchsetzen. Ich habe bei manchen Entscheidungen, die ich durchsetze, zwar nicht Angst, aber ich hab irgendwo Bauchschmerzen, und die (Entscheidungen) würden mir leichter fallen, wenn ein ‚Sie' dazwischen ist ..." (11/487/911)

Das Duzen werten die Interviewten als Zeichen einer Nähe zwischen Vorgesetzten und Unterstellten. Diese Nähe wird allerdings 1996 nicht mehr, wie noch vier Jahre zuvor, ausschließlich positiv bewertet. Die Führungskräfte betonen statt dessen, daß zuwenig Distanz zu den Unterstellten sich nachteilig auf den Respekt ihnen gegenüber auswirke. Mehr Abstand zu den Unterstellten erleichtere es hingegen der Führungskraft, auch unpopuläre Entscheidungen zu treffen und durchzusetzen.

1992 distanzieren sich die Führungskräfte explizit vom Bild des „Chefs". Sie legen keinen Wert auf einen Abstand zu den Mitarbeitern und bewerten den mit dem Bild des „Chefs" assoziierten Respekt negativ. Vier Jahre später hat sich das verändert. Die Führungskräfte beschreiben sich selbstverständlicher als „Chefs" ihrer Mitarbeiter:

> „Weil, ich verkrach mich lieber mit einem, als daß ich nachher die ganze Gruppe gegen mich hab. Weil, irgendwo muß die Arbeitsfähigkeit ja gesichert werden." (11/2024/2037)

> „... die Mitarbeiter wollen wissen, da ist jemand, der denkt für uns. Der ... schafft uns Sicherheit, die wir brauchen, der gibt uns die Arbeitsvoraussetzungen, die wir brauchen, schafft das Klima, der nimmt mich wahr, der kann beurteilen, ... der pauschalisiert nicht ... das ist das, was man von einer Führungspersönlichkeit erwartet." (10/508/957)

Amtsleiter, Abteilungsleiter und Gruppenleiter betonen, daß die Unterstellten von ihnen eine gerechte Beurteilung erwarten. Die Leitungskraft müsse den Bereich führen und dazu gehöre es auch, die Interessen einzelner Mitarbeiter dem Gesamtziel unterzuordnen. Eine deutliche Trennung von Beruf und Privatleben sei dabei von Vorteil. Der menschliche Umgang im Verhältnis zu den Unterstellten wird deshalb nicht völlig abgewertet. Allerdings wird der Pflege dieser Beziehungen von den Führungskräften 1996 nicht mehr der Stellenwert eingeräumt wie noch vier Jahre zuvor. Im Zentrum steht statt dessen eine Selbstdarstellung als Führungskraft, die in der ihr unterstellten Arbeitsgruppe die Bewältigung der Verwaltungsaufgaben sicherstelle.

Den Vorgesetzten dient der Hinweis auf einen anfänglich intensiven Kontakt zu den Unterstellten als Kontrast, von dem sich ihr heute distanzierteres Verhältnis abhebt:

„... ich bin ja in diese Aufgabe nicht mit so einem Führungsdenken eingestiegen ... Das ist aber eine irrige und schädliche, gefährliche Position! ... Ich bin nicht, (wie ich anfangs dachte), der Vater von allen hier ... (ich) hab das Amt zu führen, und da gibt es ein übergeordnetes Interesse." (10/210/261)

„Aber eine gewisse Distanz, das hab ich selbst gelernt, (brauche ich) um mich zu schützen ... Und wenn man ... zu sehr ... entgegenkommt, wird manchmal eine unpopuläre Entscheidung viel schwieriger. Man muß manchmal Entscheidungen treffen, die weh tun. Und wenn man dann irgendwo ein bißchen distanziert ist, ... dann wird es erstens eher akzeptiert und von mir aus ist es leichter, zu fordern ..." (03/609/757)

„Ich hab hier keine (Freundschaften). Also mit einzelnen Mitarbeitern bin ich zwar per ‚du', aber nicht mit allen. Und ich würde auch nicht unbedingt, das war auch so die erste Zeit, wo wir angefangen haben, alles so gemeinsam aufgebaut und so alle in die neuen Aufgaben reingefunden und noch mehr darauf gehört, aber nachher hab ich es dann auch sein lassen, nicht mehr angeboten, weil, ... ich so den Eindruck habe, daß die Achtung des Mitarbeiters, ... daß die (dann) ein bißchen größer (ist) ..." (03/609/757)

Die Führungskräfte betonen, daß in der ersten Zeit nach der Wende die Sorge um die Mitarbeiter im Zentrum des eigenen Führungsverständnisses gestanden habe und dabei auch eine Nähe zu den Unterstellten hergestellt worden sei. Heute dagegen liege das Primat bei der Erfüllung der Aufgaben. Deshalb sei ein Abstand zwischen Vorgesetztem und Unterstellten notwendig. Das Selbstverständnis als distanzierte Führungskraft wird als Ergebnis eines Lernprozesses eingeführt. Dieser läßt sich auch als Redefigur deuten. Die Anfangszeit der Nähe dient dabei als Kontrast, von dem sich die heutige Distanz im Umgang mit den Unterstellten abhebt. Das Selbstbild des distanzierten Vorgesetzten wird 1992 noch nicht beschrieben. Die Stilisierung und der für sie benutzte Kontrast sind neu. Wird Distanz positiv bewertet, so wird entsprechend ein Übermaß an Nähe als störend für das Verhältnis zum Unterstellten gedeutet. Diese Einschätzung äußern die Vorgesetzten vier Jahre vorher noch nicht. Die Interviewten betonen 1996, daß zu dieser Veränderung auch die Führungsseminare und Schulungen, an denen sie inzwischen teilgenommen haben, beigetragen haben (vgl. dazu auch Kapitel 4 und Übersicht 7, Anhang):

„Ja, das ist mein Fehler, ... den man in theoretischen Schulungen mir erläutert hat ... Bin ... zu locker, zu leger, zu kumpelhaft, ... (da) leidet der Respekt ... drunter." (02/742/891)

Die Interviewten sprechen sich nicht gegen jede Art von menschlicher Nähe im Umgang mit den Unterstellten aus. Stimmungen innerhalb des Amtes gelte es wahrzunehmen. Sie verweisen aber auf eine 1992 noch nicht genannte Grenze: Sie sei dann erreicht, wenn der Respekt dem Vorgesetzten gegenüber gefährdet sei.

Anders als noch 1992 werden außerdienstliche Aktivitäten im Kollegenkreis von den Vorgesetzten gedeutet. Vier Jahre zuvor werden derartige Aktivitäten noch als Rest eines menschlichen Miteinanders interpretiert, das man sich in die neue Zeit hinübergerettet habe (vgl. auch Kapitel 5.5). 1996 hat sich die Deutung verändert:

„Daß man sagt, diese Woche ist wieder Geburtstag, wir setzen uns mal (am) Nachmittag hin, trinken eine Tasse Kaffee ... das macht jeder, das machen alle, auch an den Universitäten." (02/1204/1216)

„Ich persönlich halt es (Gemeinschaftsaktivitäten im Kollegenkreis) für eine ganz notwendig-menschliche (Sache). Und wo es unterlassen wird, sag ich, ist ein Stück Leere. Wenn ich jetzt in Köln wäre, oder ich wäre in Hannover, ... ich wäre immer bemüht, so etwas zu organisieren." (10/1718/1741)

1996 betonen die Führungskräfte nicht mehr, daß Gemeinschaftsaktivitäten Besonderheiten der Verwaltungen in den neuen Bundesländern seien. Geburtstagsfeiern im Kollegenkreis, Amtsfeste und dergleichen gebe es auch in westdeutschen Institutionen. Die Führungskräfte unterstreichen, daß diese Aktivitäten sich positiv auf die Motivation der Mitarbeiter und damit letztlich auf das Arbeitsergebnis auswirken. Derartige Aktivitäten zu fördern, gehöre deshalb zu den Aufgaben einer Führungskraft. Diese Begründung ist neu.

„... Wir versuchen ja auch diese Arbeitsatmosphäre ein bißchen hochzuhalten, auch wenn es wirklich mal eng wird, mit der Arbeitszeit. Daß ... wir uns doch mal hinsetzten, und mal ein Gläschen Sekt trinken, wenn ein Anlaß gegeben ist. Oder uns auch einmal unterhalten. Jetzt hatten wir vor kurzem auch, das war aber im ganzen Amt, ein Amtstreffen gemacht, was sehr gut angekommen ist ... Und das sind so Sachen, die man nicht unterschätzen sollte, wenn vielleicht jemand sagt, das ist alles nur Nonsens und kostet nur Arbeitszeit. Ob man da eine halbe Stunde sitzt und quatscht. Ne, ne, wenn ich das vernachlässige, denn hab ich nachher viel mehr Einbuße an effektiver Arbeitszeit, indem die Leute vergnatzt irgendwelche stupiden Arbeitsgänge machen, um sich abzureagieren oder so, weil sie sich geärgert haben über irgend etwas. Ne, ich hab viel mehr Effektivität drinne, wenn ich wirklich ... auch die Empfindungen der Mitarbeiter ein bißchen bemerke ..." (03/609/757)

Die Argumentation erinnert an Führungs- und Managementlehren westlicher Provenienz:[74] Gemeinschaftsaktivitäten dienen der Festigung des Zusammengehörigkeitsgefühls und der Pflege von informellen Beziehungen.

---

74 So betont zum Beispiel Hentze: „Der Führer sollte sowohl leistungs- als auch mitarbeiterorientiert sein. Bei Leistungs- und Mitarbeiterorientierung handelt es sich nicht um entgegengesetzte Pole einer Dimension, sondern um zwei verschiedene Dimensionen." (Hentze 1995: 184, vgl. aber auch Scholz 1994: 399ff.).

Sie verbessern den Informationsfluß zwischen den Kollegen, was sich positiv auf die Effektivität der Gesamtorganisation auswirke. Von einigen der Interviewten werden auch an dieser Stelle die inzwischen besuchten Führungstrainings als Quelle dieser Einsichten benannt:

„Aber wir haben ja Seminare von Dozenten aus dem Westen, die uns auch unser Leitungsverhalten beibringen. Und die haben ja ihre Erkenntnisse sowohl im Westen gesammelt als auch im Osten und da wird ... gesagt, daß man das nicht unterlassen soll, auch mal ein Ohr für seinen Mitarbeiter zu haben, Zeit für seine Mitarbeiter zu haben. Und eigentlich ... ich glaub nicht, daß das im Westen da anders ist. Kann ich mir nicht vorstellen. Dieses persönliche Verhältnis, jetzt, der Mitarbeiter untereinander, vielleicht befreundet zu sein, oder so etwas, das weiß ich nicht, ob die da vielleicht ... das ist bei uns noch so drinne, viele kennen sich auch noch von Vorwendezeiten, und, da ist hier manchmal noch, zwischen einzelnen Mitarbeitern, ein sehr enges, persönliches Verhältnis. Auch außerhalb der Arbeitszeiten, auf privater Ebene. Da weiß ich nicht, ob das im Westen auch so ist. Ob das möglich ist ..." (03/609/757)

Hier werden zwei Argumentationen verfolgt: Erstens wird die Pflege eines Verhältnisses zu den Mitarbeitern, das auch eine Offenheit für die persönlichen Belange der Unterstellten bietet, als ein Element des Führungsstils in die Selbstdarstellung aufgenommen. Auch die eben beschriebenen Gemeinschaftsaktivitäten im Kollegenkreis lassen sich hier einordnen. Die Führungskräfte betonen, daß diese Kontakte für den Arbeitsprozeß förderlich seien. Die Kontrastfolie „West" wird dabei nicht benutzt. Im Gegenteil: Man beruft sich sogar, wie schon bei der Darstellung der Notwendigkeit von Distanz, explizit auf die „Dozenten aus dem Westen". Im zweiten Argumentationsstrang interpretieren die Interviewten freundschaftliche und private Beziehungen zwischen Arbeitskollegen und auch zwischen Vorgesetzten und Unterstellten als etwas spezifisch ostdeutsches. In den alten Bundesländern stehe dem eine stärkere Trennung von Arbeits- und Privatleben gegenüber. Sowohl Deutung als auch begriffliches Muster sind aus den Interviews von 1992 bekannt.

Wie gezeigt wurde, beschreiben sich die Führungskräfte 1996 als distanzierte Vorgesetzte. Der Verweis auf eine Anfangszeit, als dies noch nicht der Fall gewesen sei, dient ihnen dabei als Kontrast, der ihr inzwischen gewandeltes Selbstverständnis unterstreicht. Die Offenheit im Umgang mit den Unterstellten dürfe nicht den Respekt gegenüber dem Vorgesetzten beeinträchtigen. Der Menschlichkeit und Nähe im Umgang mit dem Unterstellten wird 1996 nicht mehr der vergleichsweise hohe Stellenwert eingeräumt wie noch vier Jahre zuvor. Auch hat sich die Begründung verändert. Wird die Nähe zu den Unterstellten 1992 noch als ostdeutsche Besonderheit interpretiert und geschätzt, so wird die Pflege eines guten Verhältnisses zu den Unterstellten 1996 mit besseren Arbeitsergebnissen legitimiert.

Und trotzdem: nicht so distanziert wie im „Westen"

Trotz des im Umgang mit den Unterstellten distanzierten Selbstbildes ist das aus den Interviews von 1992 bekannte Selbstbild, wie das folgende Kapitel zeigen wird, nicht ersetzt worden:

> „... (die westdeutsche Führungskraft) ist formal Beamter, und er, sag ich jetzt als negativen Slang so mit beigefügt, er war für mich auch jemand, der sehr korrekt, so wie ich ihn erlebte, war immer gleich gut oder nicht gut gekleidet, was bei mir auch ein bissel ... meine Haare sind nicht ordentlich ... Er hatte eine große Distanz (zu den Unterstellten) ..." (10/1758/1936)

Für die interviewten Vorgesetzten ist „Beamter" ein Synonym für die Kollegen aus den Verwaltungen der alten Bundesländer. Obwohl in der untersuchten Kommunalverwaltung fast niemand aus den alten Bundesländern beschäftigt ist, dient das Bild der Kollegen „von drüben" den interviewten Führungskräften, wie schon vier Jahre zuvor, als Kontrast für die Selbstbeschreibung. Die Führungskraft in den alten Bundesländern wahre eine größere Distanz zu den Unterstellten. Diese äußere sich zum Beispiel in der Kleidung, den Anredeformen, der Aussparung von Privatem in der Kommunikation und der Formalität im Umgang miteinander. Die Führungskraft in den alten Bundesländern „bügele" ihre Unterstellten auch schon mal „ab". Man selbst hingegen sei „Mensch geblieben" (10/508/957), erzähle auch schon mal „ein paar Gospeln aus dem Alltag" (07/1843/1997), sei offener und weniger distanziert im Umgang mit den Unterstellten.

Auch Erfahrungen mit Kollegen aus den alten Bundesländern, die dem Bild vom Kollegen „drüben" widersprechen, werden in dieses begriffliche Muster integriert:

> „Ich denke schon, es gibt Unterschiede (zwischen Ost- und Westverwaltungen) ... Ich hab (einen) Amtsleiter kennengelernt, jetzt in ... (einer der Partnerstädte in den alten Bundesländern), der ist für mich ein Vorbild. Der ... (ent-)spricht auch so meinem Naturell, ... der ist ein Mensch geblieben ..." (10/508/957)

Das Vorurteil über westdeutsche Amtsleiter, weniger menschlich im Umgang mit den Unterstellten zu sein, wird dadurch bestätigt, daß der menschlich gebliebene Amtsleiter aus dem Westen zur lobenswerten, aber untypischen Ausnahme erklärt wird. Jetzt kann er sogar Vorbild sein, ohne daß deshalb die aus der Sicht des Interviewten bestehenden Unterschiede zwischen Amtsleitern aus Verwaltungen der neuen und der alten Bundesländer aufgehoben werden müssen. Van Dijk führt als Beispiel für eine solche Strategie den verdeckten Rassismus der liberalen Presse an (1991):[75] Da eine offene Diskriminierung nicht gewollt sei, greife man auf die rhetorische Figur der Ausnahme zurück. Als Abweichung von der Regel trägt diese zur

---

75 Zu den unterschiedlichen semantischen Strategien, über die Vorurteile transportiert werden können, vergleiche auch Van Dijk 1984.

Festigung von Vorurteilen bei und bietet zugleich den Vorteil, vom Verdacht geschützt zu bleiben, ebendiese zu verbreiten (vgl. auch Kapitel 6.1). Die Führungskräfte betonen einerseits, wie schon 1992, die Nähe zu ihren Unterstellten, wobei ihnen das Bild der Kollegen in den alten Bundesländern als Kontrast dient. Andererseits beschreiben sie 1996 die Notwendigkeit von Distanz gegenüber dem Unterstellten, was ein neuer, 1992 noch nicht vorgebrachter Diskurs ist. Treffen die in beiden Diskursen vermittelten Ansprüche aufeinander, stehen sie unaufgelöst nebeneinander:

„... das ist mein Ziel, daß ich ein bissel distanzierter werde, aber ... ich will mich doch nicht gravierend ändern." (02/2239/2374)

Alter und neuer Diskurs widersprechen einander in der Forderung beziehungsweise Ablehnung einer Nähe zwischen Vorgesetzten und Unterstellten. Zu erwarten wäre, daß der neue Diskurs den alten ersetzt hat, dokumentiert der neue Diskurs doch das, was die Führungskräfte inzwischen für ein adäquates Verständnis ihrer Rolle als Führungskraft halten. Dies geschieht nicht! In den 1996 geführten Interviews steht die Betonung von Nähe immer noch im Mittelpunkt des eigenen Selbstverständnisses als Führungskraft. Obwohl dabei auf die Erfahrungen zu DDR-Zeiten seltener hingewiesen wird, bleibt die Abgrenzung gegenüber den Kollegen „drüben" nach wie vor zentral.

Beide Diskurse erfüllen unterschiedliche Funktionen: Der bereits aus den Interviews von 1992 bekannte Diskurs richtet sich in erster Linie nach innen, indem er die Ansprüche der Unterstellten nach Nähe aufgreift und in das Selbstbild als Führungskraft integriert. Auch vier Jahre später dient den Interviewten dazu das Bild des Verwalters in den alten Bundesländern als Kontrast, vor dem sie sich selbst beschreiben. Eine Abgrenzung, die auch vier Jahre später nichts von ihrer identitätsstiftenden Bedeutung eingebüßt hat. Der 1996 erstmals auftauchende Diskurs, der die Distanz zu den Unterstellten im Kontrast zur Anfangszeit betont, schafft Identität durch Assimilation: Sieben Jahre nach dem Systemwechsel wollen die Interviewten sich als erfahrene Führungskräfte präsentieren. In der Selbstdarstellung ihrer Rolle als Führungskraft betonen sie deshalb die Notwendigkeit eines Abstandes zu den Unterstellten. Eine Zuschreibung, die 1992 noch ausschließlich der Charakterisierung der Kollegen aus den alten Bundesländern dient.

Das ist nicht mein Ding, da kümmere ich mich nicht drum

1992 beschreiben die Vorgesetzten, daß die unterstellten Mitarbeiter aufgrund der neuen Aufgabenzuschnitte und rechtlichen Veränderungen stark verunsichert seien. Für sie als Vorgesetzte sei es deshalb unerläßlich, ihnen als fachliche Ansprechpartner zur Seite zu stehen. Die Abteilungs- und Gruppenleiter betonen, daß sie dies schon aus DDR-Zeiten so gewohnt seien. Auch die Amtsleiter unterstreichen ihre Bedeutung als fachliche Ansprechpartner. Sie verdeutlichen ihre Vorstellung von der eigenen Rolle in erster Linie durch die Abgrenzung zu den Führungskräften in den Verwaltungen der alten Bundesländer: Diese seien kaum noch für ihre Unterstellten zu sprechen und delegieren Entscheidungen grundsätzlich an ihre Mitarbeiter. Allerdings schränken die Amtsleiter bereits 1992 die Umsetzung ihrer eigenen Ansprüche ein: Sie betonen, daß es ihnen an Verwaltungswissen fehle und sie den ihnen unterstellten Mitarbeitern deshalb bei fachlichen Problemen oftmals nicht weiterhelfen können. Anders als die Gruppen- und Abteilungsleiter betonen die Amtsleiter deshalb bereits 1992 die Notwendigkeit, Entscheidungsverantwortung an die Unterstellten zu delegieren. Denn nur diese verfügen über das für Fachentscheidungen erforderliche Wissen.

1996 betonen die Vorgesetzten, daß zu DDR-Zeiten die Verantwortung nach oben geschoben worden sei. Heute müsse der Vorgesetzte dagegen die Verantwortung an die Unterstellten delegieren, genauso müssen die Unterstellten bereit sein, diese wahrzunehmen. Die DDR-Zeiten dienen den Führungskräften als Kontrast für die Beschreibung ihres Anspruchs an eine Führungskraft und an die Unterstellten:

> „Die Hierarchien waren früher ... sicherlich nicht größer, aber die Verantwortung wurde immer auf den Chef abgewälzt ... Jetzt ist (das anders) ... (Ich) sag ... zu meinen Kollegen, wenn sie mal zu einer Beratung gehen, ... aber dann sollen sie auch was sagen und nicht nur sich da hinsetzen und sagen, ‚ich will erst mal im Amt fragen, was da für eine Meinung ist!' ... ich (bin) dafür, daß jeder, wenn er das Geld dafür kriegt ... muß er auch die Verantwortung ... tragen ... Dann muß man (als Vorgesetzter) ... auch die Meinung akzeptieren." (02/1306/1531)

> „Also hier, um hier zu überleben, muß ich sagen, da muß ich mich auch ein bißchen wehren. Da kann ich nicht alles auf mich herunter rattern lassen, ... da muß ich mich freimachen von vielen Sachen, also dafür bin ich nicht verantwortlich ..." (11/487/911)

Eine bereits 1992 von den Amtsleitern vorgebrachte Argumentation wird vier Jahre später auch von den Führungskräften der mittleren Ebene, den Gruppen- und Abteilungsleitern, vertreten. Die Arbeitsbelastung durch die Menge der anfallenden Verwaltungsarbeit lasse einem Vorgesetzten keine andere Wahl: Er müsse Verantwortung an seine Unterstellten delegieren. Als Vorgesetzter dürfe man sich deshalb nicht in die Aufgaben der Unterstellten einmischen und müsse ihnen Entscheidungsspielräume zugestehen. Zu derartigen Erkenntnissen seien sie auch durch Schulungen gelangt:

> „... jetzt wird sogar ... darauf orientiert, ... daß man mehr Verantwortung von den Sachbearbeitern verlangen kann. Sie mehr einbeziehen sollte, (ihnen) Spielraum lassen (sollte)." (9/1450/1721)

„Wir haben jetzt ein paar Schulungen gehabt, organisiert von der Stadt, ... Führungsseminare, ... (und da wurde uns erklärt) daß man vielleicht doch einiges anders machen kann, in der ... Mitarbeiterführung, daß man nicht so viel selber machen soll, zum Beispiel also Sachbearbeitung, selbst machen soll, daß man mehr ... (die) Eigenständigkeit der Leute fördern soll, ..." (02/1306/1531)

„... ich kenne ja die Arbeit, hab sie selbst gemacht, was meine Mitarbeiter jetzt machen, und wäre auch jederzeit noch in der Lage, mich hinzusetzen und die zu machen. Aber ... kann ich nicht, soll ich auch nicht mehr, und die Zeit ist auch nicht mehr ..." (03/960/1131)

Im Unterschied dazu begründen die Führungskräfte 1992 die Notwendigkeit der Delegation von Verantwortung an die Unterstellten noch anders: Die Mitarbeiter beanspruchen zwar häufig fachliche Betreuung von ihren Vorgesetzten. Man möchte den Unterstellten gerne bei der Lösung ihrer Probleme helfen, sei dazu aber fachlich nicht in der Lage. Vier Jahre später hat sich die Argumentation der Führungskräfte verändert. Jetzt beschreiben sie es geradezu als Fehler, sich in die Arbeit der Unterstellten einzumischen. Denn nur durch die Delegation von Verantwortung an die Mitarbeiter fördere man deren Selbständigkeit. Auch die Führungskräfte der mittleren Leitungsebene folgen 1996 dieser Argumentation.

Erstmals schränken die Führungskräfte den Kreis ihrer Ansprechpartner ein. So betonen die Amtsleiter, sich nur noch für die ihnen unmittelbar Unterstellten zuständig zu fühlen:

„Also fürs eigene Amt verstehe ich mich als Kommunikationspartner für, also auch Leiter für die Mitarbeiter, im Sinne von, meine ... Ansprechpartner sind die Abteilungsleiter ..." (07/1661/1836)

Die Führungskräften betonen, daß Einmischungen in die Arbeitsgebiete der Unterstellten zu vermeiden seien. Sie begründen dies mit Abstimmungsproblemen innerhalb des Amtes:

„... das sind so Flurgespräche, aber sobald sie den Charakter annehmen, von, sagen wir mal von, ... hier ist eine dienstliche Veranlassung geboten, ... dann halte ich mich raus. ... Weder gebe ich ein Statement ab, noch veranlasse ich etwas. Das kann nicht laufen, das geht dann nur noch über den (hier direkt unterstellten) Abteilungsleiter." (07/1661/1836)

Damit integrieren die Führungskräfte einen Aspekt in die Selbstdarstellung ihrer Rolle als Vorgesetzter, der vier Jahre zuvor noch nicht erwähnt wird: Das Einhalten von Hierarchien sei nötig. Denn wenn die direkten Unterstellten übergangen werden, untergrabe dies ihr Selbstbewußtsein. Das Einhalten von Hierarchien sorge hingegen für einen einheitlichen Informationsfluß und trage auf diese Weise zu kompetenten Entscheidungen bei. Auch bei der Beschreibung dieses Selbstverständnisses verweisen die Führungskräfte auf den Einfluß von Schulungsmaßnahmen:

„... (in die Arbeit der Unterstellten eingreifen), das mache ich nicht mehr ... Ich meine, da habe ich sehr auch von dem Führungsseminar, was ich ja auch besuchen durfte, ... da habe ich sehr viel gelernt ... Und ich merke auch, daß es die (mir unterstellten) Abteilungsleiter stärkt, wenn man die wirklich auch dann auch als solche ernst nimmt." (07/1661/1836)

Das Prinzip der Delegation von Verantwortung an die Unterstellten wird von einem Teil der Führungskräfte – den Amtsleitern – bereits 1992 vertreten. Vier Jahre später wird die Delegation von Verantwortung auch von den Interviewten der mittleren Führungsebene als notwendiges Leitungsprinzip beschrieben. Alle Führungskräfte plädieren 1996 für das Einhalten von Hierarchien und die Nichteinmischung in die Arbeit der Unterstellten. Sie grenzen sich damit von einer Anfangsphase ab, als diese Grenzen noch nicht so deutlich gezogen worden seien. Dies läßt sich auch als Redefigur interpretieren: Vor dem Kontrast zur Anfangszeit tritt das Selbstverständnis, als inzwischen gewandeltes, deutlicher hervor.

1992 betonen die Führungskräfte ihre Rolle als fachliche Ansprechpartner ihrer Unterstellten. Vier Jahre später ist den Führungskräften an einer verbindlichen Festschreibung von Verantwortung gelegen. Sie betonen deutlicher als zuvor, daß sie die Eigenständigkeit der Unterstellten fördern und sich nicht in deren Entscheidungen einmischen wollen. Damit nähern sie sich in ihren Ansprüchen und in ihrer Selbstbeschreibung dem Bild, das sie bislang von den Führungskräften in den alten Bundesländern gezeichnet haben. Doch deshalb ist die Abgrenzung zur Führungskraft aus den alten Bundesländern nicht aufgegeben worden. Die aus den Interviews von 1992 bekannte Abgrenzung und das über sie transportierte Selbstbild wird, wie das nun folgende Kapitel zeigen wird, auch 1996 verwendet.

Anders als die „drüben": näher an den Tätigkeiten der Unterstellten

Obwohl die Führungskräfte 1996 geschlossener und deutlicher als noch vier Jahre zuvor für eine Delegation von Aufgaben und Verantwortung an die Unterstellten eintreten, grenzen sie sich vom Bild der „abgehobenen" Führungskraft aus den alten Bundesländern ab:

„... einen kleinen Unterschied gibt es ... , denke ich mal, weil ... eigentlich müßte ich mich als Leiter verstehen. Irgendwo verstehe ich mich auch als Leiter. Aber ich denke mal, er wird vielleicht drüben (in den alten Bundesländern) anders gelebt, als ich ihn mache ..., daß er mehr anordnet, als mitarbeitet, ..." (11/2089/2364)

„Ich hab Erfahrungen, als Beispiel, die ich liefern könnte, wo ich schon festgestellt habe, daß der Amtsleiter (in den alten Bundesländern) in einer ganz anderen Weise abgehoben lebt, als ich mir einbilde, als es der Fall bei uns ist." (10/508/957)

Während die Anknüpfungen an die DDR-Zeiten seltener geworden sind, dient das Bild des Kollegen aus den alten Bundesländern den Führungskräften nach wie vor zur Veranschaulichung ihrer Rolle als Führungskraft: Es bildet den Negativhorizont, vor dem das Selbstbild um so deutlicher hervortritt. Erfahrungen mit Kollegen aus den alten Bundesländern fließen in dieses Bild ein. Sie gelten als Beispiele, die zu einem Typus „Führungkraft-West" generalisiert werden: Diese delegiere Aufgaben nur noch an die Unterstellten, wisse kaum von deren Arbeit und Problemen und setzte sich nicht für die Unterstellten ein. Man selbst hingegen sei sich nicht „zu fein" für die Arbeit der Unterstellten (05/1126/1319), sei immer offen für ihre Probleme und setze sich, kämpfend „wie ein Löwe", für ihre Interessen ein (07/1076/1104). Die Charakterisierung des anderen und das Selbstbild bilden ein begriffliches Muster. Dieses ist aus den Interviews von 1992 bekannt. Es wird 1996 nicht nur von den Amtsleitern sondern auch von den Führungskräften der mittleren Ebene verwendet.

Die Interviewten betonen, daß die Führungskraft in den alten Bundesländern eine längere Erfahrung in der Leitung von Verwaltungen aufweise. Sie könne deshalb Verantwortung kompetenter an die ihnen unterstellten Mitarbeiter delegieren.

> „Und (der Amtsleiter in den alten Bundesländern) hat natürlich über dreißig Jahre Führungserfahrung ... Da weiß der ganz genau, das ist nicht mein Ding. Da kümmere ich mich nicht drum." (10/508/957)

In dem Bild des Kollegen aus den alten Bundesländern drückt sich demnach nicht nur Kritik sondern auch Anerkennung aus: Selbst wünsche man sich auch mehr Routine bei der Verteilung von Aufgaben und Zuständigkeiten. Das Bild, von dem sich die Interviewten einerseits positiv unterscheiden wollen, indem sie die westdeutschen Kollegen als „abgehoben" kritisieren, betrachten sie andererseits mit Neid. Denn eine klare Abgrenzung gegenüber Forderungen und Problemen, mit denen die Unterstellten sie behelligen, halten auch die interviewten Führungskräfte, wie gezeigt wurde, für unverzichtbar, um ihrer Rolle als Vorgesetzte gerecht zu werden. Die Ansprüche, die mit beiden Selbstbildern verbunden werden, stehen selbst dann konträr zueinander, wenn, wie im folgenden Fall, einer präferiert wird:

> „Die Tür ist auf, also nach wie vor. Da können Sie sagen: ‚Es ist ein Mangel Ihrer Führungstätigkeit' ... Für mich gilt nach wie vor, die Sorgen des Einzelnen sind mir wichtiger als meine eigenen Arbeitsfelder." (10/508/957)

Doch daß die Ansprüche aus beiden Selbstbildern aufeinandertreffen, ist eine Ausnahme. In der Regel werden beide Selbstbilder unabhängig voneinander beschrieben. Ähnlich wie bei der Beschreibung des Abstandes zu den Unterstellten ersetzt auch auf der Ebene des fachlichen Eingreifens nicht ein Selbstbild das andere. Beide Selbstbilder und die zu ihnen gehörenden spezifischen Vergleichshorizonte existieren nebeneinander.

6.4 Die Sicht der Unterstellten auf das Verhältnis zum Vorgesetzten

Im ersten Teil dieses Kapitels wird gezeigt, daß die Unterstellten sich auch vier Jahre später Vorgesetzte wünschen, die fachliche Ratgeber sind. Wie 1992 schließen sie dabei an die DDR-Zeiten an. Erstmals taucht 1996 neben diesem (Wunsch-)Bild vom Vorgesetzten ein dazu konträres auf, das im zweiten Teil des Kapitels beschrieben wird: Der Vorgesetzte solle sich nicht in die Aufgaben seiner Unterstellten einmischen. Dieser Anspruch richtet sich als Vorwurf gegen die eigenen Vorgesetzten: Diese mischen sich zu sehr in die Angelegenheiten ihrer Unterstellten ein. Im Kontrast dazu wird die erste Zeit nach der Wende beschrieben: Damals habe man noch selbständig entscheiden können, dies sei inzwischen zusehends schwieriger. Sowohl der Anspruch als auch der Vergleichshorizont sind neu.

Wie im dritten Teil dieses Kapitels gezeigt wird, beurteilen die Unterstellten das Verhältnis zum Vorgesetzten nicht anders als schon vier Jahre zuvor: Es sei zwar weniger distanziert als in den alten Bundesländern, trotzdem setze die Sorge um den Arbeitsplatz Grenzen im Umgang mit dem Vorgesetzten. Die Interviewten kontrastieren dies mit den DDR-Zeiten, als diese Vorsicht noch nicht nötig gewesen sei. Bewertung und begriffliche Muster bilden einen spezifischen Diskurs. Dieser ist aus den Interviews von 1992 bekannt. Doch daneben betonen die Interviewten 1996 erstmals, daß fachliche Kritik gegenüber den Vorgesetzten notwendig sei, wie im vierten Teil des Kapitels beschrieben wird. Auch hier grenzen die Unterstellten ihr Verhältnis zum Vorgesetzten von den DDR-Zeiten ab: Allerdings nicht mehr in der Kontrastierung einer vorsichtsfreieren DDR-Zeit zu einer angstbesetzteren Zeit nach der Wende, wie in dem oben geschilderten Diskurs, sondern in Bezug auf eine fachliche Kritik, die heute von ihnen verlangt werde.

In einem Exkurs wird erläutert, wie die Amtsleiter das Verhältnis zum Oberbürgermeister, zu den Dezernenten und zu den Beigeordneten beschreiben. In den Interviews von 1992 haben sie das Verhältnis noch nicht thematisiert. Vier Jahre später nutzen die Amtsleiter das Bild des Politikers, um sich als Verwaltungsexperten von ihm abzugrenzen.

Der Vorgesetzte soll Ansprechpartner und Ratgeber sein

1992 wünschen sich die Unterstellten Vorgesetzte, die sich für ihre Belange einsetzen. Während die Ebene der mittleren Führungskräfte aus der Sicht der Unterstellten diesem Bild entspricht, ist das Gros der Interviewten von den Amtsleitern enttäuscht. Die Amtsleiter können ihnen, so wird von den Unterstellten beklagt, bei fachlichen Problemen nicht weiterhelfen. Der Vergleich mit den Erfahrungen zu DDR-Zeiten dient den Interviewten als

Kontrast: Damals habe man sich auf die Entscheidungen der Vorgesetzten verlassen können. Heute gehe dies, zumindest bei den Amtsleitern, nicht mehr. Auch 1996 äußern die Unterstellten diese Ansprüche: Sie erwarten von ihrem Vorgesetzten, daß dieser in fachlicher wie menschlicher Hinsicht Ansprechpartner sei:

> „Eine ganz engagierte (Führungskraft) ... die auch ähnlich so rangeht wie wir auch sind. Sehr natürlich, sehr menschlich ... sehr intelligent, wo man eigentlich auch immer kommen kann." (08 /11/746)

Wie schon vier Jahre zuvor knüpfen die Unterstellten an Erfahrungen aus DDR-Zeiten an: Sie seien es gewohnt, daß die Führungskraft sich in die Arbeit der Unterstellten einmische und die nötige Fachkompetenz habe:

> „... die Leiter früher, in der ehemaligen DDR, hatten mehr Ahnung von ihrer Arbeit." (06/1069/1258)

Heute hingegen, so klagen auch vier Jahre später die Unterstellten, fehle es insbesondere den Amtsleitern unter den Führungskräften an dem nötigen Verwaltungswissen:

> „... ich meine klar, ... derjenige, der jetzt irgendwie leitet, der muß nicht die Arbeit können, überhaupt gar nicht. Aber früher war das so, wenn der keine Ahnung hatte, du konntest über deine Arbeit mit dem (Vorgesetzten) auch mal reden, wenn es manchmal bloß um eine Verfahrensweise geht. Oder irgendwie so. Und ich hab eigentlich das gerne, daß man mal irgendwie fachlich jetzt mit jemandem da so reden kann. Man lernt dabei, auch wenn er nicht unbedingt weiß, was du machst. Du erklärst ihm das, und wenn er intelligent genug ist, versteht er das erst mal und kann dir auch raten. Und das war eigentlich früher so, ich muß sagen, den Leiter, den ich hatte, oder die Leiterin, da konnte man das, das ist jetzt nicht drin. Das stört mich ein bißchen, ich meine, das muß wahrscheinlich heute nicht so sein, aber das fehlt mir." (06/1069/1258)

Die Unterstellten zeichnen 1996 dasselbe Bild des Vorgesetzten zu DDR-Zeiten, das auch aus den Interviews von 1992 bekannt ist: Der Vorgesetzte zu DDR-Zeiten sei fachlicher Ratgeber gewesen. Wie schon vier Jahre zuvor dient dieses Bild den Interviewten auch 1996 als Kontrast für die Beschreibung des Führungsverhaltens der Amtsleiter: Diesen wird fehlende Fachkompetenz und mangelnde Offenheit für die Probleme der Unterstellten vorgeworfen. Den Unterstellten, die selbst Führungsverantwortung innehaben, dient die Kritik an den Amtsleitern darüber hinaus auch als Bestätigung ihres Selbstbildes als andere, nämlich fachlich kompetente Führungskräfte.

Ich bin froh, wenn ich meine Arbeit alleine machen kann

Der Anspruch an den Vorgesetzten und die Bezugnahme auf die DDR-Zeiten formieren sich zu einem spezifischen Diskurs. Dieser ist aus den Interviews von 1992 bekannt. Neben diesem Diskurs kommt es 1996 erstmals zu einem zweiten: Besonders die Führungskräfte der mittleren Ebene klagen eine größere Selbständigkeit ein. Sie verlangen von ihren Vorgesetzten, daß ihre Fachkompetenz in Entscheidungsprozesse einbezogen werde. Diese Forderung wird vier Jahre zuvor noch nicht erhoben.

> „... ich will gar nicht von ihm (dem Amtsleiter) erwarten, ... (er) soll nicht meine Arbeit machen oder irgend so etwas. Im Gegenteil, ich bin froh, wenn ich meine Arbeit alleine machen kann." (01/1116/1209)

1992 fühlen die Unterstellten sich noch mit ihren Problemen alleingelassen. Vier Jahre später beschweren sie sich über (in ihren Augen) ungerechtfertigte Eingriffe ihrer Vorgesetzten. Kritisiert werden weniger die Führungskräfte der mittleren Ebene, sondern in erster Linie die eigenen Amtsleiter:

> „... es gibt Leute (Vorgesetzte), die das können , ... ich meine, ... das hat ja schon Sachen gegeben, dann haben die sich irgendwie beschwert, dann bin ich ... als fachkompetente Person dazugerufen worden, und dann hat derjenige (der Vorgesetzte) das geleitet, und hat mich vor dem befragt, und hat es dann trotzdem gut gebracht, als ob es von ihm kam, solche Leute gibt es ja trotzdem auch, haben wir auch. Aber es gibt auch ... (Vorgesetzte), die es dann immer machen wollen, aber das gar nicht bringen, und nun kannst du ja nicht dazwischen quatschen und sagen, ‚wissen Sie was' ..." (06/1069/1258)

> „Irgendwo fühle ich mich dann manchmal abgeschnitten, von der Entscheidungsebene, ... um diese Entscheidungen, die (jemand) ... anders trifft, vorzubereiten, mit meinen Kenntnissen, so daß er die auch ... kriegt ... (Ich) sage, ... okay, ich hab die eine Seite gehört, ich hab aber auch noch eine andere Seite, das ist von mir aus die finanzielle und organisatorische, die ich gar nicht kenne, weil ich in einem anderen Bereich arbeite, und er (der Vorgesetzte) muß sich aus den Kenntnissen, die er hat, eine Meinung bilden, und die akzeptiere ich auch, ... wenn meine Vorstellung(en) auch berücksichtigt werden, zumindestens gehört werden. Und da hab ich manchmal wirklich den Eindruck, daß meine Vorstellungen, meine ganz persönlichen, einfach nicht weitergetragen werden, weil schon mein Vorgesetzter eine ganz andere Auffassung hat oder die für nicht so wichtig empfindet, wie ich sie vielleicht empfinde, und sie dann deswegen auch nicht (ernst) ... nimmt ..." (03/960/1131)

Die Unterstellten erwarten, daß ihre Vorgesetzten ihr Wissen in die Entscheidungsprozesse einbeziehen. Geschieht dies nicht und werden sie von derartigen Prozessen ferngehalten, beklagen sie dies. Zielscheibe der Kritik sind vor allem die Amtsleiter. Diesen fehle es nach wie vor an Fachkompetenz. Aber im Unterschied zur Anfangszeit, so beklagen die Interviewten, mischen die Amtsleiter sich jetzt zunehmend in die Aufgabenfelder ihrer Unterstellten ein:

> „Anfänglich hat er (der Amtsleiter) mir viel mehr freie Hand gegeben, weil noch alles so im Aufbau war." (03/1784/2098)

In der turbulenten Aufbauzeit haben vor allem die Unterstellten der mittleren Führungsebene einen großen Gestaltungsspielraum gehabt. Die Amtsleiter waren froh, Verantwortung an sie delegieren zu können (vgl. Kapitel 5.3). Beschreiben die Unterstellten dies 1992 noch als Überforderung, so erscheint ihnen diese Periode vier Jahre später als Freiraum. 1996 wird von den Interviewten der Verweis auf diese Phase als Kontrast für die Beschreibung ihrer heutigen Situation benutzt: Im Unterschied zur Anfangszeit mische die Amtsleitung sich zu sehr in die Arbeit der Unterstellten ein. Die Kritik und der Vergleich mit der Anfangszeit sind neu. Bedenkt man, daß auch die Amtsleiter inzwischen verwaltungserfahrener geworden sein dürften, überraschen diese „Eingriffe" nicht. Da sie als ungerechtfertigt kritisiert werden, zeigt sich ein neues Selbstbild der Unterstellten: Sie präsentieren sich als Verwaltungsspezialisten, denen eine entsprechende Entscheidungskompetenz zustehe.

Unterstellte, die selbst auch Führungsaufgaben wahrnehmen, beschweren sich, daß die Amtsleiter sich in direkter Abstimmung mit den Sachbearbeitern „kurzschließen", und sie selbst dadurch übergangen werden:

„... (der Amtsleiter) kann ja seine Hierarchien nachfragen, die er hat. Und ihm ist unterstellt der Abteilungsleiter, und nur mit dem hat er sein Geschäft zu betreiben. Zum Beispiel ... für meine Begriffe, was er nicht müßte, die Sachbearbeitergespräche, auf dem Flur, die mag ich überhaupt nicht. Vom Amtsleiter, eigentlich, weil dadurch passiert Unruhe! Er kann ja gar nicht bis im Detail drinstecken ..." (11/487/911)

Die Unterstellten erwarten von einer Führungskraft zum einen, daß diese ihre Verantwortung „klar absteckt". Und sie verlangen zum anderen von ihrem Vorgesetzten, daß ihr eigener Zuständigkeitsbereich akzeptiert wird:

„Aber so, mehr, dahinterstehen: Wenn wir mal entschieden haben, sagen: ‚ja, das ist eben halt so' ..." (01/1116/1209)

1992 beschreiben die Unterstellten den Vorgesetzten zu DDR-Zeiten als fachlichen Ratgeber. Das Bild dient als Kontrast zur Bewertung der aktuellen Situation: Die Unterstellten beklagen sich vor allem über die mangelnde Anleitung durch ihre Amtsleiter. Kontrast und Deutung formen einen Diskurs. Dieser „alte" Diskurs zeigt sich erneut in den 1996 geführten Interviews. Doch zusätzlich taucht erstmalig ein anderer Diskurs auf, der in seinem Anspruch an den Vorgesetzten konträr ist: Die Unterstellten wünschen sich Vorgesetzte, die ihnen „freie Hand" lassen. Mit dem Wunsch wird die Klage an den momentanen Verhältnissen verbunden. Die erste Zeit des Amtsaufbaus wird im Rückblick mit einer Entscheidungsautonomie konnotiert, die inzwischen vermißt wird.

Der „alte" Diskurs wurde nicht durch einen „neuen" ersetzt. Vor allem Unterstellte, die selbst auch Führungsverantwortung haben, nutzen beide Diskurse. Sie rufen sie in unterschiedlichen Zusammenhängen auf: Der Diskurs, der aus den Interviews von 1992 bekannt ist, ermöglicht den Unterstellten, sich auch vier Jahre später positiv von ihren Amtsleitern abzuheben. Mit dem neuen Diskurs reagieren die Interviewten hingegen auf Erfahrungen in der Beschränkung ihrer Verantwortung. Er ermöglicht ihnen, gegenüber den Amtsleitern ihren Anspruch auf Autonomie zu betonen. In erster Linie wird er deshalb von Unterstellten mit eigenem Verantwortungsbereich, den Gruppenleitern und den Abteilungsleitern, geäußert. Denn gerade sie haben in der Anfangszeit die Erfahrung größerer Selbständigkeit gemacht.

Die Angst um den Arbeitsplatz läßt einen vorsichtig sein

1992 äußern die Unterstellten, daß sie auch eine persönliche Nähe zum Vorgesetzten erwarten. Sie knüpfen dabei an DDR-Zeiten an, aus denen sie das so gewohnt seien. Das Bild von den Führungskräften in den alten Bundesländern dient nicht nur den Vorgesetzten sondern auch den Unterstellten als Abgrenzung: Dort habe die Führungskraft, im Unterschied zur eigenen Verwaltung, eine größere Distanz zu ihren Unterstellten. Auch vier Jahre später verwenden die Unterstellten dasselbe Bild als Kontrast zur Beschreibung ihrer Vorgesetzten:

> „Also ... was ich beobachtet habe ist, daß man an den Amtsleiter da (in den alten Bundesländern) ... gar nicht rankommt, der ist wie abgestorben schon ... Der hat auch ein ganz anderes Auftreten. ... also könnte man mit unserer Amtsleitung überhaupt nicht vergleichen! Mit Schlips und Kragen und noch ‚Herr Doktor' ..." (08/611/746)

Das Bild von den distanzierten Führungskräften „drüben" dient den Interviewten als Abgrenzung: So distanziert wie in den alten Bundesländern seien die eigenen Vorgesetzten nicht. Begriffliches Muster und Deutung sind aus den Interviews von 1992 bekannt.

Anders als aus der Vorgesetztenperspektive schränken die Interviewten aus der Unterstelltensicht diese Nähe wiederum ein. Wie schon vier Jahre zuvor beschreiben sie ihr Verhältnis zu den Vorgesetzten, indem sie es mit den DDR-Zeiten kontrastieren: Damals sei man dem Vorgesetzten selbstbewußter entgegengetreten, weil man sich keine Sorgen um die Sicherheit des Arbeitsplatzes machen mußte. Heute hingegen wirke sich die Angst um den Arbeitsplatz auf die eigene Offenheit aus. Besonders im Umgang mit den Amtsleitern sei man deshalb vorsichtig:

> „... (zu DDR-Zeiten) wurde auch von dem Kollegen massiv gemeutert halt, kann man schon fast sagen, wenn irgendeine Entscheidung zu treffen war, die den Leuten gar nicht gepaßt hat. Also da, das passiert so (heute) nicht. Die sagen zwar bestimmt auch ihre Meinung, wenn sie jetzt ... nicht einverstanden sind. Aber so diese offene Ablehnung, die findet man nicht mehr. Weil auch diese Arbeitsplatzsituation so ... eine ganz andere (ist). Man fühlte sich (in der

DDR) eh sicher, also viele Sachen, die würde man heute einfach nicht mehr machen, schon um sich selbst nicht zu schaden." (03/609/757)

„Man hat heute auch Angst vor seinem Vorgesetzten. Man ist ja abhängig von ihm ... Ne andere (Angst gegenüber dem Vorgesetzten), ja! ... Früher konnte der Vorgesetzte, wenn man jetzt mit ihm nicht konform ging, oder auch ... war, konnte er einem keine Prämie geben, oder er konnte einem die Beförderung versauen ... Heute kann er dazu beitragen, daß man ganz weg vom Fenster ist ... wo kriegt man denn dann Arbeit? Gerade wenn man nicht mehr so jung ist ..." (05/1126/1319)

Die Vorsicht insbesondere im Umgang mit dem Amtsleiter gründe in der Sorge um den Arbeitsplatz. Diese Sorge ist eine neue Erfahrung. Die DDR-Zeiten dienen den Unterstellten auch 1996 als Kontrast: Das Verhältnis zum Vorgesetzten damals wird zwar nicht als völlig unbefangen beschrieben. Im Gegensatz zur aktuellen Situation wird das Verhältnis zum Vorgesetzten aber als weniger belastet erinnert. Sowohl die Argumentation als auch die begrifflichen Muster haben sich seit 1992 nicht verändert.

Fachliche Kritik muß sein

Neben dieser aus den Interviews von 1992 bekannten Schilderung der Unsicherheit im Umgang mit den Amtsleitern taucht 1996 erstmals eine andere, davon abweichende auf. Vor allem die Unterstellten, die selbst auch in einer Leitungsposition sind, geben vor, ihre Amtsleiter kritisieren zu können, ja sogar unter gewissen Bedingungen kritisieren zu müssen:

„... wenn jetzt gesagt wurde (zu DDR-Zeiten): ‚Sie haben das jetzt zu machen', dann hatte man das zu machen! ... Es ist heute im Prinzip auch so. Aber heute hat man ja wenigstens noch die Möglichkeit, daß man da sagen kann: ‚Also, Chef, das sehen Sie nicht richtig!' Oder: ‚Denken sie noch mal drüber nach'. Das hätte man sich früher nie getraut." (05/1126/1319)

„Also fachlich, fachlich würde ich sagen, hab ich auch keine Hürde, einen Vorgesetzten zu kritisieren." (11/487/911)

Kritik gegenüber Entscheidungen der „Chefs" sei möglich und man könne mitunter sogar mutiger sein als zu DDR-Zeiten, solange diese Kritik fachlich begründet sei. Denn nur so könne man Fehlentscheidungen verhindern oder sich vor Überlastung schützen. Die Betonung der Wichtigkeit der Mitsprache läßt sich mit der bereits dargestellten Forderung nach weniger Eingriffen durch die Amtsleitung in Zusammenhang bringen. Anders als noch 1992 differenzieren die Unterstellten vier Jahre später, welche Art von Kritik gegenüber dem Vorgesetzten möglich ist und auf welche man zu verzichten habe:

„Ja, eigentlich muß man genau das tun, was einem vorgeschrieben wird! Im Prinzip. Da hat sich nicht viel geändert. Also ich wage es nicht, mich gegen irgend etwas zu stellen. ... Also ich muß auch sagen, manchmal muß ich einen Schutzengel gehabt haben. Wir konnten ... (auf meiner Arbeitsstelle zu DDR-Zeiten) relativ offen unsere Meinung äußern. Und ich hab auch manchmal auf Staat und System gewettert! Ohne daß mir was passiert ist. Weiß ich auch nicht, woran es gelegen hat. So viel ... kann ich ... kann ich mir jetzt nicht mehr erlauben. Ich kann zwar, was weiß ich, auf Helmut Kohl schimpfen, in aller Öffentlichkeit, aber gegen irgendwelche Verwaltungsspitzen, das würde ich mir verbeißen ..." (09/1450/1046)

Immer noch dienen die Verhältnisse in der DDR als Kontrast für heutiges Erleben. Trotzdem ist der hier geschilderte Diskurs ein anderer als der, welcher lediglich einen heute vorsichtigeren einem zu DDR-Zeiten unbefangeneren Umgang mit dem Vorgesetzten gegenüberstellt. Die Interviewten deuten die Situation 1996 erstmals differenzierter: Früher sei Loyalität gegenüber dem Staat gefordert worden. Eine Kritik an der obersten Führungsebene des Staates sei deshalb nicht möglich oder doch zumindest mit Risiken verbunden gewesen. Doch habe es vergleichsweise wenig Mut gekostet, direkte Vorgesetzte zu kritisieren. Heute sei es umgekehrt: Politiker der obersten Führungsebene des Staates zu kritisieren sei leichter. Allerdings traue man sich seltener, an den direkten Vorgesetzten und an der Führungsspitze der eigenen Stadtverwaltung Kritik zu üben. Dies gelte um so mehr, wenn die Kritik öffentlich werde:

„Das dürfte ich ihnen gar nicht erzählen, jetzt. Ich bin neulich erst belehrt worden! Daß man so etwas, ... aber Sie sind ja kein Medienvertreter. Daß man von der offiziellen Stadtmeinung abweichende Auffassungen überhaupt hat, darf man gar keinem erzählen. Eine Frage der Loyalität, kann ich meinen Arbeitsplatz verlieren." (05/1814/1926)

1992 betonen die Unterstellten ihre Vorsicht gegenüber den Vorgesetzten und begründen sie mit ihrer Angst um den Arbeitsplatz. Auch 1996 wird die Sorge um den Arbeitsplatz beschrieben. Doch die Unterstellten sind inzwischen mit den neuen Umgangsregeln gegenüber den Vorgesetzten vertrauter als vor vier Jahren. 1996 nennen die Interviewten konkrete Voraussetzungen, die erfüllt sein müssen, um dem Vorgesetzten „unbeschadet" widersprechen zu können. Der Diskurs ist neu. Er ist Ausdruck einer differenzierter gewordenen Sicht auf das Verhältnis zum Vorgesetzten. Einfache Dichotomisierungen, die ein angstfreies Verhältnis zum Vorgesetzten zu DDR-Zeiten einem heute durch Vorsicht gekennzeichneten gegenüberstellen, eignen sich zusehends weniger, um die Bedingungen für Kritik am Vorgesetzten in einer inzwischen vertrauter gewordenen Verwaltungswelt zu beschreiben. Allerdings heißt dies nicht, daß diese ursprünglichen Dichotomisierungen deshalb aufgegeben wurden. Wie gezeigt, benutzen die Interviewten beide Diskurse.

Exkurs: Amtsleiter reden über Bürgermeister, Beigeordnete und Dezernenten

1992 äußern sich die Amtsleiter noch kaum zur gewählten Führungsspitze der Stadtverwaltung, dem Oberbürgermeister, den Beigeordneten und den Dezernenten.[76] Vier Jahre später ist dies anders:

> „Ich meine, ich will mich jetzt darüber nicht auslassen, ob ich einen unmittelbaren politischen Vorgesetzten habe, mit dem ich gut auskomme oder schlecht auskomme." (04/1875/1899)

Die zurückhaltende Stellungnahme läßt sich als Vorsicht interpretieren, die mit diesem Thema verbunden wird. Diese wird auch daran deutlich, daß Tonbandaufzeichnung zu diesem Thema auf Bitten der Interviewten häufig unterbrochen werden mußten. Wenn sich die Amtsleiter im Interview trotzdem zum Verhältnis zu ihren Vorgesetzten äußern, dann positiv:

> „Gutes Verhältnis eigentlich, in diese Richtung, jetzt nach oben ..." (02/742/891)

Jenseits dieser individuellen Bewertungen definieren die Amtsleiter 1996 ihre eigene Rolle auch gegenüber ihren Vorgesetzten, was in den Interviews von 1992 noch nicht geschieht:

> „... als Mittler verstehe ich mich insbesondere zwischen dem Amt, und sagen wir mal der Verwaltungsspitze." (07/1661/1836)

Vier Jahre zuvor betonen die Amtsleiter lediglich ihre Rolle als Ansprechpartner für die Unterstellten. 1996 heben sie auch ihre Funktion als Verbindung zwischen dem Amt und der obersten Führungsebene der Stadtverwaltung hervor. Die Amtsleiter sehen ihre Funktion dabei auf die Verwaltung beschränkt, für die Außendarstellung seien andere verantwortlich:

> „... also, jetzt halten wir uns ein bißchen aus den Medien raus, sag ich mal ... immer wieder kommen sie an, jetzt haben wir aber ... ein(e) besser funktionierende Pressestelle, wo wir immer abwimmeln können." (02/881/944)

> „... daß man auch in der Öffentlichkeit ... Position beziehen kann, das ist jetzt nicht mehr. Die Verwaltung spricht mit einer Stimme. Das hat sich auch geändert." (10/1340/1414)

Der Umgang mit der Presse sei Aufgabe der Pressestelle oder der obersten Führungsebene der Stadtverwaltung. Sie selbst hingegen seien zuständig für Probleme, die in enger Abstimmung mit den Beigeordneten zu lösen seien:

---

76 In Brandenburg werden seit Inkrafttreten der neuen Kommunalverfassung, wie in allen anderen ostdeutschen Ländern auch, die hauptamtlichen Bürgermeister direkt gewählt (vgl. Wollmann 1997).

„Es ist doch noch ein Berg von Sachbearbeitung. Sachbearbeitung auch in der Beziehung zum Beigeordneten. Man muß Einzelfälle oder einzelne Vorgänge bearbeiten." (10/508/957)

Die Amtsleiter betonen, daß sie es seien, die die in ihrem Amt vertretene Fachkompetenz in den Abstimmungsprozeß mit der Verwaltungsspitze und der Stadtverordnetenversammlung einzubringen haben:

„... der Amtsleiter ... muß ... Fingerspitzengefühl haben, um da durchzukommen, ... (er muß sich) politischen Segen holen, ... wenn er irgend etwas anordnet ... da redet jeder mit, ob das der ... Dezernent ist, oder der ... Bürgermeister, ... (alle) haben sie ... Ahnung. Das ist das Problem, wie beim Fußball, sag ich mal. Fußballtrainer könnte jeder sein in Deutschland. Mit dem ... (speziellen Amtsbereich) ist es genau so. Und das ist da drüben (in den alten Bundesländern) genauso. Daß da eben sehr viele mitreden und er (der Amtsleiter) das nötige Fingerspitzengefühl haben muß, und immer, wie der Wind weht, ... wie die Parteien das gerade haben wollen, da muß man die Mehrheit der Parteien auch noch beachten, ist sie grün orientiert, die Politik, oder ist sie schwarz oder ist sie rot?" (2/2194/2280)

Im Unterschied zu allen anderen Mitarbeitern der Kommunalverwaltung wird die oberste Führungsebene, das heißt der Oberbürgermeister und die Beigeordneten, gewählt. Die Amtsleiter betonen: Der Umgang mit dieser politischen Ebene erfordere „Fingerspitzengefühl". Die Amtsleiter stilisieren sich selbst als inzwischen erfahrene und im Umgang mit der politischen Ebene erprobte Leiter ihrer Ämter. Der Vergleich mit den Kollegen in den alten Bundesländern soll dies unterstreichen. Charakterisieren die Amtsleiter die politische Ebene durch fachlichen Dilettantismus und parteipolitische Überlegungen geprägt, so nehmen sie im Gegensatz dazu für sich selbst die Rolle des fachkompetenten Experten in Anspruch:

„Des weiteren muß ich auch so sagen, ist es natürlich ein Kampf auch immer wieder, zwischen den gesetzlichen Bestimmungen, die ich als Amtsleiter durchsetzen muß, also als Fachmann jetzt in dem Sinne, gegenüber der politischen Seite." (04/549/613)

„Der Beigeordnete, sagen wir mal so, ist eine politische Figur, ... und er wird in erster Linie politisch handeln." (4/1875/1899)

„Meine Kollegen meinen, er (der Beigeordnete bzw. Dezernent) entscheidet über etwas, was er nicht kennt. Er kann nicht einschätzen, wie aufwendig und kompakt die Tätigkeit ... hier im Haus (ist)." (07/88/260)

Die Amtsleiter fordern gegenüber der Führungsspitze der Stadtverwaltung Mitsprache in Dingen, die ihr Amt betreffen. Sie verlangen, daß man ihre Fachkompetenz berücksichtige und beklagen, daß dies nicht in ausreichendem Maß geschehe; eine Argumentation, die an die zuvor geschilderten Klagen der Unterstellten über sie selbst erinnert. Die Kritik am eigenen Vorgesetzten wird nicht direkt sondern als Meinung anderer geäußert: Den

Beigeordneten und Dezernenten fehle es an Wissen über die Arbeitsabläufe in den Ämtern. Deshalb können sie die Verhältnisse im Amt nur schwer oder gar nicht beurteilen. Die Amtsleiter beschreiben sich in Abgrenzung zu dieser „politischen" Leitungsebene der Stadtverwaltung: Anders als diese seien sie fachkompetente Umsetzer. Die Selbstbeschreibung als Verwaltungsexperte und Rechtstechniker ist nicht ungewöhnlich für Führungskräfte in öffentlichen Verwaltungen. Darin unterscheiden sie sich von Politikern, die sich stärker als Fürsprecher breiter gesellschaftlicher Gruppen und allgemeiner gesellschaftlicher Anliegen definieren und ihren parteipolitischen Programmen verpflichtet fühlen (vgl. Aberbach/Putnam/Rockman 1981: 88f., Derlien/Mayntz 1987: 14).[77] Die interviewten Amtsleiter nutzen dieses Politikerbild für die Beschreibung ihrer Vorgesetzten. Es dient ihnen als Kontrast, vor dem sich ihr Selbstbild als Verwaltungsexperte abhebt.

6.5 Unter Kollegen

1992 benutzen die Interviewten zwei Vergleichshorizonte, um ihr Verhältnis zu den Kollegen zu beschreiben: die DDR-Zeiten und die Kollegen in den alten Bundesländern. Beide Bilder dienen ihnen als Kontrast. Im Vergleich zu DDR-Zeiten habe sowohl die Hilfsbereitschaft als auch die menschliche Nähe zu den Arbeitskollegen abgenommen. In den Verwaltungen der alten Bundesländer sei hingegen beides noch seltener anzutreffen als in der eigenen Verwaltung. Im Vergleich mit den alten Bundesländern erscheint das eigene Verhältnis zu den Kollegen positiver: Zwar sei es nicht mehr ganz so kollegial und offen wie zu DDR-Zeiten, doch einen Teil der Kollegialität und Menschlichkeit habe man in die „neue Zeit" hinübergerettet. Im folgenden wird untersucht, wie die Verwaltungsbeschäftigten ihr Verhältnis zu den Kollegen 1996 deuten und ob sie dabei noch dieselben Vergleichshorizonte benutzen wie vier Jahre zuvor.

Das Verhältnis untereinander war schon zu DDR-Zeiten gut und ist es auch heute noch

Auch 1996 betonen die Interviewten: Zu DDR-Zeiten sei das Verhältnis der Kollegen zueinander weniger distanziert gewesen als heute. Man sei

---

77 Daß die Führungskräfte in öffentlichen Verwaltungen sich darüber hinaus auch als Vermittler zwischen unterschiedlichen gesellschaftlichen Gruppen und Akteuren verstehen, und damit ihre Rolle im „policy-making" Prozeß betonen, ist ein weiteres wichtiges Ergebnis dieser aus den 70er und 80er Jahren stammenden Studien. Allerdings wurden keine Führungskräfte aus kommunalen Verwaltungen sondern solche aus zentraleren Bereichen befragt.

freundschaftlicher miteinander umgegangen. Auch sei die Trennung zwischen Dienstlichem und Privatem weniger rigide gewesen. Erinnert wird weniger der offizielle Rahmen des „Kollektivlebens" als vielmehr seine Kolonialisierung durch die Lebenswelt: Das Kollektivleben wird als „gemütliches Beisammensein" beschrieben, das in erster Linie „Spaß" gemacht habe. Um „... in den Genuß der (Förder-) Gelder zu kommen", habe man sich den geforderten offiziellen Anstrich gegeben (04/1375/1752), wobei der „sozialistische(r) Erziehungseffekt" zugunsten von „Spaß, Fröhlichkeit und Entspannung" deutlich in den Hintergrund getreten sei:

> „War eigentlich so mehr ein gemütliches Beisammensein. Daß man (beim Gartenfest im Kollegenkreis) ... mal außerhalb (der Arbeit) die Möglichkeit hatte, so ein bißchen zusammenzusitzen. Und dann wurde meistens gegrillt, viel gelacht, erzählt ..." (08/1182/1262)

> „Schule der sozialistischen Arbeit, ... diese ideologischen Geschichten ... Grundlagen (des) Marxismus-Leninismus, ... war ... eine Sache, die auch sehr unbeliebt war, ... Das war eine Pflichtaufgabe, die ... die Mitarbeiter nicht gerne gemacht haben ... Aber, was beliebt war, waren eigentlich diese richtig kulturellen Veranstaltungen. Was mir auch Spaß gemacht hat." (03/1383/1448)

> „Da war überhaupt kein sozialistischer Erziehungseffekt. Wenn wir eine Brigadefahrt ... (gemacht haben) ... das war Spaß und Fröhlichkeit und Entspannung ... Manche haben es vielleicht auch genutzt, als Informationsquelle, denk ich mal, weil es gab ja genügend, die zugearbeitet haben ... Sicherlich, da ist man ganz anders, da ist man lockerer, da geht man auch vielleicht privat auch ein bißchen aus sich raus, was man vielleicht ... da vergißt man die Vorsicht, die im Betrieb immer da war ..." (11/1161/1330)

Als gänzlich unbefangen wird das Verhältnis unter Kollegen zu DDR-Zeiten nicht in jedem Fall stilisiert: Ausgelassenheit konnte auch gefährlich werden, wenn sie mit einem Verlust an Selbstkontrolle einherging. Allerdings waren damals die Regeln des Umgangs bekannt und erprobt, sie waren selbstverständlich und wurden deshalb nicht als Zwang erlebt. Man wußte, wie offen man im Umgang mit den Kollegen sein durfte. Es ist deshalb wenig verwunderlich, daß das Verhältnis unter Kollegen zu DDR-Zeiten als eines beschrieben wird, das sich durch eine große Nähe und Vertrautheit ausgezeichnet habe. Der Vergleich mit dieser vertrauteren Zeit dient den Verwaltern auch noch im sechsten Jahr nach der Wende als Kontrastfläche. Vor dieser hebt sich das heutige soziale Miteinander im Kollegenkreis als distanziert ab:

> „Man war (zu DDR-Zeiten) ... vertrauter in so einem Team ... (Heute) läßt (man) schwerer andere Leute an sich ... ran. Jedenfalls nur im engsten Kreis." (07/1459/1659)

> „... daß man nun so seine (privaten) Dinge vor allen (Kollegen erzählt), ich würde mal sagen, das ist nicht mehr so." (05/542/958)

„... wir haben eigentlich (zu DDR-Zeiten) viel intensivere zwischenmenschliche Beziehungen gehabt, auch außerhalb der Arbeitszeit, nicht nur in der Arbeitszeit ... Haben dann zusammen irgendwelche Veranstaltungen besucht ... Das (Verhältnis der Kollegen) war freundschaftlich, kollegial ..." (09/267/280)

Die „Vertrautheit" zu DDR-Zeiten steht der heutigen Unsicherheit im Umgang mit den Kollegen gegenüber, „intensivere zwischenmenschliche Beziehungen" damals kontrastieren die heutige soziale Kälte. Erst im Vergleich zu DDR-Zeiten können die Interviewten das Erleben von Unsicherheit und Distanz beschreiben. In der Erinnerung an die alte Zeit wird die Gegenwart kritisierbar.

Nähe und Vertrautheit wird häufig in Zusammenhang mit Kollegialität und Hilfsbereitschaft gestellt. So betonen die Interviewten, daß sich zu DDR-Zeiten eine größere Nähe im Umgang miteinander auch positiv auf die Bereitschaft ausgewirkt habe, den Kollegen zu helfen. Die Hilfsbereitschaft im Kollegenkreis sei damals üblicher gewesen als heute:

„Ja, der Zusammenhalt war einfach (zu DDR-Zeiten), auch das füreinander Einstehen war ganz anders. Also hier würd ich für niemanden einstehen ..." (01/641/849)

„Vor der Wende ... (wurde) beim Kaffeeklatsch oder in der Pause ... jedes dienstliche Problem ausdiskutiert ... also da (hat man sich noch) wesentlich ... kollegialer ... verhalten." (04/671/691)

„Und (bei einem Amtsfest) da lernt man sich halt wirklich anders kennen als wenn man arbeitet ... wobei ... ich würde nicht jedem alles erzählen ... Also wenn ich jetzt (an) vor 89 denke, ... damals hieß es ja noch Kollektiv, da war es tatsächlich ein Kollektiv, da konnte ich ... (Hilfe erwarten). Heute muß ich mich alleine durchbeißen ..." (01/641/849)

Die Gründe für die heutige Zunahme von Distanz und für die Abnahme von Hilfsbereitschaft sehen die Interviewten in einer seit der Wende gestiegenen Arbeitsbelastung, aber auch in der zu DDR-Zeiten nicht gekannte Sorge um die Sicherheit des eigenen Arbeitsplatzes. Beides machen die Interviewten für ihre heutige Vorsicht im Umgang mit den Kollegen verantwortlich:

„Ich denke, daß es ein bissel weniger geworden ist. Früher (zu DDR-Zeiten) hatte man doch noch intensiveren Kontakt. Aber durch die Fülle der Arbeit und durch den Streß, ... dadurch ist es eigentlich auch so ein bissel ... in den Hintergrund geraten." (05/542/958)

„Vor der Wende ... (gab es) freundschaftlichere Beziehungen, gegenseitige Rücksichtnahme, mehr Hilfe ... Weil das Leistungsprinzip nicht so hart war ..." (09/267/280)

„Diese Existenzangst (führt dazu), sich verschließen zu müssen ... Mit persönlichen Problemen, die ich Zuhause hatte, das würde ich (heute) nicht äußern, hätte ich früher aber gemacht ..." (03/1450/1759)

Die Schilderungen des Verhältnisses der Kollegen zu DDR-Zeiten und heute bilden ein begriffliches Muster. Wie Distanz und Vorsicht werden für die Interviewten auch Erfahrungen der Konkurrenz und des sich allein gelassen Fühlens erst im Kontrast zur DDR-Zeit beschreibbar.

Wie schon in den Interviews von 1992 ändert sich auch vier Jahre später die Bewertung der eigenen Situation, wenn die Vergleichsfolie wechselt. Entsprechend dient das Bild der Verwalter aus den alten Bundesländern den Interviewten besonders dazu, ihre Menschlichkeit und Kollegialität zu betonen. So seien die Kollegen „drüben" distanzierter im Umgang miteinander als sie selbst. Die dort unter Kollegen übliche Distanz äußere sich zum Beispiel in einem steiferen und förmlicheren Verhalten und sie zeige sich auch in einer strikteren Trennung von Arbeits- und Privatssphäre:

> „Mein Eindruck war, daß das Verhältnis drüben in der Verwaltung sehr distanziert ist. Man kommt, ‚Guten Tag, Herr Mayer', ‚Guten Tag, Herr Soundso' ... (dann wird die) Arbeit gemacht (und) dann geht man nach Hause." (02/2242/2335)

> „Ja, also privat, soweit ich auch jetzt aus der Verwandtschaft weiß, ... die in den westlichen Bundesländern ist, die haben, so sag ich mal, zu Arbeitskollegen keinen engen Kontakt." (11/1161/1330)

> „In den ... Partnerstädten (der alten Bundesländer), wo wir mal da waren, ist ... (es) distanzierter ... Wenn mein Job zu Ende ... (ist), dann ... weiß ich gar nicht mehr, wo ich arbeite ..." (02/1028/1087)

Das Bild von den Verwaltern in den alten Bundesländern beruht auf Stereotypen. Es wird als eigene Erfahrung oder auch als die von Freunden oder Verwandten in das Gespräch eingeführt. Das Bild dient den Interviewten als Kontrast. Vor dem Hintergrund der distanzierten Kollegen „drüben" läßt sich die eigene Nähe hervorheben. Vergleiche in der Form des „hier" und „dort" unterstreichen dies:

> „Sie haben auch nicht so den Kontakt untereinander, ist mir aufgefallen. Also dort ist alles förmlicher, der Umgang miteinander ist nicht offen und herzlich eigentlich, wie er bei uns ... ist." (08/390/461)

> „Was ich aber festgestellt hab, ich meine, hier duzt sich der überwiegende Teil (der Kollegen) und dort (in den Verwaltungen der alten Bundesländer) spricht man sich halt mit dem Vornamen und ‚Sie' an. Also man ... wahrt dann doch irgendwo die Grenzen halt, und ich denke nicht, daß da überhaupt über Familie gesprochen wird." (01/971/1049)

Das „Duzen" der Arbeitskollegen werten die Interviewten als Zeichen größerer Nähe. Wie Offenheit und Nähe sei auch die Hilfsbereitschaft unter den Kollegen in den alten Bundesländern seltener anzutreffen:

> „Die (Verwalter in den alten Bundesländern) sagen folgendes: ‚Das ist nicht mein Ding'. Wenn ich sage: ‚Das ist nicht mein Ding', dann ist es doch viel

einfacher, als wenn ich sage, ‚nun gehst du mal gucken, ... meinem Nachbarn, wie geht es dem?'" (10/899/927)

Vor dem Hintergrund der als distanziert und wenig hilfsbereit beschriebenen Kollegen in den alten Bundesländern können die Interviewten an die DDR-Zeiten positiv anknüpfen: Sie seien Wärme und Hilfsbereitschaft im Umgang der Kollegen untereinander gewohnt und haben sich diese bis zu einem gewissen Grad in der „neuen Zeit" bewahrt:

„Also das Verhältnis untereinander oder zu den Kollegen, das war eigentlich zu DDR-Zeiten schon gut. Und das ist eigentlich auch heute noch gut ... wir müssen uns gegenseitig vertreten, ... und von daher ist das schon mal ganz in Ordnung hier ..." (08/210/349)

„... also hier, wir im Team, kennen uns alle recht gut. Wir erzählen auch von privaten Dingen, nehmen Anteil ... an Dingen, die den anderen oder den Kollegen betreffen, tauschen uns da aus, also wir sind da sehr, sehr offen. Hier herrscht wirklich eine ... ganz tolle Arbeitsatmosphäre, und das ... wollen wir uns eigentlich auch erhalten." (05/1724/1779)

„... (wir) sind hier eigentlich so ein gutes Team, ... untereinander wird abgesprochen, ... also es behält eigentlich noch kaum jemand Wissen für sich ..." (01/441/524)

Die Interviewten betonen, daß es persönliche Kontakte zu den Kollegen nach wie vor gebe. Sie „arten nicht aus" (2/1188/1334) und beeinträchtigen nicht die Arbeitsergebnisse. Man sei, zumindest im Kreis der direkten Kollegen, offen für die Sorgen des anderen, vertrete sich gegenseitig und paktiere „noch" nicht gegeneinander, indem man Wissen zurückhalte. Das kollegiale Klima bewerte man positiv und möchte es sich deshalb auch in Zukunft bewahren. Allerdings, so heben die Interviewten hervor, sei dieses kollegiale Miteinander bedroht. Wie 1992 befürchten die Interviewten auch vier Jahre später eine Zunahme von Konkurrenz und damit eine Angleichung an die Verwalter „drüben". „Noch" sei es allerdings nicht soweit.

Die Abgrenzungen gegenüber dem Bild des distanzierten Verwalters aus den alten Bundesländern auf der einen und die Anknüpfung an eine Nähe und Gemeinschaftlichkeit, wie man sie aus DDR-Zeiten kenne auf der anderen Seite, bilden ein begriffliches Muster. Dieses ist aus den Interviews von 1992 bekannt. Auch vier Jahre später beschreiben die Interviewten ihr kollektives Selbstbild mit diesem Muster. Die Stabilität dieses Selbstbildes ist um so bemerkenswerter, als es trotz inzwischen durchlebter Krisen beibehalten wird; so sind zwischenzeitlich Abteilungen umstrukturiert und Bereiche ausgegliedert worden, Maßnahmen, die zum Teil auch von erheblichen Personalreduzierungen begleitet waren (vgl. Kapitel 4.3). Die Interviewten bemerken, daß in diesen Phasen die Konkurrenz unter den Kollegen zugenommen und sich das Klima verschlechtert habe:

„Wo man wußte, es wird (Personal) reduziert, die (Kollegen) haben sich dann richtig ... versucht herauszustellen mit ihren Leistungen, weil sie Angst hatten, wenn ich jetzt zu wenig bringe, dann bin ich vielleicht diejenige, die gehen muß. Und das macht ein ganz mieses Arbeitsklima, die (Kollegen) haben sich dann auch nicht beteiligt an unserem Amtstreffen ..." (3/1450/1756)

„Ich hab so etwas (wie Konkurrenz unter den Kollegen) mitgemacht. Ich würde sagen, am Anfang, ja, gab es in meinen eigenen Reihen, hab ich damals so empfunden, ..." (06/523/598)

„Ich nehme nur wahr, daß es ... als bedauerlich empfunden wurde, daß es über eine gewisse Zeit nicht so intensiv betrieben wurde ... Es hing so mit der Strukturveränderung (zusammen) ... da war so ein bissel Spannung im ganzen Geschäft. Und da hat man wenig Bereitschaft gefunden, miteinander auch noch ein Bier trinken zu gehen ..." (10/1653/1741)

„... dann gab es aber eine ganz schlimme Zeit ... unter den Bereichen war eine ganz furchtbare Atmosphäre entstanden ... Ende 94, ... Das äußerte sich dann so, daß man unheimlich gehässig aufeinander reagierte ... So untereinander hat man sich unheimlich voneinander distanziert ..." (05/350/305)

Vor dem Hintergrund derartiger Erfahrungen von Distanz und Mißtrauen wird der Umgang unter den Kollegen heute als kollegialer und entspannter beschrieben:

„So ab 1994 ... dann fing das doch wieder so ein bißchen an, so daß man (sich um) ... den anderen ... wieder ein bißchen mehr gekümmert hat." (05/542/958)

„Vorher war das gar nicht auszuhalten ... Es hat sich entspannt, weil jetzt diese Kündigung ... vom Tisch ist." (03/1450/1756)

„... Personalabbau wirkt sich immer auf das Arbeitsklima aus ... Es ist jetzt erst mal wieder so ein bißchen Ruhe (unter den Kollegen), nachdem man weiß, jetzt wird vorläufig nicht reduziert ... Also manche Mitarbeiter haben ziemlich deutlich gezeigt, daß sie die Konkurrenz fürchten. Oder andere haben sich auch in den Vordergrund gespielt, um gut dazustehen." (09/267/280)

„... das fängt wieder an, besser zu werden. Also am Anfang hat ja jeder gesagt, daß er nur seine Arbeit schaffen muß. Und vielleicht war auch der Ellbogen ziemlich stark, weil jeder wußte, es wird wieder reduziert ... (Ich) möchte sagen, so seit 95/96 haben sich die Beziehungen (unter den Kollegen) wieder verbessert. Ja, es ist auch ... wieder (so), daß doch untereinander wieder mehr geholfen wird, wenn einer so ein bißchen auf der Strecke bleibt, daß der andere dann mal fragt, kann ich dir helfen? Früher hat jeder nur seins gesehen, seine Gruppe, auch so untereinander ... hat man sich nicht mehr so geholfen. Wir finden wieder zueinander ..." (09/457/536)

Inzwischen haben die Interviewten erste Phasen von Umstrukturierung und Personalabbau erlebt. Im Rückblick werden diese Zeiten negativ beschrieben: Die Konkurrenz habe zugenommen, die Hilfsbereitschaft sei zurückgegangen und man habe sich auch persönlich voneinander distanziert. Diese „Krisenzeiten" bilden einen Kontrast, vor dem sich die Gegenwart positiv abhebt. Doch auch weiterhin strukturiert das bekannte begriffliche Muster der Anknüpfung an die DDR-Zeiten die Wahrnehmung: Trotz zeitweiser „Spannungen" seien inzwischen vertrauensvolle Beziehungen zu den Kollegen „wiederhergestellt" worden.

Nicht nur ihr „anders sein" sondern auch ihr „kollegialer sein" zeigen die interviewten Verwalter in ihrer Abgrenzung gegenüber dem Bild des Verwalters aus den alten Bundesländern. Diese Abgrenzung wird mit einer Rückprojektion auf die DDR-Zeiten verbunden. Was die eigene Gruppe positiv von dem Bild der Verwalter „drüben" unterscheidet, erscheint zugleich als „gerettete Erbschaft" aus DDR-Zeiten. Für die Anfangszeit ist zu vermuten, daß die Betonung sozialer Kompetenz als Kompensation für fachliche Lücken diente. Doch warum wird dieses Selbstbild auch noch vier Jahre später von den Interviewten so deutlich betont? Konkurrenz, Distanz und Kühle im Umgang unter Kollegen sind auch in der neuen Verwaltungswelt keine erstrebenswerten Tugenden. Kollegialität und Hilfsbereitschaft lassen sich dagegen als positive identitätsstiftende Aspekte ins Feld führen. Um sie hervorzuheben, werden auch 1996 die bekannten begrifflichen Muster der Anknüpfung und Abgrenzung benutzt.

7. Kontinuität und Diskontinuität

Erfahrungen von Mitgliedern einer Kultur werden, wie Erfahrung überhaupt, durch Wahrnehmungsschemata organisiert. Nur mit Hilfe dieser sozial geprägten und erlernten Kategorien lassen sich Ereignisse überhaupt erst erfassen und interpretieren (vgl. Goodenough 1981). Den Mitgliedern einer Kultur dienen diese Unterscheidungen und die sie begleitenden Zuschreibungen zur Konstruktion und Deutung ihrer Wirklichkeit. Diese Sinnkonstruktionen können ihrerseits – deutend – vom Forscher erfaßt werden (vgl. Schütz: 1971). Einige Organisationskulturforscher befinden sich in einer vergleichbaren Tradition, wenn sie kleinere und weniger abgeschlossene kulturelle Einheiten mit Blick auf die in ihnen von den Organisationsmitgliedern selbst verwendeten Sinn- und Bedeutungsstrukturen untersuchen. So untersucht Van Maanen (1973, 1977) das Selbstverständnis von Polizeischülern und Gregory (1983) das Berufsverständnis von Technikern und Softwarespezialisten. Ziel dieser Art von Untersuchungen ist es, die von den Beschäftigten selbst für die Beschreibung und Deutung ihrer Realität benutzten Unterscheidungen und Typisierungen aufzuspüren und nicht durch solche zu ersetzen, die von außen, also vom Forscher, herangetragen werden. Dabei müssen die Unterscheidungen im Hinblick auf den durch sie vermittelten Sinnrahmen interpretiert werden (vgl. auch Smircich 1983a, 1983b, Pettigrew 1979, Geertz 1995a bzw. Kapitel 1).

Wie die Analyse des 1992er und 1996er Interviewmaterials gezeigt hat, findet man auch in den Rollenbeschreibungen und Wirklichkeitsdeutungen der interviewten Verwalter aus einer Kommunalverwaltung im Land Brandenburg solche kollektiv geteilten Unterscheidungen. Sie sind der Hintergrund, vor dem sich ihr kollektives Selbstbild abhebt. Dabei determinieren die innerhalb des begrifflichen Musters der Selbst- und Fremdzuschreibung vorgenommenen Bewertungen die Äußerungen der Interviewten nicht: Die Kommunalverwalter können ihre aktuelle Situation am Arbeitsplatz, im Umgang mit dem Bürger, den Kollegen oder den Vorgesetzten als belastend oder auch fördernd, als distanziert oder auch nah beschreiben. Die Darstellungen der Befragten werden also nicht wörtlich genommen, wie es bei Meinungsumfragen in der Regel geschieht, sondern sie werden im Hinblick auf die von den Interviewten verwendeten begrifflichen Unterscheidungen analysiert. Diese Unterscheidungen dienen der Verarbeitung und Ordnung der Welt. Spezifische Strukturen treten vor dem Wahrnehmungshorizont anderer um so deutlicher hervor. Es entstehen dichotomisch konstruierte begriffliche Muster. Sie bilden spezifische Ordnungen oder Diskurse (vgl. Kapitel 1.1).

Die zu untersuchende Hypothese lautet, daß die kollektive Erfahrung des Untergangs der DDR zu spezifischen und zeitlich stabilen, die Selbstwahrnehmung prägenden Horizonten führt. Dabei wird ausdrücklich von der Naivität Abstand genommen, über die Äußerungen der Befragten die DDR-Verwaltungswirklichkeit zu rekonstruieren, um dann über spezifische Prägungen auf heutige Orientierungen zu schließen (vgl. Kapitel 2). Statt dessen ist die Untersuchungsperspektive eine doppelte: Zum einen wird das kollektive Selbstbild der Kommunalverwalter rekonstruiert, indem die begrifflichen Muster der Anknüpfung und Abgrenzung herausgearbeitet werden. Zum anderen wird die Stabilität oder Veränderung dieses Selbstbildes über die Zeit untersucht. Aus diesem Grunde wurden die Beschäftigten 1992 und ein Teil von ihnen 1996 noch einmal mittels eines Leitfadens zu ihrem Selbstverständnis als Verwalter befragt und die Ergebnisse miteinander verglichen.

1992 und 1996 haben sich die Selbstbeschreibungen der Verwalter nicht verändert. Auch vier Jahre später werden die 1992 ermittelten kontrastierenden Vergleichshorizonte benutzt. Die DDR-Zeiten und das Bild der Verwalter aus den alten Bundesländern dienen den Interviewten 1992 und auch vier Jahre danach als Vergleichshorizonte. Besonders letzteres ist bemerkenswert, da der reale Kontakt mit Kollegen aus den alten Bundesländern in der untersuchten kommunalen Verwaltung eher selten ist. Doch auch die „Imagination des Fremden" trägt zur Konstruktion von Gruppenidentität bei (vgl. Stölting 1986). Der Mechanismus der Zuschreibung von Auto- und Heterostereotypen weist über die in der Sozialpsychologie dominierenden Ansätze von Konflikten zwischen sozialen Gruppen hinaus (vgl. Tajfel/Turner 1986), denn die Konstruktion des „Anderen" und die mit ihm einhergehenden Zuschreibungen stärken nicht nur die Identifikation mit der eigenen Gruppe, sondern machen die Selbstbeschreibung der eigenen Gruppe überhaupt erst möglich.

Das begriffliche Muster der Kontrastierung mit den DDR-Zeiten und mit dem Bild des Verwalters „von drüben" strukturiert die Wahrnehmung und Deutung unterschiedlicher Dimensionen der eigenen Rolle der interviewten Verwalter 1992 und auch vier Jahre später: Das reicht von dem Verhältnis zum Bürger und dem Bild von diesem, dem Selbstverständnis als Führungskraft und den Erwartungen, die an die Führungskraft von den Unterstellten gestellt werden, bis hin zum Verhältnis zu den Kollegen.

1992 und 1996 heben die Befragten hervor, daß sie sich bereits zu DDR-Zeiten um den Bürger gekümmert haben und auch heute in erster Linie auf die Bedürfnisse des Bürgers ausgerichtet seien (vgl. Kapitel 5.1 und

6.1). Mit dieser Orientierung auf den Bürger unterscheide man sich von den Verwaltern in den alten Bundesländern. Diese seien „Bürokraten", die sich nur an den formalen Bestimmungen orientieren. Man selbst hingegen wolle dem Bürger helfen, bringe Verständnis für seine Sorgen auf und sei emotional an seinen Anliegen beteiligt.

Die Darstellung der eigenen Rolle im Umgang mit dem Bürger korrespondiert mit dem Bild, das die Verwalter von diesen zeichnen. 1992 und 1996 betonen die Interviewten, daß die Bürger im Umgang mit der Verwaltung Unterstützung brauchen (vgl. Kapitel 5.2 und 6.2). Diese Hilfe durch die Verwalter seien sie aus DDR-Zeiten gewohnt. Anders als in den alten Bundesländern seien die ehemaligen DDR-Bürger auf die Unterstützung durch die Verwalter angewiesen.

Auch in der Selbstbeschreibung als Vorgesetzter werden dieselben begrifflichen Muster der Anknüpfung und Abgrenzung wie vor vier Jahren verwendet (vgl. Kapitel 5.3 und 6.3): Man sei es aus DDR-Zeiten gewohnt, Aufgaben nicht nur an die Mitarbeiter zu delegieren, sondern man sei auch offen für die fachlichen Probleme der Unterstellten. Dies und eine gewisse menschliche Nähe zum Unterstellten unterscheide einen als Vorgesetzten von den Kollegen aus den alten Bundesländern.

Das Selbstbild der Vorgesetzten korrespondiert mit den Erwartungen der Unterstellten: Auch diese wünschen sich Vorgesetzte, die ihnen in fachlichen Dingen mit kompetenten Ratschlägen weiterhelfen können (vgl. Kapitel 5.4 und 6.4). Auch aus der Perspektive der Unterstellten beziehen sich die Interviewten auf ihre Erfahrungen aus DDR-Zeiten. Sowohl fachliche Kompetenz als auch menschliche Nähe sei man von den Vorgesetzten aus DDR-Zeiten gewohnt. Aufgrund der Angst vor Arbeitslosigkeit sei allerdings der Umgang mit den Vorgesetzten heute distanzierter.[78] Auch hier dient das Bild des Vorgesetzten aus den alten Bundesländern der Hervorhebung positiver Aspekte, die eine Anknüpfung an die DDR-Zeiten ermöglichen: Wenngleich die heutige Sorge um den Arbeitsplatz die Verwalter im Umgang mit den Vorgesetzten vorsichtig sein lasse, sei doch der Umgang immer noch weniger distanziert als in den Verwaltungen der alten Bundesländer.

Auch der Umgang der Kollegen untereinander wird von den Verwaltern als Anknüpfung an eine Kollegialität und Hilfsbereitschaft beschrieben, wie man sie aus DDR-Zeiten kenne (vgl. Kapitel 5.5 und 6.5): Das Verhältnis unter Kollegen sei zwar nicht mehr ganz so herzlich und die Hilfsbereitschaft nicht mehr so ausgeprägt wie zu DDR-Zeiten, doch gerade im Vergleich zu den Kollegen aus den alten Bundesländern habe man sich etwas

---

[78] Die Angst vor der Arbeitslosigkeit wird zum einen von den Interviewten ganz allgemein angeführt: Zu DDR-Zeiten brauchte man sich darum keine Sorgen zu machen, heute sei dies anders. Zum anderen gab es, vor allem ab 1992, ganz konkrete Erfahrungen mit Maßnahmen zur Personalreduzierung (vgl. Kapitel 4.3).

mehr Menschlichkeit und Kollegialität im Umgang miteinander bewahren können.

Sowohl das Bild von den Verwaltern in den alten Bundesländern wie der Bezug zu den DDR-Zeiten dient den Interviewten als Vergleichshorizont. Dabei sind beide Ebenen miteinander verknüpft: Die eigene kollektive Identität wird durch das Bild, das man von den westdeutschen Kollegen hat, kontrastiert. In einer Rückprojektion erscheint dabei das eigene Selbstverständnis als Erbe aus DDR-Zeiten. Niemand der Interviewten bedauert das Ende der DDR. Doch würde es ein besonders hohes Maß an kollektivem Masochismus voraussetzen, das Bild der Verwalter in den alten Bundesländern ausschließlich positiv und das eigene lediglich als davon defizitär zu bewerten. Von spezifischer Bedeutung ist deshalb das „aber": Mit seiner Hilfe knüpfen die Verwalter an für sie positive Aspekte aus DDR-Zeiten an. So heben sie entweder die Aspekte hervor, die sie heute schmerzlich vermissen oder die, von denen sie glauben, daß sie diese zumindest ansatzweise in die „neue Zeit" hinübergerettet haben. Zugleich wird das Verständnis von sich selbst und der eigenen Rolle von dem Bild abgegrenzt, das man von den Verwaltern aus den alten Bundesländern zeichnet. Der Diskurs der kollektiven Selbstbeschreibung erweist sich als über die Zeit stabil. 1996 benutzen die Interviewten dieselben Vergleichshorizonte und die über sie transportierten Deutungen, die sie auch schon vier Jahre zuvor verwenden.

Folgt man der Theorie sozialer Identität, so haben Gruppen das Bedürfnis nach positiver Identität: Sie sind bestrebt, sich von anderen Gruppen positiv abzugrenzen (Tajfel 1978, Tajfel/Turner 1986). Die Ergebnisse bestätigen dies für die befragten Verwalter: Die Verwalter betonen Eigenschaften, welche die eigene Gruppe vorteilhaft von den Kollegen in den Verwaltungen der alten Bundesländer abheben. Die Interviewten zeichnen ein überwiegend positives Selbstbild, das sich im Zeitraum 1992 bis 1996 nicht verändert: Sie seien flexible und unbürokratische Verwalter, die im Umgang mit dem Bürger wie mit den Kollegen oder als Vorgesetzte sich eine gewisse Menschlichkeit und Hilfsbereitschaft bewahrt haben. Dies zeichne sie vor den Kollegen in den alten Bundesländern aus. Wie 1992 betonen die Verwalter auch vier Jahre später, daß ihre Tugenden bedroht seien: Sie befürchten, dem Bild des unflexiblen, bürokratischen und distanzierten Kollegen aus den alten Bundesländern immer ähnlicher zu werden.

Den Umgang mit den Vorschriften und Verwaltungsregeln mußten alle kommunalen Verwalter erst lernen. Zwar brachte ein Teil der Mitarbeiter Erfahrungen aus der staatlichen Verwaltung der DDR mit, doch waren die Vorschriften dort in der Regel einfacher gestaltet. Dies zeigte sich auch an einer im Vergleich zu den Verwaltungen der alten Bundesländer weniger juristisch und verwaltungsfachlich geprägten Ausbildung der Beschäftigten in den staatlichen Verwaltungen der DDR (vgl. Bernet 1991). Sowohl Mitarbeiter mit Verwaltungsvorerfahrung wie Mitarbeiter, die erst nach der Wende in die Verwaltung kamen, mußten sich bei nur geringen verwaltungsfachlichen Grundkenntnissen in die neuen oder gewandelten Aufgaben der Kommunalverwaltung einarbeiten. Den Verwaltern aus den alten Bundesländern fühlte man sich insbesondere in dieser ersten Zeit fachlich unterlegen, obwohl tatsächliche Kontakte mit ihnen eher selten waren. Nach der Theorie der sozialen Identität können Defizite in einer Dimension über Vorteile auf einer anderen Dimension ausgeglichen werden (Tajfel/Turner 1986: 20). Den Verwaltern könnte der Verweis auf die eigene Orientierung auf den Bürger sowie die Hervorhebung eigener sozialer Kompetenz zumindest in der Anfangszeit als ein solcher Ausgleich gedient haben. Die eigene Unsicherheit im Umgang mit den Vorschriften kann dann als flexible Orientierung auf den Bürger und als emotionale Beteiligung an seinen Anliegen umgedeutet werden, eine Interpretation, die auch von Engler vorgeschlagen wird (vgl. Engler 1996: 331). Jetzt fühlt man sich den Kollegen aus den alten Bundesländern überlegen und kann dem Bild des fachkompetenten aber umständlichen und bürgerfernen Kollegen aus den alten Bundesländern den eigenen, weniger bürokratischen Umgang mit dem Bürger entgegensetzen. Gleiches gilt für den kollegialen Umgang der Mitarbeiter untereinander und für die Menschlichkeit und Nähe im Umgang zwischen Vorgesetzten und Unterstellten. Auch vier Jahre später haben sich die Selbstbeschreibungen nicht verändert. Und warum sollten sie auch aufgegeben werden, handelt es sich doch um allgemein anerkannte, lobenswerte Tugenden, die den kommunalen Verwaltern aus den neuen Bundesländern nach wie vor eine positive Distinktion ermöglichen.

Wie gezeigt wurde, hat sich das kollektive Selbstverständnis der interviewten Verwalter zwischen 1992 und 1996 nicht verändert. Daneben wird 1996 erstmals ein anderes Selbstverständnis geäußert, daß in seinem Aussagegehalt konträr zu dem bekannten steht. Der Verdeutlichung dieses Selbstverständnisses dient ein Vergleichshorizont, der vier Jahre zuvor noch nicht verwendet wurde: Der Vergleich mit einer nach der Wende liegenden Anfangszeit. Vor dem Hintergrund dieser Phase können heutige Orientierungen von den Befragten als gewandelte dargestellt werden. Auch dieser neue Diskurs der Selbstdarstellung bezieht sich auf verschiedene Aspekte der Berufsrolle, dies reicht vom Verhältnis zum Bürger, vom Selbstverständnis als Vorgesetzter bis hin zu dem als Unterstellter. Lediglich der Aspekt, der das Verhältnis der Kollegen untereinander betrifft, kommt ohne diese Ergänzung aus, wobei auf die Gründe dafür später noch einzugehen sein wird.

Betonen die Verwalter 1992 ihre Orientierung auf den Bürger, die sie aus DDR-Zeiten gewohnt seien und die sie auch jetzt noch von ihren Kollegen in den Verwaltungen der alten Bundesländer unterscheide, so findet man auch vier Jahre später diesen Diskurs der Selbstdarstellung. Doch parallel dazu erscheint 1996 ein zweiter, der 1992 noch nicht benutzt wird (vgl. Kapitel 6.1): Die Verwalter heben nun die Notwendigkeit eines Abstandes zum Bürger hervor. Distanz verschaffe ihnen den nötigen Respekt vor dem Bürger. Der Abstand schütze sie vor Übergriffen und Überlastungen. Doch die Verwalter betonen nicht nur die zum Bürger aufgebaute Distanz, auch die inzwischen erreichte Kompetenz im Umgang mit den Verwaltungsvorschriften wird herausgestellt. Für beides dient der Vergleich zur Anfangsphase als Kontrast. Damals habe man noch nicht den notwendigen Abstand im Umgang mit dem Bürger gewahrt. Auch seien die Entscheidungen häufig ohne das notwendige Fachwissen getroffen worden und zudem emotional beeinflußt gewesen. Heute sei dies anders. Dieser Kontrast zur Anfangszeit ist neu.

Sechs Jahre nach der Wende sind die Verwalter sicherer in der Anwendung der Verwaltungsvorschriften geworden. Auch würde es nicht mehr ausreichen, eventuell doch noch vorhandene Defizite der Fachkompetenz durch den Hinweis auf die eigene Bürgerorientierung auszugleichen. Die Verwalter tragen dieser veränderten Situation in ihren Selbstdarstellungen Rechnung: 1996 präsentieren sie sich als exakte Anwender von Verwaltungsvorschriften, die auch eine emotionale Neutralität zu den Anliegen der Bürger einhalten. Sie betonen damit ein Bild des Verwalters, von dem sie sich bislang bewußt abgehoben haben. Bisweilen dient sogar der explizite Vergleich mit den Verwaltern aus den alten Bundesländern dazu, inzwischen erreichte Kompetenz zu dokumentieren. Das alte Selbstverständnis ist deshalb nicht aufgegeben worden. Auch sechs Jahre nach der Wende ist die Orientierung auf den Bürger Bestandteil des kollektiven Selbstbildes. Auch hierfür lassen sich Erklärungen anführen. Die Verwalter werden in den öffentlichen Medien, aber auch durch den eigenen Kontakt mit dem Bürger, mit dem Image der Verwaltungen konfrontiert, umständlich und bürgerfern zu sein. Vor dem Hintergrund dieser Vorwürfe ist es nur zu verständlich, daß sich die Verwalter als flexibel, unbürokratisch und menschlich beschreiben. Und warum das Bild der distanzierten und nur auf die Anwendung ihrer Vorschriften erpichten Kollegen aus den alten Bundesländern aufgeben, eignet dieser Negativhorizont sich doch nach wie vor für die Hervorhebung eigener Tugenden.

Die Verwalter betonen nicht nur ihre Kompetenz im Umgang mit dem Gesetz und der Klientel, sondern auch den kompetenten Umgang des Bürgers mit der Verwaltung (vgl. Kapitel 6.2). Auch hier bildet der Verweis auf die erste Zeit nach der Wende einen Kontrast: In der Anfangszeit seien die Bürger noch orientierungs- und hilflos gewesen. Heute hingegen kennen sie ihre Rechte und Möglichkeiten im Umgang mit der Verwaltung. Im nicht aufgelösten Widerspruch dazu halten die interviewten Verwalter am Bild des hilflosen Bürgers fest, ein Bürgerbild, das zum Selbstverständnis des in erster Linie dem Bürger helfen wollenden Verwalters paßt.

Die 1996 interviewten Vorgesetzten beschreiben sich, wie schon vier Jahre zuvor, als Ansprechpartner ihrer Unterstellten sowohl in menschlichen wie auch in fachlichen Belangen. Sie knüpfen dabei an die DDR-Zeiten an und grenzen ihr Selbstbild positiv gegenüber dem Bild der Führungskraft aus den alten Bundesländern ab. Parallel zu diesem Diskurs benutzen sie 1996 eine neue Beschreibung ihrer eigenen Rolle als Führungskraft (vgl. Kapitel 6.3): Die Interviewten betonen die Notwendigkeit eines Abstandes im Umgang mit den Unterstellten. Nur so sei Respekt und letztlich gerechte Führung möglich. Das Prinzip der Delegation von Verantwortung an die Unterstellten wird deutlicher als noch 1992 hervorgehoben und zum Kern des eigenen Selbstverständnisses: Als Vorgesetzter sei es geradezu ein Fehler, sich zu sehr in die fachlichen Angelegenheiten der Unterstellten einzumischen. Denn dies überfordere nicht nur die Führungskraft, sondern vermindere auch die Bereitschaft der Unterstellten, Verantwortung zu übernehmen. Die Vorgesetzten kontrastieren dieses Bild der eigenen Rolle mit einem Selbstverständnis, das sie in der Anfangszeit gehabt haben. In der ersten Zeit nach der Wende habe man den Prinzipien der Delegation von Verantwortung und der Distanz zum Unterstellten noch nicht genügend Beachtung geschenkt. Das neue Selbstverständnis kann als inzwischen gewandeltes davon abgehoben werden. Indirekt knüpfen die Verwalter damit an das bekannte Bild der menschlich distanzierten und auf Delegation bedachten Führungskraft aus den alten Bundesländern an. Doch dient es ihnen jetzt nicht mehr als Kontrast, sondern wird, wie schon beim Umgang mit dem Bürger, zum Maßstab, der das „Hineinwachsen" in die Rolle als Führungskraft dokumentieren soll.

1992 und auch vier Jahre später beschreiben die Unterstellten eine Distanz und Unsicherheit insbesondere im Umgang mit dem Amtsleiter. Zwar sei auch zu DDR-Zeiten das Verhältnis zu den Vorgesetzten nicht frei von Distanz gewesen, doch kannte man damals die Regeln des Umgangs. Parallel dazu beschreiben die Unterstellten 1996 erstmals die Regeln des Umgangs mit den Vorgesetzten nuancierter (vgl. Kapitel 6.4): Fachliche Kritik auch am Vorgesetzten sei nicht nur möglich, sondern sogar unbedingt erforderlich, um die eigene Fachkompetenz einzubringen. Dabei sei der Rahmen abgesteckt. Eine Kritik am Vorgesetzten dürfe nicht öffentlich werden. Auch bei diesem Diskurs dient den Verwaltern die Erinnerung an die DDR-Zeiten als Kontrast. Doch nicht mehr ob der Vorsicht und Unsicherheit im Umgang mit dem Vorgesetzten, sondern ob der zu beachtenden Prinzipien: So sei Kritik am Vorgesetzten in manchen Zusammenhängen nicht nur möglich, sondern sogar nötig. Dies läßt sich als Hinweis interpretieren, daß auch die Rollendarstellungen der Unterstellten inzwischen differenzierter geworden sind. Auch weiterhin wird die Abgrenzung zu DDR-Zeiten für die Beschreibung der heutigen Beziehung zum Vorgesetzten benutzt. Doch hat diese 1996 eine andere Bedeutung als noch vier Jahre zuvor: Dient der Vergleich mit den DDR-Zeiten 1992 der Verdeutlichung der eigenen Unsicherheit, so dient er vier Jahre später zusätzlich dazu, einen inzwischen kompetenter gewordenen Umgang mit den neuen Bedingungen zu signalisieren.

Von den Unterstellten, die selbst in Führungsverantwortung sind, wird 1996 eine spezifische Kritik an den Vorgesetzten geäußert, die 1992 noch nicht vorgebracht wird: So wünscht sich diese Gruppe von Beschäftigten mehr Autonomie und Entscheidungskompetenz. Die Kritik richtet sich in erster Linie an die eigenen Amtsleitungen: Diese mischen sich zu sehr in Entscheidungen und Zuständigkeiten ihrer Unterstellten ein. Die Forderung nach mehr Selbständigkeit wird mit Erfahrungen aus der Anfangszeit begründet: Damals habe man sich „bewährt". Der neue Diskurs wird einem inzwischen gewandelten Rahmen gerecht: In der ersten Zeit war vor allem die obere Leitungsebene mit der Kontrolle und Koordination überfordert. So sind Freiräume in der Organisation der Amtsgeschäfte für die mittlere Entscheidungsebene entstanden. Werden diese Spielräume von den Interviewten 1992 häufig als belastend bewertet, so werden sie vier Jahre später vermißt.

Der Diskurs zum Verhältnis zu den Kollegen stellt eine Ausnahme zu den vorangegangen dar, weil hier 1996 kein ergänzendes Deutungsmuster auftritt. Wie 1992 bewerten die Interviewten auch vier Jahre später ihren Umgang miteinander als menschlich und hilfsbereit, „Tugenden", die man sich aus DDR-Zeiten bewahrt habe und die einen von den Kollegen in den alten Bundesländern positiv abheben. Auch 1996 verurteilen die Interviewten ungebrochen „Einzelkämpfertum", Konkurrenz und Distanz innerhalb der Kollegenschaft. Auch vier Jahre später schließen sie damit nicht an das Bild der Kollegen aus den alten Bundesländern an, denen sie gerade dieses konkurrenzhafte Verhalten und mangelnde Hilfsbereitschaft zuschreiben. Auch vier Jahre später hat sich dieses Selbstbild nicht verändert. Teamgeist ist eine Tugend, welche die Mitarbeiter auch in der neuen Verwaltung ehrt. Ebenso werden soziale Kompetenz und Menschlichkeit im Umgang miteinander nicht nur von den Vorgesetzten, sondern auch von den Mitarbeitern gefordert. Allerdings dürfen die zwischenmenschlichen Beziehungen der Kollegen nicht den Arbeitsprozeß stören und die Leistungsbereitschaft mindern. Doch daß dies nicht zu befürchten sei, wird von den Verwaltern immer wieder hervorgehoben. Auf diese Weise limitiert können zwischenmenschliche Beziehungen im Kollegenkreis sogar förderlich für den Informationsfluß und die Zusammenarbeit der Kollegen sein. Informelle Beziehungen ergänzen dann formale Strukturen und tragen zu deren Funktionieren bei. Also warum auf die Betonung von Wärme und Hilfsbereitschaft, ein Anknüpfen an die DDR-Zeiten und ein Abgrenzen zu den Kollegen „drüben" verzichten? Der Verweis auf die eigene größere soziale Kompetenz ermöglicht den Verwaltungsbeschäftigten nicht nur eine Identität qua Abgrenzung, sondern füllt diese gleichzeitig positiv auf.

Während das Verhältnis zu den Kollegen in beiden Zeiträumen gleich thematisiert wird, wird das Verhältnis zum Bürger und das Verhältnis zwischen Vorgesetzten und Unterstellten vier Jahre später um in seinem Aussagegehalt konträr stehende Selbstbeschreibungen ergänzt. Welchen Grund gibt es für dieses nebeneinander zweier Diskurse? Warum sind die alten Diskurse mit ihren Deutungsmustern nicht einfach durch neue mit adäquateren Rollen- und Selbstbildern ersetzt worden? Beide Diskurse erfüllen spezifische Aufgaben. Der „neue" Diskurs betont sechs Jahre nach der Wende Aspekte der Rolle eines Verwalters, die zu erwarten sind: Vorschriften seien kompetent anzuwenden, eine Distanz zum Bürger aber auch zum Unterstellten sei notwendig, um sich zu schützen und Neutralität zu wahren. Eine inzwischen erlangte berufliche Kompetenz kann dokumentiert werden: Die turbulente Aufbauzeit, in der noch viel improvisiert werden mußte, sei inzwischen überstanden. Von ihr kann man sich jetzt absetzen und betont so die Rolle als Verwaltungsexperte. Der Diskurs trägt damit den Anforderungen Rechnung, die an die Beschäftigten in einer inzwischen entwickelten Verwaltung gestellt werden. Doch sind die alten Selbstbilder deshalb nicht aufgegeben worden, obwohl sie in ihrem Aussagegehalt konträr zu den neuen sind. Auch 1996 betonen die Verwalter die Nähe zum Bürger und zum Arbeitskollegen. Die Vorgesetzten heben die Nähe zu ihren Unterstellten und die emotionale Beteiligung an deren Problemen und Sorgen hervor. Allen Kommunalverwaltern ist, wie schon 1992, an einer Herausstellung von Kooperationsbereitschaft und Flexibilität gelegen. Bei der Darstellung ihres kollektiven Selbstbildes knüpfen die Interviewten an die DDR-Zeiten an und grenzen sich zugleich von den Verwaltern in den alten Bundesländern ab. Der Vergleich mit den Verwaltungen der alten Bundesländer belegt jene mit dem Stigma der Verkrustung. Er bildet den Hintergrund, vor dem das kollektive Selbstbild um so deutlicher erstrahlt. Gleichzeitig knüpft dieses Bild – positiv – an die gemeinsame DDR-Vergangenheit an. Das kollektive Selbstbild kann dadurch vorteilhaft beschrieben werden. Das Fortbestehen der Deutungen, die sich auf erlebte DDR-Zeiten und auf die Kollegen in den alten Bundesländern beziehen, verdeutlicht die Dauerhaftigkeit einmal konstituierter Orientierungsmuster. Zugleich zeugt das Nebeneinander sich widersprechender kollektiver Identitäten von der Elastizität dieses kulturellen Konzepts: Neuen Erfordernissen wird durch ein verändertes Selbstbild Rechnung getragen, ohne daß das alte deshalb aufgegeben wird. Wann welches Selbstbild betont wird, hängt vom Kontext ab.

Die Annahme der Theorie der sozialen Identität, demzufolge Gruppen bestrebt sind, Unterschiede gegenüber anderen Gruppen aufrechtzuerhalten, bestätigt sich durch diese Untersuchung. Der theoretische Rahmen kann sogar noch in zweierlei Hinsicht erweitert werden: Zum einen darin, daß auch die Bezugnahme auf die eigene Gruppe, sei es in der DDR-Zeit, sei es in der Anfangszeit, als ein identitätsstiftender Horizont verwendet werden kann. Und zum anderen darin, daß identitätsstiftende Abgrenzungen, trotz der Widersprüche zu anderen, inzwischen für nötig erachteten Stilisierungen, aufrecht erhalten werden können.

Nicht immer liegt der Zeitpunkt, wann ein Deutungsmuster um einen neuen Diskurs ergänzt wird, zwischen 1992 und 1996. Ein Beispiel hierfür bietet das Führungsverständnis der Amtsleiter. Nicht erst 1996, sondern bereits vier Jahre zuvor äußern die Amtsleiter zwei einander widersprechende Erwartungen an sich (vgl. Kapitel 5.3): Die Amtsleiter betonen, Ansprechpartner für die Unterstellten zu sein und diesen bei der Lösung ihrer Probleme zu helfen. Dies seien nicht nur die Unterstellten sondern auch sie selbst aus DDR-Zeiten so gewohnt und dieses Selbstverständnis unterscheide sie von den Amtsleiterkollegen in den alten Bundesländern. Zugleich halten es die Amtsleiter für unumgänglich, die Aufgaben an ihre Mitarbeiter zu delegieren und sich vor deren überzogenen Erwartungen zu schützen. Denn als Amtsleiter fehle ihnen die fachliche Kompetenz, die Unterstellten bei der Lösung all ihrer Probleme zu beraten. Der hohe und nicht einzulösende Erwartungsdruck seitens der Mitarbeiter mag dazu beigetragen haben, daß bereits zu diesem frühen Zeitpunkt von den Amtsleitern zwei in ihren Ansprüchen konträre Selbstbilder vertreten werden. Die Führungskräfte der mittleren Ebene hingegen können der Rolle als fachlicher Ansprechpartner ihrer Unterstellten, so läßt sich vermuten, zunächst besser gerecht werden. Sie sind mit den konkreten Aufgabenbereichen ihrer Unterstellten vertrauter und nicht selten entstammen sie selbst dem Kreis der Sachbearbeiter. Sie nutzen diese Ergänzung deshalb auch erst vier Jahre später für die Darstellung ihres Rollenverständnisses.

Wie das Beispiel des Führungsverständnisses der Amtsleiter bereits gezeigt hat, müssen die Deutungen nicht in allen Bereichen und über alle Beschäftigtengruppen hinweg gleich sein. Ein weiteres Beispiel, diesmal für variierende Interpretationen innerhalb eines Diskurses, die der Perspektive der Beschäftigtengruppe geschuldet ist, findet man in der Bewertung der Führungskräfte durch ihre Unterstellten (vgl. Kapitel 5.4): Aus der Sicht der Unterstellten können die Amtsleiter dem geforderten Ideal einer Führungskraft, fachlicher Ratgeber zu sein, nicht nachkommen. Die Amtsleiter dienen deshalb als ein Negativhorizont, vor dem die Unterstellten ihre Anforderungen an eine Führungskraft formulieren können. Das Bild der Führungskräfte aus den alten Bundesländern wird als Kontrast nicht verwendet.

Eine doppelte Elastizität des geschilderten kollektiven Selbstverständnisses der Verwalter wird deutlich: Zum einen sind durch die spezifische Perspektive der Beschäftigten partielle Abweichungen in den begrifflichen Mustern der Wirklichkeitsinterpretation möglich; zum anderen können auch widersprechende Orientierungen und Deutungsmuster nebeneinander stehen – einmal gebildete Bezugspunkte der kollektiven Identität können auf diese Weise bewahrt werden, auch wenn sie mit gewandelten Anforderungen kollidieren. Damit bestätigt sich für die Verwalter einer Kommunalverwaltung in den neuen Bundesländern Pollacks These, daß „(...) die Ostdeutschen dabei (sind), eine Sonderkultur aufzubauen, mit einem starken Abgrenzungsbedürfnis gegenüber dem Westen (...)" (Pollack 1996: 16). Im Spannungsfeld einer Anknüpfung an die Informalität der DDR-Zeiten dient die Abgrenzung gegenüber dem „bürokratischen Westler" als Gemeinschaftssymbol (vgl. Berking/Neckel 1992). Dabei zeigt sich eine bemerkenswerte zeitliche Stabilität dieses begrifflichen Musters. Auch sechs Jahre nach der Wende sind beide Bezugspunkte nicht ersetzt oder abgeschwächt worden. Zwar sind neue begriffliche Muster der Identitätsbeschreibung, wie das der Abgrenzung gegenüber der Anfangszeit, hinzugekommen, diese haben aber die alten Deutungsmuster nicht ersetzt. Die Vermutung Englers, daß der von den Verwaltern in den neuen Bundesländern an ihre Kollegen in den alten Bundesländern gerichtete Vorwurf, umständlich und bürokratisch zu sein, auch der Kompensation von eigenen „Handlungsdefiziten" im „Umgang mit expliziten Normen, Regeln und Verfahren" dient und deshalb noch eine Weile aufrechterhalten wird, wird durch die Ergebnisse dieser Arbeit bestätigt (Engler 1996: 331). Während Engler jedoch von einem Interimsphänomen ausgeht, zeigt dieser zeitliche Vergleich, daß es sich um beständigere Deutungen handelt. Die Abgrenzung gegenüber dem Bild des Verwalters aus den alten Bundesländern wie auch die Anknüpfung an die DDR-Zeiten erweisen sich als ein zeitlich stabiler Deutungsrahmen, an dem die Kommunalverwalter aus den neuen Bundesländern ihr kollektives Selbstbild als bürgernahe, unbürokratische, dem Kollegen und dem Unterstellten gegenüber hilfsbereite und menschliche Verwalter festmachen.

Literaturverzeichnis

Aberbach, J., Putnam, R., Rockman, B., 1981, Bureaucrats and Politicians in Western Democracies, Cambridge.
Allaire, Y., Firsirotu, M., 1984, „Theories of organizational culture", in: Organization Studies, 5. Jg., H.3, S.193-226.
Alvesson, M., Berg, P., 1992, Corporate Culture and Organizational Symbolism, Berlin.
Antal, A., Dierkes, M., Helmers, S., 1993, „Unternehmenskultur: Eine Forschungsagenda aus Sicht der Handlungsperspektive", in: Dierkes, M., Rosenstiel, L. von, Steger, U. (Hrsg.), Unternehmenskultur in Theorie und Praxis. Konzepte aus Ökonomie, Psychologie und Ethnologie, Frankfurt/M., S.200-218.
Arbeitsplan des Rates der Stadt für das 2. Halbjahr 1986, Quelle: Stadtarchiv Frankfurt (Oder), Signatur II.1.6905.
Argyris, C., Schön, D., 1978, Organizational Learning, Reading.
Arnold, R., 1983, „Deutungsmuster. Zu den Bedeutungselementen sowie den theoretischen und methodischen Bezügen eines Begriffs", in: Zeitschrift für Pädagogik, 29. Jg., H.6, S.893-912.
Becker, C., Böcker, H., Matthiesen, U., Neuendorff, H., Rüßler, H., 1987, „Kontrastierende Fallanalysen zum Wandel von arbeitsbezogenen Deutungsmustern und Lebensentwürfen in einer Stahlstadt", Abschlußbericht, Universität Dortmund, Fachbereich Wiso, Dortmund.
Beckers, P., Jonas, U., 1993, „Einstellungen und Werthaltungen in Ost- und West-Berliner Bezirksverwaltungen", Datenreport, Berlin-Forschungsprojekt „Umbruch und Innovation in der Ost-Berliner Bezirksverwaltung", Freie Universität Berlin, Zentralinstitut für sozialwissenschaftliche Forschung, Berlin.
Beckers, P., Jonas, U., 1994a, „Verwaltungspersonal im Umbruch: Einstellungen und Werte in Ost- und West-Berliner Bezirksverwaltungen", Beiträge aus dem Fachbereich Sozialwissenschaften der Humboldt-Universität, H.2, Berlin.
Beckers, P., Jonas, U., 1994b, „Verwaltungsumbruch und Verwaltungsreform in der Ost-Berliner Bezirksverwaltung", in: BISS-Bildungshefte, 3. Jg., H. 7, S. 45-60.
Berg, F., Harre, E., Möller, B., 1992, „Forschungsbericht: Demokratieauffassungen von Amtsleitern", in: BISS public, 2. Jg., H.6, S.109-120.
Berg, F., Nagelschmidt, M., Wollmann, H., 1996, Kommunaler Institutionenwandel. Regionale Fallstudien zum ostdeutschen Transformationsprozeß, Opladen.
Berking, H., Neckel, S., 1991, „Außenseiter als Politiker. Rekrutierung und Identitäten neuer lokaler Eliten in einer ostdeutschen Gemeinde", in: Soziale Welt, 42. Jg., H.3, S.283-299.

Berking, H., Neckel, S., 1992, „Die gestörte Gemeinschaft. Machtprozesse und Konfliktpotentiale in einer ostdeutschen Gemeinde", in: Hradil, S. (Hrsg.), Zwischen Bewußtsein und Sein. Die Vermittlung „objektiver" Lebensbedingungen und „subjektiver" Lebensweisen, Opladen.
Bernet, W., 1991, „Vom Staatsdienst zum öffentlichen Dienst", in: Die Öffentliche Verwaltung, 44. Jg., H.5, S.185-191.
Bernet, W., Lecheler, H., 1990, „Die DDR-Verwaltung im Umbau", Schriften des Wissenschaftlichen Instituts für den öffentlichen Dienst e. V., Bd.11, Regensburg.
Bernet, W., Lecheler, H., 1991, „Zustand einer DDR-Stadtverwaltung vor den Kommunalwahlen vom 6.5.1990. Ergebnisse einer empirischen Untersuchung", in: Landes- und Kommunalverwaltung, 1. Jg., H.2, S.68-73.
Betriebskollektivvertrag, vereinbart zwischen dem Rat der Stadt Frankfurt (Oder) und der Betriebsgewerkschaftsleitung, 1985, Quelle: Stadtarchiv Frankfurt (Oder), Signatur II.1.6908.
Böhme, W., Steding, L., Wedler, M., 1983, Stärkung der Staatsmacht in den Städten und Gemeinden, Berlin.
Bohnsack, R., 1993, Rekonstruktive Sozialforschung. Einführung in Methodologie und Praxis qualitativer Forschung, Opladen.
Boock, C., 1995, „Vom Bürgerforum in die Stadtverwaltung. Erfahrungen aus Jena", in: Benzler, S., Bullmann, U., Eißel, D. (Hrsg.), Deutschland-Ost vor Ort. Anfänge der lokalen Politik in den neuen Bundesländern, Opladen, S.49-73.
Bosetzky, H., 1992, „ ‚Verwaltungsmissionare' – Über den Einsatz westlicher Verwaltungsmitarbeiter in Ostberlin", in: Verwaltungsrundschau, 38. Jg., H.11, S.381-386.
Bourdieu, P., 1992, „Sozialer Raum und symbolische Macht", in: Bourdieu, P. (Hrsg.), Rede und Antwort, Frankfurt/M., S.135-145.
Boyce, M., 1995, „Collective Centering and Collective Sense-Making in the Stories and Storytelling of one Organization", in: Organizational Studies, 16. Jg. H.1, S.107-137.
Brand, J., Maggoni, M., Stein, P., 1994, „Die Umgestaltung der Verwaltung in den neuen Bundesländern, dargestellt am Beispiel von zwei ausgewählten Kommunalverwaltungen", in: Verwaltungsrundschau, 40. Jg., H.8, S.253-260.
Brigadetagebuch Rat der Stadt Frankfurt (Oder), Abteilung Wohnungspolitik und Wohnungswirtschaft, 1979 - 1982 (unveröffentlicht).
Brigadetagebuch Rat der Stadt Frankfurt (Oder), Bereich Oberbürgermeister, 1. Stellvertreter, Kultur und Bildung, Instrukteurabteilung, 1982 - 1989 (unveröffentlicht).
Brigadetagebuch Rat der Stadt Frankfurt (Oder), Gewerkschaftsgruppe Innere Angelegenheiten, 1979 - 1984, Quelle: Stadtarchiv Frankfurt (Oder), Signatur II.1.7546.
Burrell, G., Morgan, G., 1979, „Sociological Paradigms and Organisational Analysis", London.
Chitralla, B., 1992, „Entwicklung und Aufgabenerfüllung von Stadtverordnetenversammlung und Stadtverwaltung in Leipzig vor und nach der Wende", Graue Reihe der Kommission für die Erforschung des sozialen und politischen Wandels in den neuen Bundesländern e.V. (KSPW), Nr. 804, Halle.
Chowdhuri, I., 1993, „Der Beitrag von Fortbildung und Verwaltungsentwicklung am Beispiel Ost-Berlins", in: Pitschas, R. (Hrsg.), Verwaltungsintegration in den neuen Bundesländern, Vorträge und Diskussionsbeiträge der Verwaltungswissenschaftlichen Arbeitstagung 1992 des Forschungsinstituts für Öffentliche Verwaltung bei der Hochschule für Verwaltungswissenschaften Speyer, Berlin, S.223-236.

Damskis, H., 1996, „Verwaltungselite und Verwaltungskultur in den Bundesländern Brandenburg und Sachsen. Zum Politik- und Rollenverständnis von leitenden Ministerialbeamten in vergleichender Ost-West-Perspektive", in: Eisen, A., Wollmann, H. (Hrsg.), Institutionenbildung in Ostdeutschland: zwischen externer Steuerung und Eigendynamik, Opladen, S.115-160.

Damskis, H., 1997, Politikstile und regionale Verwaltungskulturen in Ostdeutschland: Politik- und Rollenverständnis leitender Ministerialbeamter, Wiesbaden.

Damskis, H., Möller, B., 1997, Verwaltungskultur in den neuen Bundesländern. Werte und Einstellungen von Führungskräften in den Ministerialverwaltungen von Brandenburg und Sachsen, Frankfurt/M.

Deal, T., Kennedy, A., 1982, Corporate Cultures. The Rites and Rituals of Corporate Life, Reading.

Der Oberbürgermeister, Dezernat der Hauptverwaltung, Verwaltungsreform Frankfurt (Oder) 2000. Zwischenbericht 1994 bis 1996, Dezember 1996 (unveröffentlicht).

Der Oberbürgermeister, Dezernat I, Dokumentation zur Verwaltungsreform (unveröffentlicht).

Der Oberbürgermeister, Dezernat I, Grobkonzeption zur Einführung des neuen Steuerungsmodells als Umsetzung der Erklärung des Oberbürgermeisters zur künftigen Stadtentwicklung vom 23.06.1994 (unveröffentlicht).

Der Oberbürgermeister, Dezernat I, Konzept zum Antrag auf Förderung von kommunalen Modernisierungsprojekten vom 23. März 1995 (unveröffentlicht).

Der Oberbürgermeister, Personalverwaltung, Angaben zur Stadtverwaltung Frankfurt (Oder) (unveröffentlicht).

Derlien, H., Mayntz, R., 1987, Einstellungen der politisch-administrativen Elite des Bundes 1987, Bamberg.

Doll, J., Mielke, R., Mentz, M., 1994, „Formen und Veränderungen wechselseitiger Ost-Westdeutscher Stereotypisierungen in den Jahren 1990, 1991 und 1992", in: Kölner Zeitschrift für Soziologie und Sozialpsychologie, 46. Jg., H.3, S.501-514.

Dudek, R., 1991, „Leistungsfähige Kommunen in den ostdeutschen Ländern – Gebot der Stunde", in: Die Verwaltung, 24. Jg., H.1., S.77-87.

Ebers, M., 1985, Organisationskultur: ein neues Forschungsprogramm? Wiesbaden.

Edeling, T., 1991, „Zwischen Bürokratie und Gemeinschaft: Managementkultur im ostdeutschen Betrieb", in: Aßmann, G., Backhaus, K., Hilker, J. (Hrsg.), Deutsch-deutsche Unternehmen: ein unternehmenskulturelles Anpassungsproblem, Stuttgart, S.79-94.

Edeling, T., 1992, „Zwischen bürokratischer Organisation und Gemeinschaftskultur: der Januskopf des DDR-Betriebes", in: Meyer, H. (Hrsg.), Soziologen-Tag Leipzig 1991, Berlin, S.981-987.

Ehrhardt, R., 1993, „Fortbildung für den Verwaltungsaufbau. Erfahrungen mit innovativer Fortbildung für die öffentliche Verwaltung in den neuen Bundesländern", in: Pitschas, R. (Hrsg.), Verwaltungsintegration in den neuen Bundesländern, Vorträge und Diskussionsbeiträge der Verwaltungswissenschaftlichen Arbeitstagung 1992 des Forschungsinstituts für Öffentliche Verwaltung bei der Hochschule für Verwaltungswissenschaften Speyer, Berlin, S.238-247.

Einenkel, B., Thierbach, T., 1990, „Das schwere Erbe des Zentralismus. DDR-Städte im Rückblick", DST-Beiträge zur Kommunalpolitik, Deutscher Städtetag, Reihe A, H.11, Köln.

Eisen, A., 1996, Institutionenbildung im Transformationsprozeß. Der Aufbau der Umweltverwaltung in Sachsen und Brandenburg 1990-1994, Baden-Baden.

Engler, W., 1996, „Institution und Reflexion - ein unversöhnlicher Widerspruch? Betrachtungen eines Außenseiters", in: Eisen, A., Wollmann, H. (Hrsg.), Institutionenbildung in Ostdeutschland: zwischen externer Steuerung und Eigendynamik, Opladen, S.321-333.

Flam, H., 1996, Annäherung und Abgrenzung: die Ostdeutschen im wiedervereinten Deutschland, Konferenzbeitrag für die deutsch-polnisch-ukrainische Konferenz, 12-14. September 1996 in Lwow, Ukraine (unveröffentlicht).

Flick, U., 1995, Qualitative Forschung. Theorien, Methoden, Anwendungen in Psychologie und Sozialwissenschaften, Reinbeck.

Fontana, A., Frey, J., 1994, Interviewing. The Art of Science, in: Denzin, N., Lincoln, Y., (Hrsg.), Handbook of Qualitative Research, London, S.361-376.

Foucault, M., 1997, Die Ordnung des Diskurses, Frankfurt/M.

Friedland, R., Alford, R., 1991, „Bringing Society Back In: Symbols, Practices and Institutional Contradictions", in: Powell, W., DiMaggio, P. (Hrsg.), The New Institutionalism in Organizational Analysis, Chicago, S.232-266.

Geertz, C., 1995a, „‚Aus der Perspektive des Eingeborenen'. Zum Problem des ethnologischen Verstehens", in: Geertz, C. (Hrsg.), Dichte Beschreibung: Beiträge zum Verstehen kultureller Systeme, Frankfurt/M., S. 289-310.

Geertz, C., 1995b, „Dichte Beschreibung: Bemerkungen zu einer deutenden Theorie von Kultur", in: Geertz, C. (Hrsg.), Dichte Beschreibung: Beiträge zum Verstehen kultureller Systeme, Frankfurt/M., S. 7-43.

Gensior, S., 1992, „Die Bedeutung von Gruppenstrukturen und sozialen Bindungen – Frauenerwerbstätigkeit in ostdeutschen Betrieben", in: Heidenreich, M. (Hrsg.), Krisen, Kader, Kombinate, Berlin, S.273-282.

Glaeßner, G., 1993, „Vom ‚demokratischen Zentralismus' zur demokratischen Verwaltung? Probleme des Umbaus einer Kaderverwaltung", in: Seibel, W. (Hrsg.), Verwaltungsreform und Verwaltungspolitik im Prozeß der deutschen Einigung, Baden-Baden, S.67-79.

Glodde, K., Henning, I., 1980, „Der einzelne und sein Arbeitskollektiv", in: Wissenschaftlicher Rat für Soziologische Forschung der DDR (Hrsg.), Schriftenreihe Soziologie, Berlin.

Goffman, E., 1973, Asyle. Über die soziale Situation psychiatrischer Patienten und anderer Insassen, Frankfurt/M.

Goodenough, W., 1957, „Cultural anthropology and linguistics", in: Garvin, P. (Hrsg.), Report of the seventh annual round table meeting on linguistics and language study, Monograph series on language and linguistics, The Institute of Languages and Linguistics, Edmund A. Walsh School of Foreign Service, H.6, o.O., S.167-177.

Goodenough, W., 1981, Culture, Language and Society, Reading.

Gravier, M., 1998, Identitäts- und Loyalitätsgestaltung am Beispiel der Ministerialeliten in Brandenburg und Sachsen (unveröffentlicht).

Gregory, K., 1983, „Native-View Paradigms: Multiple Cultures and Culture Conflicts in Organizations", in: Administrative Science Quarterly, 28. Jg., H.9, S.359-376.

Gröttrup, H., 1976, Die kommunale Leistungsverwaltung, Stuttgart.

Grunow, D., 1996, Verwaltungstransformation zwischen politischer Opportunität und administrativer Rationalität: eine empirische Untersuchung der Verwaltungshilfe für Brandenburg, Bielefeld.

Hammernick, W., 1993, „Probleme der Wirtschaftsförderung und Stadtentwicklung aus kommunaler Sicht am Beispiel der Stadt Suhl/Thüringen", in: Pitschas, R. (Hrsg.), Verwaltungsintegration in den neuen Bundesländern, Vorträge und Diskussionsbeiträge der Verwaltungswissenschaftlichen Arbeitstagung 1992 des Forschungsinstituts für Öffentliche Verwaltung bei der Hochschule für Verwaltungswissenschaften Speyer, Berlin, S.131-139.

Hauschild, C., 1991, DDR: „Vom sozialistischen Einheitsstaat in die föderale und kommunale Demokratie", in: Blanke, B., Benzler, S. (Hrsg.), Staat und Stadt. Systematische, vergleichende und problemorientierte Analysen „dezentraler" Politik, Politische Vierteljahrsschrift, 32. Jg., Sonderheft 22, S.213-235.

Hegner, F., 1978, Das bürokratische Dilemma: zu einigen unauflöslichen Widersprüchen in den Beziehungen zwischen Organisation, Personal und Publikum, Frankfurt/M.

Heinrich, P., 1988, „Bürokultur", in: Bosetzky, H., Heinrich, P. (Hrsg.), Erfassung von Bürokultur, Publikation der Fachhochschule für Verwaltung und Rechtspflege Berlin, Nr.62, Berlin, S.27-46.

Helmers, S., 1990, „Theoretische und methodische Beiträge der Ethnologie zur Unternehmenskulturforschung", Wissenschaftszentrum Berlin für Sozialforschung (WZB), FS II 90-106, Berlin.

Hentze, J., 1995, Personalwirtschaftslehre, Bd. 2., Personalerhaltung und Leistungsstimulation, Personalfreistellung und Personalinformationswirtschaft, Bern.

Hettlage, R., 1997, „Identitätsmanagment. Soziale Konstruktionsvorgänge zwischen Rahmung und Brechung", in: Welttrends, 4. Jg., H.15, S.7-24.

Hitzler, R., Honer, A., 1997, „Hermeneutik in der deutschsprachigen Soziologie heute", in: Hitzler, R., Honer, A. (Hrsg.), Sozialwissenschaftliche Hermeneutik, Opladen, S.7-27.

Höfer, M., 1998a, „Rathaus-Mann erneut unter Kritik. Vorwurf an Passing: Verwaltungsreform teuer und sinnlos", in: Märkische Oderzeitung vom 14.1.1998.

Höfer, M., 1998b, „Stadtverwaltung plant Umstrukturierung: Bürgeramt soll mehr Leistungen aus einer Hand anbieten", in: Märkische Oderzeitung vom 24.3.1998.

Höhner, D., 1992, „Aspekte des Wandels einer ostdeutschen Kommunalverwaltung. Beispiel Frankfurt/Oder, Studie im Auftrag der Hans-Böckler-Stiftung", Manuskripte, Hans-Böckler-Stiftung, H.74, Düsseldorf.

Höhner, D., 1993, „Wanderer zwischen Ost und West", in: Die Mitbestimmung, 39. Jg., H.2, S.54-55.

Hopf, C., 1995, „Qualitative Interviews in der Sozialforschung. Ein Überblick", in: Flick, U. u.a. (Hrsg.), Handbuch Qualitative Sozialforschung, Weinheim, S.177-181.

Jäger, S., 1993, „Text- und Diskursanalyse. Eine Anleitung zur Analyse politischer Texte", DISS-Texte, Duisburger Institut für Sprach- und Sozialforschung, Nr.16, Duisburg.

Jann, W., 1983, Staatliche Programme und Verwaltungskultur. Bekämpfung des Drogenmißbrauchs und der Jugendarbeitslosigkeit in Schweden, Großbritannien und der Bundesrepublik Deutschland im Vergleich, Opladen.

Jann, W., 1995, „Politische Willensbildung und Entscheidungsstrukturen im Prozeß der deutschen Einigung – Im Osten nichts Neues?", in: Lehmbruch, G. (Hrsg.), Einigung und Zerfall: Deutschland und Europa nach dem Ende des Ost-West-Konfliktes. 19. Wissenschaftlicher Kongreß der Deutschen Vereinigung für Politische Wissenschaft, Opladen, S.55-71.

Joas, H., 1991, „Rollen- und Interaktionstheorien in der Sozialforschung", in: Hurrelmann, D., Ulich, D. (Hrsg.), Neues Handbuch der Sozialisationsforschung, Weinheim, S.137-152.

Kanning, U., Mummendey, A., 1993, „Soziale Vergleichsprozesse und die Bewältigung ‚negativer sozialer Identität' – Eine Feldstudie in Ostdeutschland", in: Zeitschrift für Sozialpsychologie, 24. Jg., H.3, S.211-217.

König, K., 1991, „Verwaltung im Übergang – Vom zentralen Verwaltungsstaat in die dezentrale Demokratie", in: Die öffentliche Verwaltung, 44. Jg., H.5, S.177-185.

König, K., 1992a, „Transformation einer Kaderverwaltung: Transfer und Integration von öffentlichen Bediensteten in Deutschland", in: Die Öffentliche Verwaltung, 45. Jg., H.13, S.549-556.

König, K., 1992b, „Transformation der realsozialistischen Verwaltung und entwicklungspolitische Zusammenarbeit", in: Verwaltungsrundschau, 38. Jg., H.4, S.228-232.

König, K., 1992c, „Zur Transformation einer real-sozialistischen Verwaltung in eine klassisch-europäische Verwaltung", in: Verwaltungsarchiv, 83. Jg., H.2., S.229-245.

Kroeber, A., Kluckhohn, C., 1952, Culture. A Critical Review of Concepts and Definitions, Cambridge.

Kuckartz, U., 1992, Textanalysesysteme für die Sozialwissenschaften, Einführung in Max und Textbase Alpha, Stuttgart.

Kuckartz, U., 1995, Winmaxprofessionell. Computerunterstützte Textanalyse. Handbuch zu Max für Windows professionelle Version 96, Berlin.

Ladensack, K., 1981, Arbeits- und Lebensweise der Leiter: Analysen, Probleme, Hinweise, Berlin.

Lammek, S., 1993, Qualitative Sozialforschung, Weinheim.

Lang, R., 1992, „Sozialisation und Wertorientierung ostdeutscher Führungskräfte", in: Heidenreich, M. (Hrsg.), Krisen, Kader, Kombinate, Berlin, S.125-142.

Lepsius, R., 1994, „Die Institutionenordnung als Rahmenbedingung der Sozialgeschichte der DDR", in: Kaelble, H., Kocka, J. Zwahr, H. (Hrsg.), Sozialgeschichte der DDR, Stuttgart, S.17-30.

Lüders, C., 1991a, „Deutungsmusteranalyse. Annäherung an ein risikoreiches Konzept", in: Garz, D., Kraimer, K. (Hrsg.), Qualitativ-empirische Sozialforschung. Konzepte, Methoden, Analysen, Opladen, S.377-408.

Lüders, C., Meuser, M., 1997, „Deutungsmusteranalyse", in: Hitzler, R., Honer, A., (Hrsg.), Sozialwissenschaftliche Hermeneutik, Opladen, S.57-80.

Lüders, K., 1991b, „Zur sozialpolitischen Funktion der kommunalen Ebene in der DDR", in: Heinelt, H., Wollmann, H. (Hrsg.), Brennpunkt Stadt. Stadtpolitik und lokale Politikforschung in den 80er und 90er Jahren, Basel, S.336-342.

Lutz, S., Wegrich, K., 1996, „Transformation und Modernisierung der Kommunalverwaltung in Mecklenburg-Vorpommern. Vom Aufbau ‚von oben' zur Reform ‚von unten'", in: Eisen, A., Wollmann, H. (Hrsg.), Institutionenbildung in Ostdeutschland: zwischen externer Steuerung und Eigendynamik, Opladen, S.251-274.

Märkisches Museum. Museum Berliner Arbeiterleben, 1994, Manöver Schneeflocke, Brigadetagebücher 1960-1990, Berlin.

Martius, U., Schneider, G., 1984, „Zur Gestaltung der personellen Besetzung der Fachorgane örtlicher Räte, dargestellt am Beispiel der Fachorgane Gesundheits- und Sozialwesen der Räte der Kreise", Dissertationsschrift an der Akademie für Staats- und Rechtswissenschaft der DDR.

Matthiesen, U., 1993, „Deutungsmuster und Lebensstile. Die zeitdiagnostische Rekonstruktion soziokultureller Grundkonfigurationen", Umbrüche, Studien des Instituts für Empirische Kultursoziologie e.V., Bd. 4, Dortmund.

Meinefeld, W., 1992, „Einstellung", in: Asanger, R., Wenninger, G., Handwörterbuch Psychologie, Weinheim, S.120-127.

Melzer, H., 1991, „Lokale Politikforschung in der DDR zwischen Zentralismus und kommunaler Selbstverwaltung", in: Heinelt, H., Wollmann, H. (Hrsg.), Brennpunkt Stadt. Stadtpolitik und lokale Politikforschung in den 80er und 90er Jahren, Basel, S.321-335.

Merton, R., Kendall, P., 1993, „Das fokusierte Interview", in: Hopf, C., Weingarten, E. (Hrsg.), Qualitative Sozialforschung, Weinheim, S.169-204.

Meuser, M., Nagel, U., 1991, „ExpertInneninterviews – vielfach erprobt, wenig bedacht. Ein Beitrag zur qualitativen Methodendiskussion", in: Garz, D., Kraimer, K. (Hrsg.) Qualitativ-empirische Sozialforschung, Opladen, S.441-471.

Meyer, G., 1989, „Sozialistischer Paternalismus. Strategien konservativen Systemmanagements am Beispiel der Deutschen Demokratischen Republik", in: Politische Vierteljahrsschrift, 30. Jg., Sonderheft 20, S.426-448.

Möller, B., 1993, „Regionale Organisationsstrukturen und soziopolitische Interessenvermittlung von Parteien und politischen Bewegungen im Stadtraum Frankfurt/Oder", in: BISS-Forschungshefte, H.3, S.55-98.

Möller, B., 1996, „Verwaltungskultur und Integration eines west-ost-gemischten Personalkörpers in Ministerialverwaltungen der neuen Bundesländer", in: Berliner Debatte. Initial, 7. Jg., H.3, S.14-25.

Neckel, S., 1992, „Das lokale Staatsorgan. Kommunale Herrschaft im Staatssozialismus der DDR", in: Zeitschrift für Soziologie, 21. Jg., H.4, S.252-268.

Neuendorff, H., Sabel, C., 1978, „Zur relativen Autonomie der Deutungsmuster", in: Bolte, H. (Hrsg.), Materialien aus der soziologischen Forschung: Verhandlungen des 18. Deutschen Soziologentages vom 28. September - 1. Oktober in Bielefeld, Darmstadt, S.842-863.

Neugebauer, G., 1978, Partei und Staatsapparat in der DDR: Aspekte der Instrumentalisierung des Staatsapparates durch die SED, Opladen.

Oevermann, U., Allert, T., Konau, E., Krambeck, J., 1979, „Die Methodologie einer ‚objektiven Hermeneutik' und ihre allgemeine forschungslogische Bedeutung in den Sozialwissenschaften", in: Soeffner, H. (Hrsg.), Interpretative Verfahren in den Sozial- und Textwissenschaften, Stuttgart, S.352-434.

„Ordnung über die Verleihung und Bestätigung der erfolgreichen Verteidigung des Ehrentitels ‚Kollektiv der sozialistischen Arbeit' vom 28. Juni 1978" (Gesetzblatt der DDR, Sonderdruck Nr.952).

Osterland, M., Wahsner, R., 1991, „Kommunale Demokratie als Herausforderung. Verwaltungsorganisation in der Ex-DDR aus der Innenperspektive", in: Kritische Justiz, 24.Jg., H.3, S.318-332.

Parsons, T., 1968, „Jugend im Gefüge der amerikanischen Gesellschaft", in: Parsons, T. (Hrsg.) Sozialstruktur und Persönlichkeit, Frankfurt/M., S.194-229.

Pascale, R., Athos, A., 1982, The Art of Japanese Management: Applications for American Executives, New York.

Peters, T., Waterman, R., 1982, In Search of Excellence. Lessons from America's Best-Run Companies, New York.

Pettigrew, A., 1979, „On Studying Organizational Cultures", in: Administrative Science Quarterly, 24. Jg., H.4, S.570-581.

Pitschas, R., 1991, „Verwaltungsentwicklung in den ostdeutschen Bundesländern", in: Deutsches Verwaltungsblatt, 106. Jg., H.9, S.385-390.

Pohl, H., 1991, „Entwicklung des Verwaltungsrechts", in: König, K. (Hrsg.), Verwaltungsstrukturen der DDR, Baden-Baden, S.263-276.

Pollack, D., 1992, „Zwischen alten Verhaltensdispositiven und neuen Anforderungsprofilen. Bemerkungen zu den mentalitätsspezifischen Voraussetzungen des Operierens von Interessenverbänden und Organisationen in den neuen Bundesländern", in: Eichener, V. (Hrsg.), Organisierte Interessen in Ostdeutschland, Marburg, S.489-508.

Pollack, D., 1996, „Alles wandelt sich, nur der Ossi bleibt stets der gleiche? Ein Widerspruch zu den gängigen Deutungsmustern der mentalen Spaltung zwischen Ostdeutschen und Westdeutschen", in: Frankfurter Rundschau vom 29. Juni 1996.

Reichard, C., 1994, Umdenken im Rathaus. Neue Steuerungsmodelle in der deutschen Kommunalverwaltung, Berlin.

Reichard, C., Schröter, E., 1993a, „Berliner Verwaltungseliten. Rollenverhalten und Einstellungen von Führungskräften in der (Ost- und West-) Berliner Verwaltung", in: Seibel, W. (Hrsg.), Verwaltungsreform und Verwaltungspolitik im Prozeß der deutschen Einigung, Baden-Baden.

Reichard, C., Schröter, E., 1993b, „Verwaltungskultur in Ostdeutschland. Empirische Befunde und personalpolitische Ansätze zur Akkulturation ostdeutscher Verwaltungsmitarbeiter", in: Pitschas, R. (Hrsg.), Verwaltungsintegration in den neuen Bundesländern, Vorträge und Diskussionsbeiträge der Verwaltungswissenschaftlichen Arbeitstagung 1992 des Forschungsinstituts für Öffentliche Verwaltung bei der Hochschule für Verwaltungswissenschaften Speyer, Berlin, S.191-222.

Reinhold, B., Schubert, C., 1992, „Entwicklung und Aufgabenerfüllung der Institutionen und des Personals der Stadtverordnetenversammlung und Stadtverwaltung Borna", Graue Reihe der Kommission für die Erforschung des sozialen und politischen Wandels in den neuen Bundesländern e.V. (KSPW), Nr.802, Halle.

Ritter, C., 1997, „Identitätspolitik in Ostdeutschland", in: Welttrends, 4. Jg., H.15, S.64-78.

Roesler, J., 1994, „Die Produktionsbrigaden in der Industrie der DDR. Zentrum der Arbeitswelt", in: Kaelble, H., Kocka, J. Zwahr, H. (Hrsg.), Sozialgeschichte der DDR, Stuttgart, S.144-170.

Rogas, K., 1993, „Kollektiv, Arbeitsklima und Führungsstile – neue Bedingungen als Folge der Integration", in: Hüning, H., u.a. (Hrsg.), Berliner Sparkasse: Unternehmen in der Vereinigung. Zur Transformation des Dienstleistungssektors 1990-1992, Berliner Arbeitshefte und Berichte zur sozialwissenschaftlichen Forschung, Freie Universität Berlin, Zentralinstitut für sozialwissenschaftliche Forschung, H.79, Berlin, S.119-126.

Rogas, K., Philipp, V., Maier, F., 1995, Anpassung an westliche Beschäftigungsstrukturen oder neue Wege betrieblicher Personalpolitik? Die Beschäftigungssituation von Frauen bei den Sparkassen im Land Brandenburg, Stiftung Weiterbildung, Berlin

Rogas, K., Schöne, H., Rößler, R., Stölting, E., 1997, „ ‚Ich glaube, es ist nicht mehr so ganz wie zu DDR-Zeiten'. Verwaltungskultur im Umbruch. Ein Fallbeispiel", in: Soziologische Arbeitshefte, H.1., Allgemeine Soziologie der Universität Potsdam (Hrsg.), Potsdam.

Rottenburg, R., 1992, „Welches Licht wirft die volkseigene Erfahrung der Werktätigen auf westliche Unternehmen? Erste Überlegungen zur Strukturierung eines Problemfeldes", in: Heidenreich, M. (Hrsg.), Krisen, Kader, Kombinate, Berlin, S.239-271.

Rottleuthner, H., 1995, „Das Ende der Fassadenforschung: Recht in der DDR (Teil 2)", in: Zeitschrift für Rechtssoziologie, 16. Jg., H.1, S.30-64.

Sackmann, S., 1992, „ ‚Kulturmanagement': Läßt sich Unternehmenskultur ‚machen'", in: Sandner, K. (Hrsg.), Politische Prozesse in Unternehmen, Heidelberg, S.157-184.

Scheele, B., Groeben, N., 1988, Dialog-Konsens-Methoden zur Rekonstruktion subjektiver Theorien, Tübingen.

Schein, E., 1985, Organizational Culture and Leadership, San Francisco.

Scherzer, L., 1990, Der Erste. Protokoll einer Begegnung, Rudolstadt.

Scheytt, O., 1992a, „Reorganisation der kommunalen Selbstverwaltung", in: Rühl, C., (Hrsg.), Probleme der Einheit. Institutionelle Reorganisation in den neuen Bundesländern. Selbstverwaltung zwischen Markt und Staat, Bd. 5, Marburg, S.23-44.

Scheytt, O., 1992b, „Städte, Kreise und Gemeinden im Umbruch – Der Aufbau der Kommunalverwaltung in den neuen Bundesländern", in: Deutschland Archiv, 25. Jg., H.1, S.12-21.

Schlegelmilch, C., 1995, „Zwischen Kollektiv und Individualisierung – Gemeinschaftserfahrungen im Umbruch", in: Gensior, S. (Hrsg.), Vergesellschaftung und Frauenerwerbsarbeit: Ost-West-Vergleiche, Berlin, S.27-49.

Schmid, M., 1992, „The Concept of Culture and its Place Within a Theory of Social Action: A Critique of Talcott Parsons' Theory of Culture", in: Münch, R., Smelser, N. (Hrsg.), Theory of Culture, Berkeley, S.88-120.

Schmidt, W., 1995, „Metamorphosen des Betriebskollektivs", in: Soziale Welt, 46. Jg., H.3, S.305-325.
Scholz, C., 1994, Personalmanagement. Informationsorientierte und verhaltenstheoretische Grundlagen, München.
Schöne, H., Rogas, K., 1996, „Zwischen Anknüpfung und Abgrenzung: Verwaltungskultur im Transformationsprozeß", in: Eisen, A., Wollmann, H. (Hrsg.), Institutionenbildung in Ostdeutschland: zwischen externer Steuerung und Eigendynamik, Opladen, S.193-210.
Schöne, H., Rößler, K., 1994, „Kontinuität im Wandel, Kommunale Verwaltungskultur im Transformationsprozeß", in: BISS-Bildungshefte, 3. Jg., H.7, S.31-60.
Schroeder, K., Alisch, S., 1998, Der SED-Staat. Partei, Staat und Gesellschaft, München.
Schröter, E., 1992, „Verwaltungsführungskräfte aus Ost und West – Datenreport Berlin – Ergebnisse einer empirischen Untersuchung in Berliner Senats- und Magistratsverwaltungen 1990/1991", Beiträge aus dem FB 1, Fachhochschule für Verwaltung und Rechtspflege, H.27, Berlin.
Schröter, E., 1995, „Verwaltungskultur in Ost und West – Werte, Einstellungen und Rollenverständnisse von Ost- und West-Berliner Verwaltungsführungskräften", Dissertation an der Freien Universität Berlin.
Schubel, C., Schwanegel, W., 1991, „Funktionelle Probleme beim Aufbau von Landkreisverwaltungen in Thüringen", in: Landes- und Kommunalverwaltung, 1. Jg., H.8, S.249-255.
Schuh, S., 1989, Organisationskultur. Integration eines Konzeptes, Wiesbaden.
Schütz, A., 1971, „Wissenschaftliche Interpretation und Alltagsverständnis menschlichen Handelns", in: Schütz, A. (Hrsg.), Gesammelte Aufsätze, Bd. 1, Das Problem der sozialen Wirklichkeit, Den Haag, S.3-54.
Seibel, W., 1996, Verwaltungsaufbau in den neuen Bundesländern: zur kommunikativen Logik staatlicher Institutionenbildung, Berlin.
Senghaas-Knobloch, E., 1992, „Notgemeinschaft und Improvisationsgeschick: Zwei Tugenden im Transformationsprozeß", in: Heidenreich, M. (Hrsg.), Krisen, Kader, Kombinate, Berlin, S.295-309.
Smircich, L., 1983a, „Concepts of Culture and Organizational Analysis", in: Administrative Science Quarterly, 28. Jg., H.3, 339-358.
Smircich, L., 1983b, „Organizations as Shared Meanings", in: Pondy, L., u.a. (Hrsg.), Organizational Symbolism, Greenwich, S.55-68.
Smircich, L., Morgan, G., 1982, „Leadership: The Management of Meaning", in: The Journal of Applied Behavioral Science, 18. Jg., H.3, S.257-273.
Soeffner, H., Hitzler, R., 1994, „Hermeneutik als Haltung und Handlung. Über methodisch kontrolliertes Verstehen", in: Schröer, N. (Hrsg.), Interpretative Sozialforschung, Opladen, S.28-54.
Sorge, A., 1989, Organisationskultur: „Realer Hintergrund und soziologische Bedeutung einer Modewelle", in: Haller, M. (Hrsg.), Kultur und Gesellschaft, Verhandlungen des 24. Deutschen Soziologentages, des 11. Österreichischen Soziologentages und des 8. Kongresses der Schweizerischen Gesellschaft für Soziologie in Zürich 1988, Frankfurt/M., S.193-210.
Sozialistische Einheitspartei Deutschlands, Bezirksleitung Frankfurt (Oder), Bericht über die Partei- und massenpolitische Arbeit der Grundorganisation beim Rat der Stadt Frankfurt (Oder), Januar 1986, Quelle: Brandenburgisches Landeshauptarchiv, Signatur: Rep. 732 IV E7 / 145 / 348.
Spöhring, W., 1989, Qualitative Sozialforschung, Stuttgart.
Spradley, J., 1979, The Ethnographic Interview, New York.
Stellenplan des Rates der Stadt Frankfurt (Oder) 1987 vom Dezember 1986, Quelle: Stadtarchiv Frankfurt (Oder), Signatur BA II.1.6943.

Stojanvo, C., 1996, „Zu einer vernachlässigten Dimension postsozialistischer Transformation: (Re-)Modernisierung als Fremdheitsverhältnis", in: Clausen, L. (Hrsg), Gesellschaften im Umbruch, Verhandlungen des 27. Kongresses der Deutschen Gesellschaft für Soziologie in Halle an der Saale 1995, Frankfurt/M., S.229-244.

Stölting, E., 1971, „Sozialistische Politik und Organisationstheorie", in: Stadtbauwelt, 56. Jg., H.30, S.125-130.

Stölting, E., 1986, „Goldene Stadt und arkadische Heimat. Mechanismen im Emigrationsdiskurs", in: Zibaldone, 1. Jg., H.2, S.4-16.

Tajfel, H., 1978, Differentiation Between Social Groups. Studies in the Social Psychology of Intergroup Relations, London.

Tajfel, H., Turner, J., 1986, „The Social Identity Theory of Intergroup Behavior", in: Worchel, S. (Hrsg.), Psychology of Intergroup Relations, Chicago, S.7-24.

Thole, H., 1993, Organisationskultur: zur Relevanz des Konzeptes der Organisationskultur für Theorie und Praxis der Verwaltung, Münster.

Tiebler, P., Prätorius, G., 1993, „Ökonomische Literatur zum Thema ‚Unternehmenskultur'", in: Dierkes, M., Rosenstiel, L. von, Steger, U. (Hrsg.), Unternehmenskultur in Theorie und Praxis: Konzepte aus Ökonomie, Psychologie und Ethnologie, Frankfurt/M., S.23-89.

Tripoczky, J., 1968, „Pädagogische und psychologische Probleme der Entwicklung der Kollektivität in örtlichen Räten", Habilitationsschrift an der Deutschen Akademie für Staats- und Rechtswissenschaft „Walter Ulbricht" in Potsdam-Babelsberg.

Tylor, E., 1958, Primitive Culture: Researches Into the Development of Mythology, Philosophy, Religion, Language, Art and Customs, London.

Van Dijk, T. A., 1984, Prejudice in Discourse, Amsterdam.

Van Dijk, T.A., 1991, „Rassismus heute. Der Diskurs der Elite und seine Funktion für die Reproduktion des Rassismus", DISS-Texte, Duisburger Institut für Sprach- und Sozialforschung, Nr.14, Duisburg

Van Maanen, J., 1973, „Observations on the Making of Policemen", in: Human Organization, 32. Jg., H.4, 407-418

Van Maanen, J., 1977, „Experiencing Organization: Notes on the Meaning of Careers and Socialization", in: Van Maanen, J. (Hrsg.), Organization Careers: Some New Perspectives, New York, S.15-45.

Van Maanen, J., 1988, Tales of the field. On writing ethnography, Chicago.

Vollmuth, J., 1992, „Vom Staatsfunktionär zum Beamten einer rechtsstaatlichen Verwaltung – Zu den Anforderungen an Qualifikationsprogramme in den neuen Bundesländern", in: Die Öffentliche Verwaltung, 45. Jg., H.9, S.376-385.

Voskamp, U., Wittke, V., 1990, „Aus Modernisierungsblockaden werden Abwärtsspiralen – zur Reorganisation von Betrieben und Kombinaten der ehemaligen DDR", in: SOFI-Mitteilungen, 12. Jg., H.18, S.12-30.

Wallerath, M., 1992, „Aufgaben und Aufbau öffentlicher Verwaltungen im Wandel. Zum Umbau der Verwaltung in den neuen Bundesländern", in: Die Verwaltung/ Zeitschrift für Verwaltungswissenschaft, 25. Jg., H.2, S.157-173.

Weber, M., 1985, Wirtschaft und Gesellschaft. Grundriß der verstehenden Soziologie, Tübingen.

Witzel, A., 1985, „Das problemzentrierte Interview", in: Jüttemann, G. (Hrsg.), Qualitative Forschung in der Psychologie, Weinheim, S.227-255.

Woderich, R., 1992, „Mentalitäten zwischen Anpassung und Eigensinn", in: Deutschland Archiv, 25. Jg., H.1, S.21-32.

Woderich, R., 1997, „Gelebte und inszenierte Identitäten in Ostdeutschland", in: Welttrends, 4. Jg., H.15, S.79-98.

Wollmann, H., 1991, „Kommunalpolitik und -verwaltung in Ostdeutschland: Institutionen und Handlungsmuster im ‚paradigmatischen' Umbruch. Eine empirische Skizze", in: Blanke, B. (Hrsg.): Staat und Stadt. Systematische, vergleichende und problemorientierte Analysen „dezentraler" Politik, Opladen, S.237-258.

Wollmann, H., 1996, „Institutionenbildung in Ostdeutschland: Neubau, Umbau und ‚schöpferische Zerstörung'", in: Kaase, M., u.a. (Hrsg.), Politisches System, Opladen, S.47-154.

Wollmann, H., 1997, „Transformation der ostdeutschen Kommunalstrukturen: Rezeption, Eigenentwicklung, Innovation", in: Wollmann, H., u.a. (Hrsg.), Transformation der politisch-administrativen Strukturen in Ostdeutschland, Opladen, S.259-328.

Wollmann, H., Berg, F., 1994, „Die ostdeutschen Kommunen: Organisation, Personal, Orientierungs- und Einstellungsmuster im Wandel", in: Naßmacher, H., Niedermayer, O., Wollmann, H. (Hrsg.), Politische Strukturen im Umbruch, Berlin, S. 239-273.

Wollmann, H., Jaedicke, W., 1993, „Neubau der Kommunalverwaltung in Ostdeutschland – zwischen Kontinuität und Umbruch", in: Seibel, W., Benz, A., Mäding, H. (Hrsg.): Verwaltungsreform und Verwaltungspolitik im Prozeß der deutschen Einigung, Baden-Baden, S. 98-116.

Yin, R., 1987, Case study research. Design and methods, Beverly Hills.

Anhang

Kurzfragebogen

01 Laufende Nummer des Interviews ☐☐☐☐

Angaben zur Person

02 Geschlecht
    weiblich ☐
    männlich ☐

03 Geburtsjahr ☐☐☐☐

04 Familienstand
    verheiratet, mit Ehepartner zusammenlebend ☐
    verheiratet, dauernd getrennt lebend ☐
    ledig ☐
    geschieden ☐
    verwitwet ☐
    mit Partner in Lebensgemeinschaft lebend ☐

05 Anzahl und Alter der Kinder   (.... Alter in Jahren) ☐☐

06 Seit wann berufstätig? ☐☐☐☐
    Seit wann in der Verwaltung? ☐☐☐☐
    Seit wann in der jetzigen Behörde? ☐☐☐☐

07 Welche berufliche Tätigkeit üben Sie derzeit aus?
    (genaue Tätigkeitsbezeichnung eintragen)

08 Entspricht diese Tätigkeit Ihrem erlernten Beruf?
    Ja ☐
    derzeit in der Ausbildung ☐
    Nein ☐
    keinen Beruf erlernt ☐

09	Schulbildungsabschluß	
	Abitur	☐
	Abschluß 10. Klasse	☐
	Abschluß 8. Klasse	☐
	Anderer Schulabschluß	☐
	Noch kein Schulabschluß	☐

10	Berufsbildung	
	(falls mehrere, bitte angeben)	
	Berufsausbildung/ Facharbeiterabschluß	☐
	Meisterabschluß	☐
	Ingenieur- und Fachschulabschluß	☐
	Hochschul- / Universitätsabschluß	☐
	Sonstiger Ausbildungsabschluß	☐

11 Welche berufliche(n) Qualifikation(en) haben Sie erworben?
(falls mehrere vorhanden, alle aufschreiben)

12 derzeitige Eingruppierung nach BAT

13 Streben Sie kurz oder mittelfristig eine weitere Qualifikation an?

13a wenn ja, welches Ziel streben Sie an?

14	Mitglied in einer Gewerkschaft	DAG	☐
		ÖTV	☐
		Keine	☐

Übersicht 1: Rat der Stadt Frankfurt (Oder) - Februar 1990

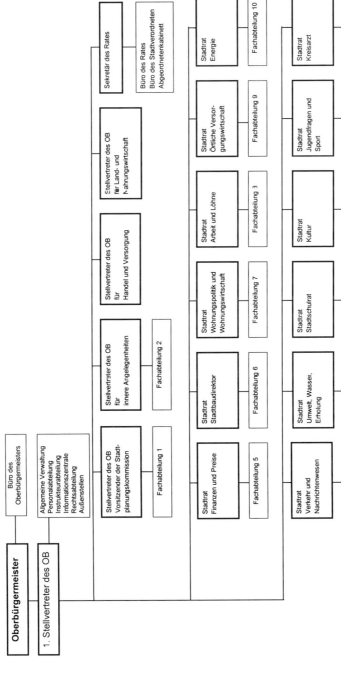

Quelle: Höhner 1992, XIII, Anhang.

Übersicht 2: Stadtverwaltung Frankfurt (Oder) - Juni 1990

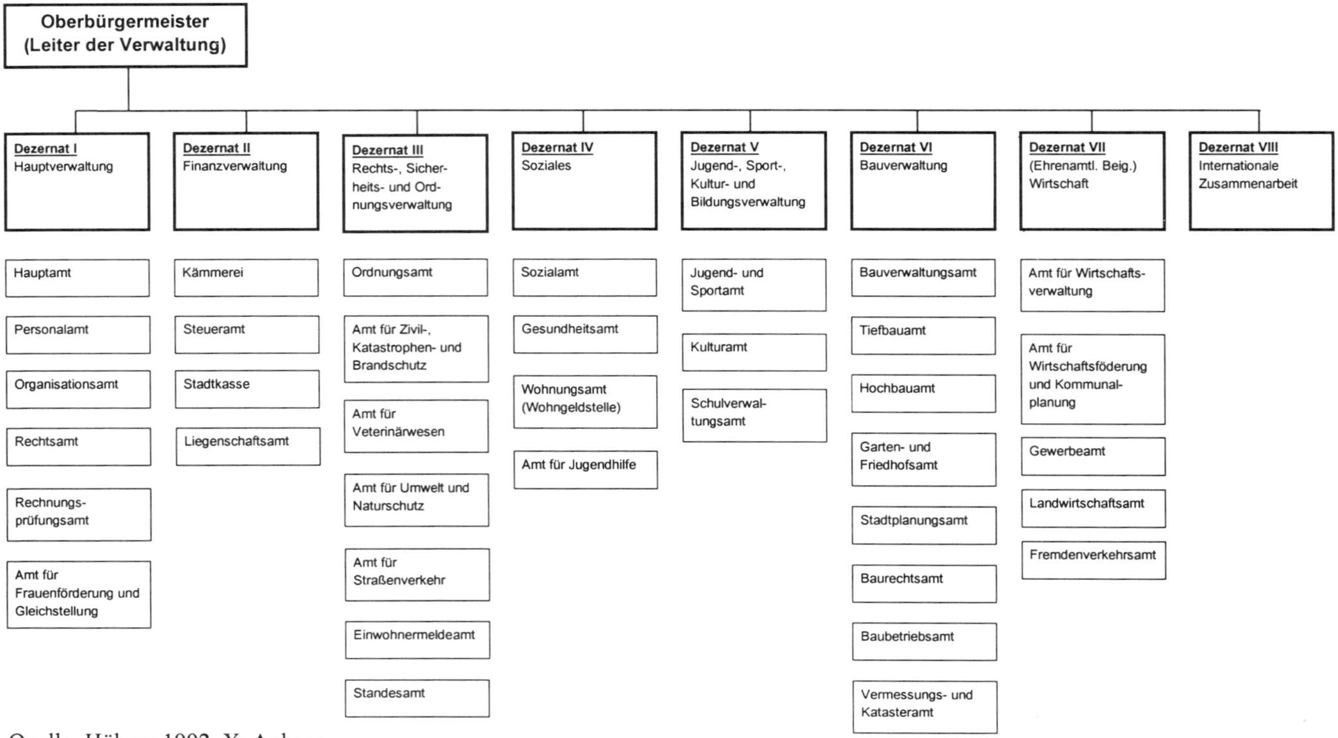

Oberbürgermeister (Leiter der Verwaltung)

Dezernat I Hauptverwaltung	Dezernat II Finanzverwaltung	Dezernat III Rechts-, Sicherheits- und Ordnungsverwaltung	Dezernat IV Soziales	Dezernat V Jugend-, Sport-, Kultur- und Bildungsverwaltung	Dezernat VI Bauverwaltung	Dezernat VII (Ehrenamtl. Beig.) Wirtschaft	Dezernat VIII Internationale Zusammenarbeit
Hauptamt	Kämmerei	Ordnungsamt	Sozialamt	Jugend- und Sportamt	Bauverwaltungsamt	Amt für Wirtschaftsverwaltung	
Personalamt	Steueramt	Amt für Zivil-, Katastrophen- und Brandschutz	Gesundheitsamt	Kulturamt	Tiefbauamt	Amt für Wirtschaftsförderung und Kommunalplanung	
Organisationsamt	Stadtkasse	Amt für Veterinärwesen	Wohnungsamt (Wohngeldstelle)	Schulverwaltungsamt	Hochbauamt	Gewerbeamt	
Rechtsamt	Liegenschaftsamt	Amt für Umwelt und Naturschutz	Amt für Jugendhilfe		Garten- und Friedhofsamt	Landwirtschaftsamt	
Rechnungsprüfungsamt		Amt für Straßenverkehr			Stadtplanungsamt	Fremdenverkehrsamt	
Amt für Frauenförderung und Gleichstellung		Einwohnermeldeamt			Baurechtsamt		
		Standesamt			Baubetriebsamt		
					Vermessungs- und Katasteramt		

Quelle: Höhner 1992, X, Anhang.

Übersicht 3: Stadtverwaltung Frankfurt (Oder) 1991[79]

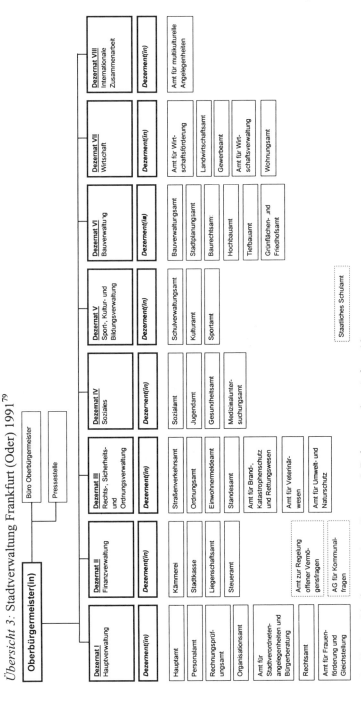

Quelle: Der Oberbürgermeister, Dezernat I, Dokumentation, Anlage 10.

79 Ohne zukünftige Veränderungen.

Übersicht 4: Stadtverwaltung Frankfurt (Oder) 1992[80]

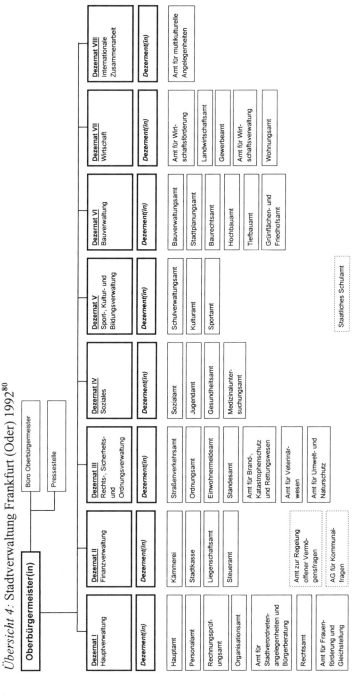

Quelle: Der Oberbürgermeister, Dezernat I, Dokumentation, Anlage 11.

80   Ohne zukünftige Veränderungen.

Übersicht 5: Stadtverwaltung Frankfurt (Oder) 1993[81]

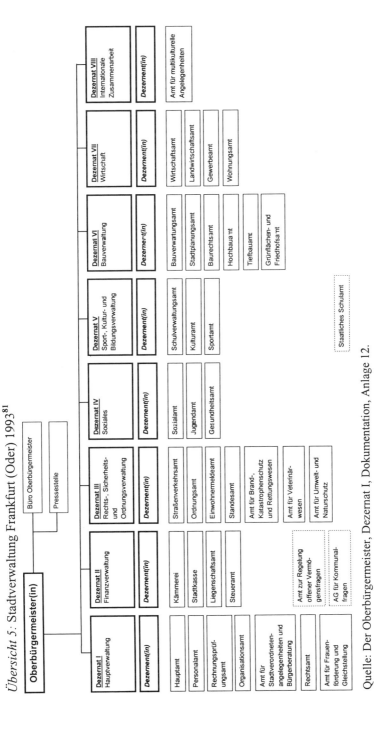

Quelle: Der Oberbürgermeister, Dezernat I, Dokumentation, Anlage 12.

81 Ohne zukünftige Veränderungen.

Übersicht 6: Stadtverwaltung Frankfurt (Oder) 1994[82]

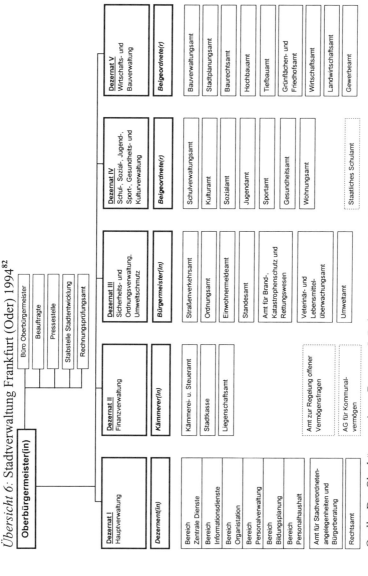

Quelle: Der Oberbürgermeister, Dezernat I, Dokumentation, Anlage 13.

82 Ohne zukünftige Veränderungen.

Übersicht 7: Interne Fortbildung in der Stadt Frankfurt (Oder) für den Zeiraum vom 01.01.1991 bis einschließlich 1. Halbjahr 1997

Lehrgänge und Seminare:	Teilnehmer insgesamt:
Angestelltenlehrgang I	293
Angestelltenlehrgang II	194
Anpassungsfortbildung für den mittleren nichttechnischen Verwaltungsdienst	*73
Anpassungsfortbildung für den gehobenen nichttechnischen Verwaltungsdienst	**118
Anpassungsfortbildung für den höheren nichttechnischen Verwaltungsdienst	20
Training rechtssicheres Verwaltungshandeln	202
Kommunale Kostenrechnung	65
Stufenseminare und Workshops für Führungskräfte (Beigeordnete, Amtsleiter, Abteilungs- und Gruppenleiter)	158
Sekretärinnen-Lehrgang	32
PC-Grundlehrgänge	60
Lehrgänge „Umgang mit dem Bürger"	60
Lehrgänge „Konfliktbewältigung" bzw. Konfliktmanagement	43
Lehrgang „Ausbildereignung-Prüfung öffentlicher Dienst"	15
Paisy/Unix	30
Paisy/Hül	22
ADV-Schulung	10
Schulung für Systemverantwortliche	60
PROSOZ-LG-Amt 51	10
Lehrgang "Moderationstraining"	12
Seminar GIS-Arbeitsplätze	10
Seminar „Englisch" Anfänger	15
Seminar „Englisch" Auffrischungskurs	12
Insgesamt:	1.464

Quelle: Der Oberbürgermeister, Personalverwaltung, Angaben zur Stadverwaltung Frankfurt (Oder).
* davon 46 Teilnehmer Feuerwehr
** davon 7 Teilnehmer Feuerwehr